煤炭碳中和战略与技术路径

谢和平　任世华　吴立新　著

科学出版社

北京

内 容 简 介

落实碳达峰碳中和国家战略，煤炭必须在保障能源安全稳定供应的同时，实现低碳、零碳，甚至负碳。本书依托中国工程院咨询研究项目，聚焦实现煤炭碳中和目标，系统分析发达国家碳达峰前后现代化发展历程以及我国国情和能源资源禀赋，研判碳中和目标下我国煤炭需求与地位变化，分析碳中和目标下煤炭科学产能资源量及支撑能力，理清煤炭行业面临的挑战与机遇；描绘煤炭碳中和战略蓝图，提出煤炭碳中和发展战略、重点任务和科技创新路径；从煤炭开发利用碳中和技术体系、"煤炭+"多能互补零碳负碳技术体系、煤矿区碳汇技术体系三个层次，提出煤炭碳中和的技术路径及其关键核心支撑技术。

本书可为煤炭及能源相关管理部门、研究机构及企事业单位提供参考，也可作为能源战略、煤炭开发利用等相关专业的本科生、研究生教学用书。

图书在版编目（CIP）数据

煤炭碳中和战略与技术路径 / 谢和平，任世华，吴立新著.—北京：科学出版社，2022.6

ISBN 978-7-03-072329-1

Ⅰ.①煤… Ⅱ.①谢… ②任… ③吴… Ⅲ.①煤炭工业-二氧化碳-节能减排-研究-中国 Ⅳ.①F426.21

中国版本图书馆CIP数据核字（2022）第086767号

责任编辑：李 雪 李亚佩 / 责任校对：王萌萌
责任印制：吴兆东 / 封面设计：无极书装

科学出版社 出版
北京东黄城根北街 16 号
邮政编码：100717
http://www.sciencep.com

北京捷逸佳彩印刷有限公司 印刷
科学出版社发行 各地新华书店经销

*

2022 年 6 月第 一 版 开本：720 × 1000 1/16
2022 年 10 月第三次印刷 印张：15 1/4
字数：220 000

定价：198.00 元

（如有印装质量问题，我社负责调换）

前　　言

　　自 2020 年 9 月以来,习近平主席在第七十五届联合国大会一般性辩论、气候雄心峰会、"达沃斯议程"、领导人气候峰会等国际国内重大会议上多次宣布或强调我国二氧化碳排放力争于 2030 年前达到峰值,努力争取 2060 年前实现碳中和。2021 年 9 月,中共中央、国务院发布《中共中央　国务院关于完整准确全面贯彻新发展理念做好碳达峰碳中和工作的意见》;2021 年 10 月,国务院印发《2030 年前碳达峰行动方案》,推进碳达峰碳中和目标任务实施。碳达峰碳中和目标已成为我国社会共识,不仅是负责任大国对国际社会的庄严承诺,更是推进我国经济高质量发展的国家战略,将推进经济社会广泛而深刻的系统性变革。能源领域是我国碳排放的主要来源,碳达峰碳中和目标要求着力提高能源利用效率,构建清洁低碳、安全高效的能源体系,将我国的发展建立在高效利用资源、严格保护生态环境、有效控制温室气体排放的基础上,推动我国绿色发展迈上新台阶。

　　煤炭生产消费的碳排放占我国碳排放量的 65%左右,是碳减排碳中和的关键所在。2021 年上半年的一段时间,出现了运动式"减碳",片面强调零碳方案、零碳社区、零碳行动等"去煤化"和"煤炭退出",甚至有"退出化石能源"的舆论和社会冲击,不切实际地过早限制煤炭消费,过快限制煤炭产能产量增长。以致 2021 年下半年,我国煤炭供应持续紧张,环渤海 5500kcal[①]动力煤市场价格一度超过 2500 元/t,多地出现拉闸限电,对经济社会发展造成了严重影响。严酷的现实充分表明,我国经济社会所处发展阶段和以煤为主的能源资源禀赋,决定了当前和未来相当长一段时间内,我国经济社会发展仍将离不开煤炭。2021

---

　① 1cal=4.1868J。

年 12 月，习近平主席在中央经济工作会议上强调"传统能源逐步退出要建立在新能源安全可靠的替代基础上。要立足以煤为主的基本国情，抓好煤炭清洁高效利用"。2022 年 1 月，习近平总书记在中共中央政治局第三十六次集体学习时再次强调"减排不是减生产力，也不是不排放，而是要走生态优先、绿色低碳发展道路，在经济发展中促进绿色转型、在绿色转型中实现更大发展。要坚持统筹谋划，在降碳的同时确保能源安全、产业链供应链安全、粮食安全，确保群众正常生活"。2022 年 3 月，习近平主席参加全国两会内蒙古代表团审议时进一步强调"富煤贫油少气是我国的国情，以煤为主的能源结构短期内难以根本改变。实现'双碳'目标，必须立足国情，坚持稳中求进、逐步实现，不能脱离实际、急于求成，搞运动式'降碳'、踩'急刹车'。不能把手里吃饭的家伙先扔了，结果新的吃饭家伙还没拿到手，这不行。既要有一个绿色清洁的环境，也要保证我们的生产生活正常进行"。在 2030 年前的近 10 年碳达峰过程中，在 2060 年前的近 40 年碳中和过程中，仍需要煤炭发挥基础能源作用，做好经济社会发展的能源兜底保障。在保障能源安全稳定供应的同时，实现低碳、零碳，甚至负碳，是煤炭面临的现实挑战和机遇。

实现碳达峰碳中和的国家战略目标任务，一定要立足国情，立足我国的能源资源禀赋，立足我国两个一百年的奋斗目标，来谋划未来部署。我们认为，应以实现碳中和为目标，以实现高质量发展（生产力增长）为主线，以碳中和技术攻关为突破点（为王）来统筹协调实现我国的"双碳"目标和碳中和战略，并以碳中和目标和高质量经济发展（生产力）来促进我国碳中和技术创新的自立自强。碳中和目标下我国能源发展应该重点落在碳中和技术创新上，即应大力发展节能技术，提高能源利用效率，减少能源增量；大力发展新能源技术（"风电/光电+储能"技术等），优化电力结构；大力发展低碳清洁煤炭开发利用（"清洁煤电+CCUS"技术等）；大力发展少碳-用碳-零碳能源原理创新与颠覆性技术。

碳中和应以技术为王，因而碳达峰碳中和目标实现应以控制排放和提高能源利用效率为主，来倒逼碳中和技术进步，促使我国碳中和技术处于国际领先地位。20 世纪 90 年代,我国一些地区燃用高硫煤,燃煤设备未采取脱硫措施,致使 SO_2 排放量不断增加,造成严重的酸雨污染。1995 年,我国煤炭消费量 12.8 亿 t,SO_2 排放量 2370 万 t,酸雨面积高达 300 多万平方千米,是继欧洲、北美之后世界第三大酸雨区。1995 年 8 月,国务院批准划定酸雨控制区和 SO_2 污染控制区;1996 年 8 月,国务院发布《关于环境保护若干问题的决定》,提出实施包括 SO_2 在内的污染物排放总量控制;此后逐步严格排放标准、收缩排放总量控制限值,以政策倒逼燃煤污染物控制技术进步,既破解了我国酸雨问题,同时倒逼我国的除尘脱硫技术发展到世界领先水平。1995~2000 年,通过淘汰技术落后的小煤电、小锅炉等措施,煤炭消费量增长 6.0%,而 SO_2 排放量下降超过 10%;2000~2010 年,通过加快已有燃煤电厂脱硫设施建设,要求新建燃煤电厂必须根据排放标准安装脱硫装置等,煤炭消费量增长 157.2%,而 SO_2 排放量仅增长 9.5%,并实现 SO_2 排放达峰(2006 年,2588.8 万 t)后稳步下降;2010~2020 年,持续研发并应用燃煤 SO_2 超低排放技术,86%的燃煤电厂实现了包括 SO_2 在内的常规污染物超低排放,建成了全球最大的清洁煤电供应体系,煤炭消费量增长 15.8%,而 SO_2 排放量下降了近 80%。技术进步彻底颠覆了"控制 SO_2 排放必然减少煤炭消费"的原有认识,突破了 SO_2 减排对煤炭消费的约束。因此,我们多次提出"清洁能源应不论出身,只论排放"(谢和平,2014 年全国两会、2017 年中美绿色能源高峰论坛),应将国家"双控"(控能源消费强度、控能源消费总量)政策调整为控能源利用的 CO_2 和污染物排放量低于多少(即最高限值)、控能源利用效率应高于多少(即最低限值)(谢和平,2014 年全国两会、2021 年中国工程院拉闸限电问题分析及对策讨论会)。

　　碳达峰碳中和是刚刚提出来的新命题,煤炭相关基础研究和技术储备不足,短期内还未能展现碳减排碳中和的潜力。习近平主席 2021 年 9 月 13 日在榆林视察时指出"煤炭作为我国主体能源,要按照绿色低碳的发展方向,对标实现碳达峰、碳中和目标任务,立足国情、控制总量、兜住底线，有序减量替代，推进煤炭消费转型升级。""把加强科技创新作为最紧迫任务，加快关键核心技术攻关"。逐步强化的政策措施将倒逼煤炭从以往的鼓励性自主碳排放控制转向政策硬约束的强制性碳减排碳处置，加大加快煤炭开发利用减碳、用碳、固碳、零碳、负碳等技术研发应用。可以预见，碳中和"技术为王"的科技创新必将为煤炭碳中和提供全新的、可行的解决途径。事实上，四川大学、深圳大学等自 2011 年就开始探索碳中和新原理新技术攻关，包括低能耗 CO_2 捕集新原理新技术、CO_2 矿化发电颠覆性技术、CO_2 能源化资源化利用催化转化技术、零碳排放的直接煤燃料电池发电技术、中低温地热发电未来技术、海水直接制氢新技术等零碳能源技术。

系统分析美国、德国、英国、日本等发达国家碳达峰前后现代化进程、能源消费、碳排放强度等基本特征和变化规律表明，在工业化阶段和现代化前期阶段，能源消费弹性系数仍维持在较高水平，在人均 GDP 达到 3 万美元之前，经济增长很难与能源消费脱钩，即经济增长必须需要能源消费总量的增加来支撑。除了 1978 年、1981 年、2003～2005 年等异常年份外，改革开放以来我国能源消费弹性系数一直维持在 0.5 左右，充分显示了我国经济增长与能源消费唇齿相依的关系。我国还处于社会主义初级阶段，现代化水平与美国等发达国家还有较大差距，现代化进程的持续推进仍然需要较大的能源消费总量支撑，相当长一段时间内经济增长还无法与能源消费脱钩。鉴于化石能源资源禀赋和可再生能源的不稳定性，煤炭仍将是我国新时代构建清洁低碳安全高效能源体系的"稳定器"和"压舱石"，是实现伟大复兴中国梦的可靠能源安全保障。

自 2015 年以来，我们开展了"煤炭绿色开发利用与煤基多元协同清洁能源技术革命研究"（中国工程院咨询研究项目 2016-XZ-10）、"煤炭革命与区域经济社会生态环境协同发展研究"（中国工程院咨询研究项目 2018-XY-21）、"缓解油气对外依存度的煤炭作为"（中国工程院咨询研究项目 2019-XZ-54）、"煤炭与新能源协同发展研究"（国家能源局研究项目)、"我国煤炭科学产能支撑能力和可持续发展战略研究"(中国工程院咨询研究项目 2020-XZ-11)、"'清洁煤电+CCUS'技术经济性优化与竞争性研究"(中国工程院咨询研究项目 2022-XZ-32)等多项项目研究,推进煤炭行业清洁低碳安全高效发展的颠覆性自我革命,提升发展质量,破解生态环境约束。在上述项目研究基础上,本书聚焦实现煤炭碳中和目标,系统分析发达国家碳达峰前后现代化发展历程以及我国国情和能源资源禀赋,研判碳中和目标下我国煤炭需求与地位变化,分析碳中和目标下煤炭科学产能资源量及支撑能力,理清煤炭行业面临的挑战与机遇;描绘煤炭碳中和战略蓝图,提出煤炭碳中和发展战略、重点任务和科技创新路径;从煤炭开发利用碳中和技术体系、"煤炭+"多能互补零碳负碳技术体系、煤矿区碳汇技术体系三个层次,提出煤炭碳中和的技术路径及其关键核心支撑技术。

本书以团队项目研究成果为基础,第 1 章阐述我国碳达峰碳中和战略的提出背景和目标任务,分析对能源发展的新要求,提出大力发展节能技术、大力发展新能源技术、大力发展"清洁煤电+CCUS"技术、大力发展少碳-用碳-零碳能源原理和颠覆性技术创新、以新"双控"政策倒逼技术进步等能源优化发展的五大战略方向。第 2 章梳理美国、德国、英国、日本等发达国家碳达峰前后现代化进程、能源消费结构、碳排放特征,分析这些国家促进碳达峰的相关政策措施,归纳实现碳减排的相关经验,为我国煤炭碳达峰碳中和提供经验借鉴。第 3 章论述我国经济增长与能源消费"脱钩论"的不现实性,基于此预测未来不同时段我国能源需求总量,分析碳中和目标对煤炭行业的影响机制以及碳中和目标下煤炭的竞争力格局变化,从电力调峰、碳质还原剂、保障能源安全三个方面预测未来煤炭消费需求,研判碳中和目标下煤炭将经历从基础能源到保障能源、再到支撑能源和应急储备能源的定位变化。第 4 章剖析碳中和目标下提高煤炭科学产能的必要性和紧迫性;分关闭矿井和生产矿井两种类型,实证我国煤炭资源采出量与动用量的关系;预判碳中和目标强化生态约束、安全约束下我国煤炭资源可用量及煤炭科学产能规模，评估煤炭科学产能对我国碳达峰碳中和目标实现的支撑能力。第5章在前4章的基础上，总结归纳碳中和目标下煤炭行业面临的煤炭消费减量导致发展空间受限、新能源大比例接入要求提高煤炭供应柔性、零碳排放要求颠覆现有煤炭利用方式"三大挑战"，以及实现煤炭高质量发展、煤炭升级高技术产业、煤炭与新能源融合发展的"三大机遇"。第6章综合碳中和目标、国家能源安全、经济运行应急三大要求，描绘煤炭碳中和的战略蓝图，提出"能源安全兜底、绿色低碳开发、清洁高效利用、煤与新能源多能互补"四大战略；从资源保障、产能保障、经济运行应急保障、国家能源安全保障、技术保障、构建多能互补的清洁能源系统等方面，提出煤炭碳中和发展的六项重点任务；按照"技术为王"的思路，着重提出煤炭保障能源供给安全、煤炭开发利用少碳用碳、煤与新能源多能互补、煤矿区生态碳汇四大技术路径。第7章从煤炭开发利用自身出发，以保障煤炭稳定供给并推动煤炭开发利用全过程碳减排为目标，提出煤炭开发利用碳中和技术体系，涵盖煤炭精准保供技术、煤炭开发少碳用碳技术、煤炭利用少碳用碳技术、煤炭开发利用减碳变革性技术。第8章从充分发挥煤矿区优势出发，以煤炭与新能源优化组合实现零碳负碳能源供给为目标，提出"煤炭+"多能互补零碳负碳技术体系，涵盖煤炭+CCUS 与太阳能耦合发电、风/光电+地下空间储能等"煤炭+"多能互补零碳技术体系，以及 CO_2 矿化发电、煤矿区 CO_2 封存等"煤炭+"多能互补负碳技术体系。第9章聚焦煤矿区碳汇，以增强煤矿区碳汇能力为目标，提出煤矿区生态碳汇扩容、煤矿区生态碳汇防损、煤矿区碳汇管理三大技术体系及关键核心技术。

各章节编写人员具体如下。前言：谢和平。第1章：任世华、焦小淼、吴立新。第2章：吴立新、焦小淼、陈茜、郑德志、张亚宁、谢亚辰、管世辉。第3章：谢和平、任世华、焦小淼、郑德志。第4章：谢和平、任世华、秦容军、郑德志、张亚宁。第5章：任世华、谢和平、焦小淼。第6章：谢和平、任世华、郑德志、焦小淼。第7章：吴立新、槐衍森、陈茜、朱建波、高明忠。第8章：吴立新、槐衍森、任世华、陈茜、李存宝。第9章：吴立新、张亚宁、谢亚辰、郭俊。全书由谢和平、任世华、郑德志、焦小淼、张亚宁统稿，谢和平审定。

团队相关研究得到了中国工程院咨询研究项目"'清洁煤电+CCUS'技术经济性优化与竞争性研究"（编号：2022-XZ-32）、"我国煤炭科学产能支撑能力和可持续发展战略研究"（编号：2020-XZ-11）等的资助，本书在项目研究报告的基础上精炼完成。

项目研究和书稿出版得到了中国工程院、深圳大学、中国煤炭科工集团、煤炭科学研究总院、煤炭工业规划设计研究院、四川大学、中国矿业大学(北京)等单位的大力支持，李晓红院士、杜祥琬院士、谢克昌院士、张铁岗院士、彭苏萍院士、袁亮院士、张玉卓院士、蔡美峰院士、康红普院士、顾大钊院士、武强院士、金智新院士、王双明院士、王国法院士、杨春和院士、葛世荣院士、姜智敏研究员、张宏研究员、刘见中研究员、王虹研究员、张彦禄研究员、姜耀东教授、王家臣教授、王佟研究员等专家在项目研究过程中给予了无私指导，在此表示衷心的感谢！

深圳大学特聘教授

四川大学原校长、教授

教育部科技委主任

2022 年 4 月

目　　录

第1章 碳中和目标下我国能源战略研判

全球 130 多个国家表态支持碳中和愿景，我国于 2020 年 9 月提出碳达峰碳中和国家战略，相关路线图、时间表和政策措施正在制订和落地实施，将推进经济社会广泛而深刻的系统性变革。能源领域是我国碳排放的主要来源，也是碳达峰碳中和的关键领域。碳达峰碳中和目标要求着力提高能源利用效率，构建清洁低碳安全高效的能源体系。

1.1 碳达峰碳中和是国家战略

1.1.1 碳达峰碳中和已成为全球共识

2015 年 12 月，巴黎气候变化大会上通过的《巴黎协定》提出，把全球平均地表气温升幅控制在工业化前水平以上低于 2℃之内，并努力将气温升幅限制在工业化前水平以上 1.5℃之内，并在"本世纪下半叶实现温室气体源的人为排放与汇的清除之间的平衡"，首次明确了全球实现"碳中和"的总体目标，为世界绿色低碳转型发展指明了方向。"碳中和"是指特定区域(或组织)在一定时间内，通过减碳、零碳、负碳等措施抵消温室气体排放量，使碳释放量与碳吸收量(处理量、处置量)平衡，总碳排放量为零(图 1-1)。

图 1-1 碳中和内涵示意图

截至 2021 年底，全球已有 54 个国家实现碳达峰，合计碳排放量占全球碳排放总量的 40%左右，其中大部分为发达国家。2021 年，碳排放量排名前 15 位的国家中，美国、俄罗斯、日本、巴西、印度尼西亚、德国、加拿大、韩国、英国和法国已经实现碳达峰。截至 2021 年底，130 多个国家表态支持全球实现碳中和愿景，其中包括我国在内的 68 个国家及欧盟以纳入国家法律、提交协定或政策宣示等方式做出碳中和承诺。芬兰、瑞典、奥地利、德国等少数国家提出在 2050 年之前实现碳中和，大多数国家承诺在 2050 年实现碳中和(表 1-1)。

表 1-1　全球主要国家和地区承诺碳中和时间表

进展类别	国家和地区 (承诺年)
已实现	苏里南、不丹
已立法	瑞典(2045)、英国(2050)、法国(2050)、丹麦(2050)、匈牙利(2050)、欧盟(2050)、日本(2050)、德国(2045)、韩国(2050)、加拿大(2050)、西班牙(2050)、卢森堡(2050)
立法中	爱尔兰(2050)、智利(2050)、斐济(2050)
政策宣示	芬兰(2035)、奥地利(2040)、冰岛(2040)、美国(2050)、南非(2050)、巴西(2050)、澳大利亚(2050)、意大利(2050)、泰国(2050)、越南(2050)、阿联酋(2050)、阿根廷(2050)、哥伦比亚(2050)、以色列(2050)、葡萄牙(2050)、瑞士(2050)、挪威(2050)、斯洛伐克(2050)、多米尼加(2050)、老挝(2050)、斯洛文尼亚(2050)、尼泊尔(2050)、巴拿马(2050)、牙买加(2050)、哥斯达黎加(2050)、拉脱维亚(2050)、乌拉圭(2050)、纳米比亚(2050)、毛里求斯(2050)、马尔代夫(2050)、马拉维(2050)、巴巴多斯(2050)、塞舌尔(2050)、佛得角(2050)、安道尔(2050)、所罗门群岛(2050)、格林纳达(2050)、马绍尔群岛(2050)、瑙鲁(2050)、摩纳哥(2050)、梵蒂冈(2050)、中国(2060)、俄罗斯(2060)、印度尼西亚(2060)、沙特阿拉伯(2060)、哈萨克斯坦(2060)、乌克兰(2060)、尼日利亚(2060)、巴林(2060)、印度(2070)

气候变化是人类需要共同面对的全球性问题，全球温升最终将对全世界的生态系统造成威胁。"覆巢之下无完卵"，全世界所有国家都需要积极应对这一难题。已经有 190 个缔约方批准《巴黎协定》，实现碳达峰碳中和已成为全球共识。

1.1.2　我国提出碳达峰碳中和目标任务

1. 我国碳达峰碳中和目标提出背景

从全球来看，当今世界正经历百年未有之大变局，世界进入动荡变革期，单边主义、保护主义、霸权主义对世界和平与发展构成威胁，新冠肺炎疫情全球大流行正在推动这个大变局加速演变。2019 年美国正式启动程序退出《巴黎协定》，拒不履行相关承诺，严重阻碍了全球气候治理进程，全球气候治理陷入低谷。在此背景下，我国作为世界上最大的发展中国家，即使面临发展经济、改善民生、消除贫困、治理污染等一系列艰巨任务，但为凝聚全球气候治理共识，提出了 2030 年碳达峰、2060 年碳中和的愿景目标，体现了我国应对全球气候变化做出的新努力和新贡献，彰显了我国推动构建人类命运共同体的大国担当。

从国内来看，我国处于"两个一百年"奋斗目标的历史交汇期，处于乘势而上开启全面建设社会主义现代化国家新征程的开局阶段，也是经济高质量发展转型的关键阶段。提出碳达峰碳中和目标，对我国未来相当长时期经济社会发展、应对气候变化工作和生态文明建设提出更高要求，有利于促进我国经济社会发展全面绿色转型，建设人与自然和谐共生的现代化，推动绿色低碳发展，持续改善环境质量，建设美丽中国，满足人民日益增长的美好生活需要。

2. 碳达峰碳中和是我国对全球的庄严承诺

2020 年 9 月 22 日，习近平主席在第七十五届联合国大会一般性辩论上宣布"中国将提高国家自主贡献力度，采取更加有力的政策和措施，二氧化碳排放力争于 2030 年前达到峰值，努力争取 2060 年前实现碳中和"，首次提出碳达峰新目标和碳中和愿景。

此后，习近平主席在气候雄心峰会、"达沃斯议程"、领导人气候峰会等重大国际会议上再次强调我国的碳达峰碳中和目标，并把碳达峰碳中和纳入我国生态文明建设整体布局，制定碳达峰行动计划，"支持有条件的地方和重点行业、重点企业率先达峰"。碳达峰碳中和目标是我国作为负责任大国对国际社会的庄严承诺。

3. 碳达峰碳中和已上升为国家战略

2020 年 10 月 29 日，中国共产党第十九届中央委员会第五次全体会议审议通过《中共中央关于制定国民经济和社会发展第十四个五年规划和二〇三五年远景目标的建议》，明确了我国碳达峰碳中和的阶段性任务，即"十四五"期间，加快推动绿色低碳发展，降低碳排放强度，支持有条件的地方率先达到碳排放峰值，制定 2030 年前碳排放达峰行动方案，全面实行排污许可制，推进排污权、用能权、用水权、碳排放权市场化交易；到 2035 年，"广泛形成绿色生产生活方式，碳排放达峰后稳中有降"。2021 年 9 月，中共中央、国务院发布《中共中央　国务院关于完整准确全面贯彻新发展理念做好碳达峰碳中和工作的意见》；2021 年 10 月，国务院印发《2030 年前碳达峰行动方案》。碳达峰碳中和目标已成为我国社会共识，不仅是负责任大国对国际社会的庄严承诺，更是推进我国经济高质量发展的国家战略。

多个部门和行业正在研究制定减污降碳相关政策，推进碳达峰碳中和由战略目标转化为指导经济产业发展的具体措施，将对包括煤炭行业在内的多个行业产生实质性影响。《关于统筹和加强应对气候变化与生态环境保护相关工作的指导意见》要求，推动钢铁、建材、有色、化工、石化、电力、煤炭等重点行业提出明确的达峰目标并制定达峰行动方案。《完善能源消费强度和总量双控制度方案》要求，强化和完善能耗双控制度，深化能源生产和消费革命，推动能源清洁低碳安全高效利用，倒逼产业结构、能源结构调整，助力实现碳达峰碳中和目标。2020 年以来出台的相关政策见表 1-2。

表 1-2　我国自 2020 年以来出台的碳达峰碳中和相关政策

文件名称	发布时间	主要内容
《碳排放权交易管理办法（试行）》	2020-12-31	建设全国碳排放权交易市场是利用市场机制控制和减少温室气体排放、推动绿色低碳发展的重大制度创新，也是落实我国二氧化碳排放达峰目标与碳中和愿景的重要抓手

续表

文件名称	发布时间	主要内容
《关于统筹和加强应对气候变化与生态环境保护相关工作的指导意见》	2021-01-09	推动钢铁、建材、有色、化工、石化、电力、煤炭等重点行业提出明确的达峰目标并制定达峰行动方案
《国家高新区绿色发展专项行动实施方案》	2021-01-29	加快传统制造业绿色技术改造升级，鼓励使用绿色低碳能源，提高资源利用效率，淘汰落后设备工艺，从源头减少污染物产生
《国务院关于落实〈政府工作报告〉重点工作分工的意见》	2021-03-25	制定 2030 年碳排放达峰行动方案。优化产业结构和能源结构。推动煤炭清洁高效利用，大力发展新能源，在确保安全的前提下积极有序发展核电
《企业温室气体排放报告核查指南(试行)》	2021-03-26	规范全国碳排放权交易市场企业温室气体排放报告核查活动
《碳排放权登记管理规则(试行)》、《碳排放权交易管理规则(试行)》和《碳排放权结算管理规则(试行)》	2021-05-17	规范全国碳排放权登记、交易、结算活动
《国家发展改革委办公厅关于进一步加强节能监察工作的通知》	2021-05-20	建立常态化节能监察机制，突出抓好重点领域、重点单位、重点项目的监督管理，确保完成"十四五"能耗双控目标
《关于加强高耗能、高排放建设项目生态环境源头防控的指导意见》	2021-05-30	加快推动绿色低碳发展的决策部署，坚决遏制高耗能、高排放项目盲目发展，推动绿色转型和高质量发展
《国务院关于长江流域生态环境保护工作情况的报告》	2021-06-07	鼓励有条件的地方先行先试，力争在推动碳排放达峰行动、重点行业绿色发展等关键环节取得突破
《国家发展改革委 国家能源局关于加快推动新型储能发展的指导意见》	2021-07-15	以实现碳达峰碳中和为目标，推动新型储能快速发展
《关于开展重点行业建设项目碳排放环境影响评价试点的通知》	2021-07-27	组织部分省份开展重点行业建设项目碳排放环境影响评价试点，实施碳排放环境影响评价，推动污染物和碳排放评价管理统筹融合，促进应对气候变化与环境治理协同增效

续表

文件名称	发布时间	主要内容
《完善能源消费强度和总量双控制度方案》	2021-09-11	强化和完善能耗双控制度，深化能源生产和消费革命，推动能源清洁低碳安全高效利用，倒逼产业结构、能源结构调整，助力实现碳达峰碳中和目标
《国家发展改革委等部门关于严格能效约束推动重点领域节能降碳的若干意见》	2021-10-18	通过实施节能降碳行动，实现钢铁、电解铝等重点行业和数据中心达到标杆水平的产能比例超过30%，行业整体能效水平明显提升，碳排放强度明显下降，绿色低碳发展能力显著增强。使行业整体能效水平和碳排放强度达到国际先进水平，为如期实现碳达峰目标提供有力支撑
《关于做好全国碳排放权交易市场数据质量监督管理相关工作的通知》	2021-10-23	迅速开展企业碳排放数据质量自查工作，各地生态环境主管部门对本行政区域内重点排放单位2019年和2020年的排放报告和核查报告组织进行全面自查
《关于在产业园区规划环评中开展碳排放评价试点的通知》	2021-10-28	充分发挥规划环评效能，选取具备条件的产业园区，在规划环评中开展碳排放评价试点工作
《"十四五"支持老工业城市和资源型城市产业转型升级示范区高质量发展实施方案》	2021-11-19	创新"光伏+"模式，支持包头、鄂尔多斯、石嘴山等城市及宁东能源化工基地等地区因地制宜利用沙漠、戈壁、荒漠及采煤沉陷区、露天矿排土场、关停矿区建设风电光伏发电基地

全球气候变化是21世纪人类面临的重大挑战。当前，我国碳排放总量位居世界第一，是全球最大的碳排放国家。应对气候变化事关国内、国际两个大局，事关全局和长远发展，是推动经济高质量发展和生态文明建设的重要抓手，是参与全球治理和坚持多边主义的重要领域。碳达峰碳中和目标的提出和实施，充分彰显了我国应对气候变化的战略决心及大国担当，为深入推进生态文明建设擘画了宏伟蓝图。

1.2　碳中和目标对我国能源发展的新要求

1.2.1　加快能源低碳转型步伐

能源生产消费相关的碳排放是我国碳排放的重要来源，其中，煤炭生产消费的碳排放占我国碳排放总量的 65%左右[1,2]，油气生产消费的碳排放约占 15%[3]。碳达峰碳中和目标要求着力提高能源利用效率，控制化石能源消费总量，实施可再生能源替代，构建清洁低碳安全高效的能源体系，将我国的发展建立在高效利用资源、严格保护生态环境、有效控制温室气体排放的基础上，推动我国绿色发展迈上新台阶[4,5]。

实现碳达峰碳中和目标任务，必须在强化节能的同时，加快推进能源低碳转型步伐[6-8]。大力发展新能源和化石能源低碳清洁化[9,10]，由高碳能源转向低碳、零碳能源。可以预期，终端能源领域的电气化步伐将明显加快，多能互补的分布式清洁能源利用更为广泛，从而推动能源生产消费方式发生重大转变[11]。

1.2.2　加快新能源技术产业化发展

传统化石能源具有高碳排放的固有特性，依靠自身优化很难短期内实现零碳排放。在大力推进化石能源低碳化发展的同时，加快新能源规模化发展，是推动我国能源供应结构、电力结构优化的关键。光伏、风电、储能等新能源领域的技术创新和技术突破是前提和基础。例如，高效光伏组件、固态电化学电池等处于产业化初期的技术，燃料电池、微型堆供暖、钙钛矿电池等处在产业化准备阶段的技术，以及处在孵化之中的绿氢及衍生技术、零碳能源化工耦合系统等，需要加快研发进程，尽早取得技术突破，实现产业化，支撑新能源规模化发展。

1.2.3　更加重视煤炭的能源兜底保障作用

在碳达峰碳中和目标下，风、光等可再生能源发电并网比例将逐步增高，而可再生能源本身具有不稳定性，电力调峰需求增加；同时，我国油气对外依存度持续居于高位，在国际能源博弈和地缘政治冲突不断加剧的背景下，油气进口安全风险增加，更加要求发挥煤炭的能源兜底保障作用[12,13]。

为如期实现"双碳"目标，各地方政府、各行业积极出台相关政策措施。2021年上半年的一段时间，出现了运动式"减碳"，即把"减碳"当作短期内压倒一切的政治任务，通过发起轰轰烈烈的"运动"来落实目标，而不是用循序渐进的方式推进。一些地方和行业片面强调零碳方案、零碳社区、零碳行动，提出"去煤化""煤炭退出"，甚至"退出化石能源"，不切实际地过早限制煤炭消费，过快限制煤炭产能产量增长。这种非正常现象导致2021年下半年，我国煤炭出现阶段性、区域性和结构性供应持续紧张，环渤海5500kcal动力煤市场价格一度超过2500元/t，多地出现拉闸限电，对经济社会发展造成了严重影响。

为纠正运动式"减碳"，科学如期实现"双碳"目标，党中央、国务院多次强调"传统能源逐步退出要建立在新能源安全可靠的替代基础上。要立足以煤为主的基本国情，抓好煤炭清洁高效利用"。"减排不是减生产力，也不是不排放，而是要走生态优先、绿色低碳发展道路，在经济发展中促进绿色转型、在绿色转型中实现更大发展。要坚持统筹谋划，在降碳的同时确保能源安全、产业链供应链安全、粮食安全，确保群众正常生活"。

1.3　碳中和目标下我国能源发展战略方向

能源领域是我国实现碳达峰碳中和的核心所在，但不意味着要完全退出煤炭，要完全退出化石能源。借鉴欧美等发达国家和地区碳达峰前后的能源消费、碳排放强度等基本特征和变化规律，结合我国能源资源禀赋和经济社会所处发展阶段，提出碳中和目标下我国能源发展主要有五大战略方向[1]。

1.3.1　大力发展节能技术，提高能源利用效率

节能可直接减少能源消费，是最显著、最直接的碳减排。节能提效是实现碳中和目标的优先发展路径[14]，以节能提效促少用，通过少用减

少碳排放。特别需要强调的是，节能不是简单地少用或者不用能源，而是通过全面提高能源利用效率来减少能源消费总量以及不必要的能源浪费。我国单位国内生产总值(gross domestic product，GDP)能耗自 1988 年以来呈现快速下降趋势，由 29.77tce[1]/万美元降低到 2020 年的 3.38tce/万美元，降低了 88.6%[1]，但距离世界平均水平和发达国家还有较大差距，是世界平均水平的 1.4～1.5 倍，是美国的 2 倍[15]。若能达到世界平均水平，每年可少用能源 13 亿 tce，减排 CO_2 34 亿 t，约占 2020 年我国碳排放量的 1/3。因此，提高能源利用效率，减少能源消费，是我国实现碳达峰碳中和的最重要途径[1]。

1.3.2　大力发展新能源技术，优化电力结构

近年来，我国风、光等新能源发电技术快速发展，装机容量快速提升，风、光发电量占比由 2011 年的 1.5%增加到 2020 年的 9.4%，推动非化石能源电力在我国电力结构中的占比显著上升，由 2011 年的 18.3%增加到 2020 年的 31.5%，但依然没有改变我国以火电(煤电)为主的电力结构。2020 年我国电力结构中火电发电量占比 68.5%(图 1-2)。

图 1-2　2011～2020 年我国电力结构

---

① tce 为吨标准煤。

通过与欧美发达国家现代化进程和碳达峰前后电力结构对比，我国电力结构还需要持续优化，然而我国天然气增产有限，难以像美国那样将天然气作为发电的第一大能源。碳中和目标下，我国应大力发展风能、太阳能、地热能等可再生能源发电，逐步提高非化石能源发电占比，持续优化电力结构，重点发展"风电/光电+储能"技术，提高新能源发电稳定性与可持续性。

1.3.3 大力发展"清洁煤电+CCUS"，推进煤炭低碳利用

燃煤发电占我国煤炭消费的一半左右，是最主要的利用方式，并且燃煤发电主要利用煤炭的热值，碳元素几乎全部转变为 CO_2，是煤炭利用碳排放最集中的领域。我国建成了全球最大的清洁煤电体系，86%的燃煤发电机组实现了常规污染物超低排放，制约煤电发展的不再是常规污染物排放问题，而主要是碳排放问题。虽然新能源电力发展速度较快，但是基数小，在发电量中占比还比较低，同时由于新能源电力的不稳定性，需要燃煤发电作为基底支撑电力调峰。我国的清洁煤电还将长期存在，并发挥重要作用。

碳达峰碳中和并不是不产生 CO_2，而是产生的 CO_2 被利用或封存了，碳捕集与封存(carbon capture and storage，CCS)以及碳捕集、利用与封存(carbon capture utilization and storage，CCUS)被认为是实现碳达峰碳中和的关键技术之一，受到世界各国的高度重视，纷纷加大研发力度，在 CO_2 驱油等方面取得了积极进展。虽然，当前该类技术成本还比较高，封存 1t CO_2 需要数百元，但是随着技术的进步，成本有望逐步降低到可以接受的水平。大力发展"清洁煤电+CCUS"，是从以煤为主的能源资源禀赋等国情出发，推进"煤电清洁高效利用"等国家需求的重要内容，也是推动我国能源绿色低碳转型的战略方向。

1.3.4 大力发展少碳-用碳-零碳能源原理创新，加快颠覆性技术研发

传统化石能源的利用方式具有高碳排放的固有特性，依靠现有技术延续式创新，很难实现零碳排放，亟须推进少碳-用碳-零碳能源原理创

新，加快颠覆性技术研发：研究和应用煤基燃料电池发电新技术等低碳燃烧、低碳转化技术，推进利用过程少碳；研发和应用 CO_2 制甲醇等碳转化技术，推进碳资源化利用；研发和应用低成本碳捕集及井下封存技术，为不能资源化利用的 CO_2 提供最后的处置保障。

加快 CCS/CCUS 技术攻关，不断提升 CO_2 大规模低能耗捕集、资源化利用与可靠封存技术水平，突破大容量富氧燃烧、燃烧后 CO_2 捕集、CO_2 驱油/气/水、CO_2 封存、监测预警等关键技术；同时利用现代煤化工高浓度、高压 CO_2 排放的特征，推进驱油、化工等 CO_2 捕集、利用与封存商业化示范，探寻低成本碳处理途径；以百万吨级示范工程为抓手，推进 CCS/CCUS 技术商业应用；探索 CO_2 埋存与油田提高采收率（enhanced oil recovery，EOR）工程一体化实施路径，形成完整的 CO_2 捕集、利用和封存产业链。

重点探索 CO_2 矿化利用的 CCUS 减排技术路线，将 CO_2 作为资源加以利用，进行 CO_2 矿化输出能源、加工天然矿物、处理工业固废；研究固体氧化物燃料电池开发利用技术，在电池组内对 CO_2 催化、转化、矿化再能源化，实现循环利用、零碳排放；研究 CO_2 催化转化制甲醇等碳转化技术，将 CO_2 作为原料，推进 CO_2 资源化利用；将废弃煤矿地下空间碳封存、CO_2 矿化发电、CO_2 制备化工产品、与煤矿区生态环保深度融合的碳吸收等新型用碳、固碳、吸碳技术作为优先突破方向。

1.3.5　转变能源"双控"政策要求，以政策倒逼技术进步

我国的现代化水平同发达国家相比还有较大差距，现代化进程的持续推进仍需要较大的能源消费支撑。为降低碳排放，"一刀切"限制能源生产和消费，过早过紧控制能源消费总量和强度，将会影响经济持续增长，影响我国现代化如期实现。为实现减排不减生产力的目标，应将控制能源消费总量和强度的"双控"政策，转变为控制能源消费碳排放和提高能源利用效率的新"双控"政策，引导和倒逼碳减排技术进步，促进碳中和技术自立自强。

20 世纪 90 年代，我国由于燃煤粗放等原因导致了严重的酸雨污

染问题。一些地区燃用高硫煤，燃煤设备未采取脱硫措施，致使 SO_2 排放量不断增加，由城市局地污染向区域性污染发展，出现了大面积的酸雨污染。1995 年，我国煤炭消费量 12.8 亿 t，SO_2 排放量 2370 万 t，酸雨污染面积高达 300 多万平方千米，是继欧洲、北美之后的世界第三大酸雨区。

针对酸雨污染问题，国家连续出台了一系列政策措施推动 SO_2 减排。1995 年 8 月，国务院批准将已经产生、可能产生酸雨的地区或者其他 SO_2 污染严重的地区划定为酸雨控制区和 SO_2 污染控制区；1996 年 8 月，国务院发布《关于环境保护若干问题的决定》，提出实施包括 SO_2 在内的污染物排放总量控制；此后逐步严格排放标准、收缩排放总量控制限值，以政策倒逼燃煤污染物控制技术进步，既破解了我国酸雨问题，同时倒逼我国的除尘脱硫技术发展到世界领先水平。

从减排措施和减排力度上，可将我国 SO_2 减排划分为三个阶段：

第一阶段（1995～2000 年）。限期淘汰列入国家和地方淘汰名录的技术落后小煤电、小锅炉等；推动条件合适的小火电机组改造为热电联产、综合利用机组，实施先停后改，并按项目审批程序报批环境影响评价等有关文件，落实污染物总量控制指标。同时电力管理部门、物价部门等管理部门加强监管力度，采取下达解网通知，取消其上网电价等强制措施。通过小煤电、小锅炉淘汰改造，该阶段我国煤炭消费量虽然增长 6.0%，但 SO_2 排放量下降超过 10%。

第二阶段（2000～2010 年）。实施已有燃煤电厂规定期限建设烟气脱硫设施、新建燃煤电厂同步配套烟气脱硫设施等措施，加快燃煤电厂脱硫设施建设与配套，同时实施连续在线监测，要求所有电厂必须安装烟气连续在线监测仪器，监测燃煤机组 SO_2 等污染物排放。通过这些措施实施，该阶段我国煤炭消费量增长 157.2%，但 SO_2 排放量仅增长 9.5%，并实现 SO_2 排放达峰（2006 年，2588.8 万 t）后稳步下降。

第三阶段（2010～2020 年）。对燃煤电厂 SO_2 排放控制越发严格，出台了《火电厂大气污染物排放标准》《煤电节能减排升级与改造行动计划(2014－2020 年)》《全面实施燃煤电厂超低排放和节能改造工作方案》等多项政策,要求所有具备改造条件的燃煤电厂力争实现超低排放,要求在基准含氧量 6% 条件下, SO_2 排放浓度不高于 $35mg/m^3$。通过持续研发并应用燃煤 SO_2 超低排放技术,86%的燃煤电厂实现了包括 SO_2 在内的常规污染物超低排放。该阶段我国煤炭消费量增长 15.8%,而 SO_2 排放量下降了近 80%。

我国 SO_2 减排历程充分说明了减排不是简单地减少煤炭使用,而是要以政策倒逼技术进步,以先进技术推进减排。我国 SO_2 减排实践为实现碳减排进而如期实现"双碳"目标提供了成功经验。

2021 年 12 月 8～10 日,中央经济工作会议明确提出"要科学考核,新增可再生能源和原料用能不纳入能源消费总量控制,创造条件尽早实现能耗'双控'目标向碳排放总量和强度'双控'转变"。一些省份已开始将新增可再生能源和原料用能不纳入能源消费总量,以政策倒逼碳中和技术进步的发展环境正在逐步形成。

第 2 章　发达国家碳达峰经验分析借鉴

世界主要发达国家的工业化进程走在国际前列，先后在 19 世纪末、20 世纪初完成工业化，并开启了现代化进程。在基本实现现代化后，经济发展开始与能源消费增长脱钩，碳排放自然进入峰值期甚至开始下降。德国和英国分别在 1979 年和 1971 年实现碳达峰，美国和日本分别在 2007 年和 2013 年实现碳达峰。这些国家碳达峰前后现代化进程、能源消费、碳排放强度呈现的基本特征和变化规律以及采取的政策措施和取得的相关经验，对我国推动碳达峰碳中和具有很好的借鉴意义。

2.1　美　　国

2.1.1　美国碳达峰前后现代化进程与能源消费特征

依据能源消费总量、碳排放量、能源消费结构的变化趋势(图 2-1 和图 2-2)，美国碳排放进程可分为碳达峰前期(1949~1999 年)、碳达峰平台期(2000~2008 年)、碳达峰后期(2009 年至今)三个阶段，结合美国现代化进程(图 2-3)和单位 GDP 能耗、单位 GDP 碳排放量及碳排放强度(图 2-4)，分析不同阶段的特征和规律。

1. 碳达峰前期(1949~1999 年)

美国现代化进程伴随能源消费总量和能源消费结构不断变化，主要特征为[1]：①能源消费总量和碳排放量稳步增长。能源消费总量由 1949 年的 11.53 亿 tce 增长到 1999 年的 34.82 亿 tce，年均增长 2.2%，能源消费弹性系数为 0.31。碳排放量与能源消费总量呈正相关性，由 1949 年的 22.07 亿 tCO_2 增加到 1999 年的 56.94 亿 tCO_2，年均增长 1.9%(图 2-1)。②能源消费结构不断优化。化石能源在能源消费结构中的占比由 1949 年的 90.7%增加到 1966 年的 93.9%，而后逐步降低到 85.2%，石油和天然气先后超过煤炭成为第一和第二大能源(图 2-2)。

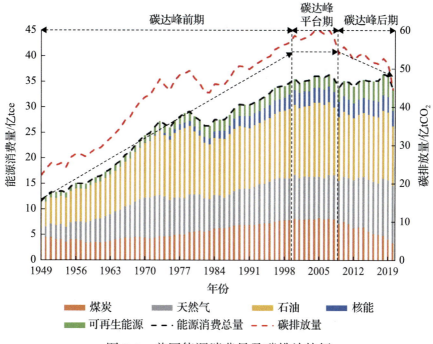

图 2-1 美国能源消费量及碳排放特征

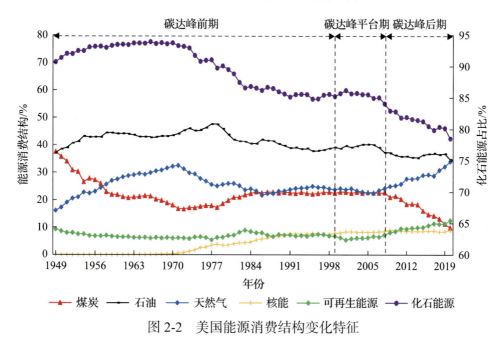

图 2-2 美国能源消费结构变化特征

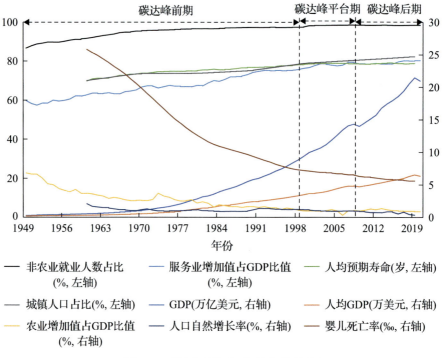

图 2-3　美国现代化进程变化特征

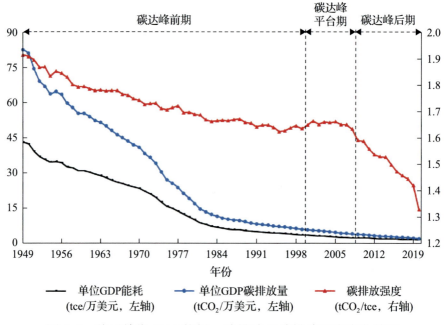

图 2-4　美国单位 GDP 能耗、碳排放及碳排放强度变化特征

现代化进程可从经济、社会、文化及个人生活等指标[16]来判断，主要从经济和社会指标分析美国现代化进程。美国 1949 年前基本完成了工业化，1949～1999 年是现代化持续推进的过程，其主要变化特征为：①GDP 和人均 GDP 持续增长，GDP 由 1949 年的 0.27 万亿美元增长到 1999 年的 9.35 万亿美元，年均增长 7.3%，人均 GDP 在 1996 年增加到 3 万美元，达到高收入国家水平。②经济结构继续优化，增长质量持续提升。服务业增加值占 GDP 的比值由 1949 年的 59.7% 上升到 1999 年的 76.2%，是 GDP 增长的主力。③城镇化程度进一步提高。城镇人口占比由 1949 年的 70.0% 提高到 1999 年的 78.7%，增长了 8.7 个百分点(图 2-3)。

经济增长和能源消费结构的优化，使得美国单位 GDP 能耗和单位 GDP 碳排放量快速降低。单位 GDP 能耗由 1949 年的 43.16tce/万美元逐步降低到 1999 年的 3.72tce/万美元，年均降速 4.8%。单位 GDP 碳排放量由 1949 年的 82.59tCO_2/万美元降低到 1999 年的 6.09tCO_2/万美元，年均降速 5.1%。碳排放强度由 1949 年的 1.91tCO_2/tce 降低到 1999 年的 1.64tCO_2/tce，年均降速 0.3%。可以看出，单位 GDP 能耗降低是推动单位 GDP 碳排放量快速下降的主要原因(图 2-4)。

2. 碳达峰平台期(2000～2008 年)

美国能源消费总量稳定在(35.60±0.80)亿 tce，碳排放量稳定在(58.90±1.20)亿 tCO_2(图 2-1)，碳排放强度稳定在 1.63～1.65tCO_2/tce(图 2-4)。能源消费结构中煤炭、石油、天然气、核能及可再生能源占比均趋于稳定(图 2-2)。

美国现代化进程各项指标优化速度明显放慢。GDP 由 2000 年的 9.95 万亿美元增长到 2008 年的 14.29 万亿美元，年均增长 4.6%。人均 GDP 由 2000 年的 3.63 万美元增长到 2008 年的 4.84 万美元，年均增长 3.7%。服务业增加值占 GDP 比值由 2000 年的 76.6% 增加到 2008 年的 79.1%。城镇人口占比由 2000 年的 79.1% 缓慢升高到 2008 年的 80.4%，城镇化进程明显放缓(图 2-3)。

经济保持增长，而能源消费和碳排放趋于稳定，使得美国单位 GDP

能耗由 2000 年的 3.58tce/万美元降低到 2008 年的 2.49tce/万美元,年均降速 4.4%。单位 GDP 碳排放量由 2000 年的 5.90tCO$_2$/万美元下降到 2008 年的 4.09tCO$_2$/万美元,年均降速为 4.5%(图 2-4)。

3. 碳达峰后期(2009 年至今)

美国能源消费总量波动中略有增长,稳定在 35.20 亿～36.20 亿 tce,碳排放量缓慢降低,由 2009 年的 53.93 亿 tCO$_2$ 降低到 2020 年的 44.57 亿 tCO$_2$,年均降速 1.7%(图 2-1)。能源消费结构发生了显著变化,石油消费占比稳定在 36.2%±0.8%;页岩气革命促使页岩气产量由 2009 年的 880 亿 m^3 增加到 2020 年的 9146 亿 m^3,促使天然气消费占比由 2009 年的 24.9%迅速增加到 2020 年的 33.9%;煤炭消费占比由 2009 年的 21.0%快速下降到 2020 年的 9.9%;可再生能源消费占比由 2009 年的 8.1%增加到 2020 年的 12.5%,超过煤炭成为第三大能源(图 2-2)。

金融危机后,美国现代化进程迎来新的发展阶段,经济保持增长,经济结构进一步优化。GDP 由 2009 年的 13.94 万亿美元增长到 2020 年的 20.93 万亿美元,年均增长 3.8%;人均 GDP 由 2009 年的 4.71 万美元增加到 2020 年的 6.34 万美元,年均增长 2.7%。服务业增加值占 GDP 比值由 2009 年的 78.6%缓慢增加到 2020 年的 80.3%。城镇人口占比由 2009 年的 80.6%缓慢上升到 2020 年的 82.5%,城镇化进程缓慢推进(图 2-3)。

经济持续增长,能源消费总量趋于稳定,消费结构持续优化,使得美国从 2009 年到 2020 年单位 GDP 能耗由 2.43tce/万美元降低到 1.60tce/万美元,年均降速 3.7%;单位 GDP 碳排放量由 3.87tCO$_2$/万美元降低到 2.13tCO$_2$/万美元,年均降速 5.3%;碳排放强度由 1.59tCO$_2$/tce 降低到 1.40tCO$_2$/tce,年均降速 1.2%(图 2-4)。

综上,从美国现代化进程、能源消费、碳排放强度等的变化情况可知:①页岩气革命支撑了美国经济发展的能源需求,现代化进程仍需化石能源。2009～2020 年页岩气产量年均增长 26.4%,使天然气在美国能源消费结构中提高了 8.1 个百分点,化石能源在能源消费结构中的占比稳定保持在 80%左右。②节能带动现代化进程与能源消费脱钩,是支撑能源达峰、碳排放下降的最核心因素。2009～2020 年美国单位 GDP 能耗年均降速达 3.7%，节能相当于增加美国能源供应 50.1%，且不增加碳排放。③只靠新能源增长，支撑不起美国经济发展。2009～2020 年美国核能基本不增长，可再生能源在能源消费结构中仅增长 4.0 个百分点。如果扣除页岩气推动的天然气消费增长，美国将增加 4.1 个百分点的能源供应缺口[1]。

2.1.2　美国低碳发展相关政策措施

自 20 世纪 70 年代起，美国多次出台能源与碳减排相关法案，逐步健全了碳减排政策体系，以加快能源系统变革，推动产业结构优化、低碳技术创新及重点行业能耗降低[17]。1973 年，尼克松总统提出能源独立计划，此后历届美国政府均将能源独立作为能源政策的核心内容[18]，在推动能源独立的同时，优化能源结构。里根政府大力推行能源市场自由化政策，解除了对天然气的价格管制，努力营造一个充分竞争的、鼓励私人投资和技术进步的政策环境[19]。为鼓励低碳技术进步和非常规油气资源开发，美国分别制定了《1992 年能源政策法案》《2005 年能源政策法案》《2007 年能源独立和安全法案》等，推动碳达峰早日实现。奥巴马政府高度重视低碳发展，颁布了"应对气候变化国家行动计划"，明确了减排的优先领域，推动政策体系不断完备。2014 年推出"清洁电力计划"，确立 2030 年之前将发电厂的 CO_2 排放量在 2005 年水平上削减至少 30%的目标，这是美国首次对已有和新建燃煤电厂的碳排放进行限制。一系列应对气候变化的顶层设计，引领了美国碳达峰并快速去峰。

1. 制定能源政策法案

克林顿政府出台了《1992 年能源政策法案》，既注重市场价格机制的自发调节作用，同时也注重政府的计划指导作用，大力提倡节能、提高能效，推动替代能源的开发和利用。小布什政府继续推行兼顾市场和政府作用的美国能源政策，相继出台了《2005 年能源政策法案》和《2007 年能源独立和安全法案》，强调增加国内能源产品供应的重要性，推动美国国内资源开采、能源节约、能源利用效率提高以及替代能源发展等,取得了突破性进展[20]。

2. 制定《美国清洁能源与安全法案》

奥巴马政府通过了《美国清洁能源与安全法案》,对提高能源效率进行规划,确定了温室气体减排途径,建立了碳交易市场机制,提出了发展可再生能源、清洁电动汽车和智能电网等,成为一段时期内美国碳减排的核心政策。此外,奥巴马政府发布《能源安全未来蓝图》,通过推行美国能源资源的多元化供应(包括能源资源的多元化、能源资源开发主体的多元化以及能源供应渠道的多元化)来加快推进美国"能源独立"的实现[21],其主要途径为:①在国内寻找和生产更多的石油和天然气产品;②通过开发新能源等更清洁的替代燃料,不断提高美国的能源利用效率,以减少美国对石油的依赖。2008 年,美国巴肯等页岩区带页岩油勘探开发活动取得成功,大大提高了美国页岩油气的开发水平,对提升美国国内页岩油和原油的整体产量起到了非常大的推动作用。与此同时,页岩气产量也快速增加。2010 年,页岩气产量已经占到美国天然气年总产量的 23%,使美国超过俄罗斯成为世界第一大天然气生产国。

3. 推行"美国优先"能源政策

特朗普执政后,美国能源政策目标从"能源独立"向"能源主导"转变,其目的在于促进经济增长和就业,核心在于推动煤炭、石油、天然气等化石能源的开发。为此,特朗普将美国环境保护政策的重点从应对气候变化转向保护清洁空气、水资源、自然栖息地、自然保护区以及国民健康等传统目标,实现将美国能源出口到世界市场,以增强美国全球领导地位和影响力[22,23]。特朗普政府的政策在短期内有力推动了美国化石能源的增长,而不利于清洁能源的发展,但从长期来看,市场和技术因素会发挥更为重要的作用。特朗普政府的政策给国际能源价格带来下行压力,改变了既有定价模式,冲击国际能源格局和地缘政治格局[24]。

4. 实施拜登能源新政

拜登在能源政策方面延续了民主党一贯的立场和主张，支持清洁能源革命，重新强调从传统能源独立向清洁能源和大力发展新能源转变。拜登的能源政策提出了四项关键内容：重回《巴黎协定》并采取强有力的新措施来阻止其他国家违背气候承诺；通过推广清洁能源技术，帮助美国于2050年前实现清洁能源经济和净零排放；创造新的就业机会并重建美国现代化的基础设施；实施污染者负责制，确保能源转型中受影响工人的社会保障[25]。

相比于特朗普政府着力发展传统能源，拜登政府的理念是追求多边合作应对气候变化，大力发展清洁能源，通过加入各种国际组织，在各个方面恢复美国的影响力和领导力。因此，面对全球气候变化，拜登政府采取与特朗普政府截然不同的做法，主要包括：①重返《巴黎协定》，制定2050年碳中和目标；②取消化石燃料补贴，逐步淘汰化石能源发电；③大力发展可再生能源和清洁能源，实现汽车电气化；④加强污染防治，逐步淘汰一次性塑料制品；⑤保护生态环境，减缓物种灭绝。

2.1.3 美国碳减排经验分析

1. 持续提高能源利用效率，减少能源消费总量

美国能源消费碳排放强度在碳达峰前期、碳达峰平台期下降幅度较小，实现碳达峰核心是提高能源利用效率，降低单位GDP能耗，在不大幅增加能源消费的前提下，支撑经济增长。通过2.1.1节分析可知，1990～2013年，美国GDP增长189%，人口增长30.1%，能源消费增长15.0%，而碳排放量只增长了6.2%。在政策和市场的引导下，美国钢铁工业、冶金工业、铝行业等重点行业的能源消耗呈持续下降趋势，使得2020年美国单位GDP能耗仅相当于1949年的3.9%（图2-5）。可见，提高能源利用效率，减少能源消费，是美国实现碳达峰的最重要途径。

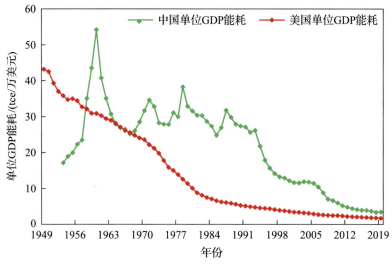

图 2-5　中国、美国单位 GDP 能耗比较

2. 持续推进科技创新, 提高化石能源供应能力

美国页岩气勘探开发始于 1821 年, 但在此后的 100 多年中并未取得突破性进展, 直至 20 世纪 80 年代后, 能源安全问题引起美国政府的重视, 出台了一系列积极支持页岩气开发的财税政策、监管政策、研发政策, 持续加大研发投入和完善政策支持体系, 最终取得了丰硕的开发增产技术成果, 如储层精细表征、数字测井、水力压裂、水平井技术等。美国米歇尔能源开发公司率先取得重大进展, 水平井技术、水力压裂和裂缝保持技术普遍应用于页岩气商业化开发。页岩气开发技术基本成熟, 产量持续增长, 推动美国实现页岩气革命[26]。

美国页岩气商业化开发的成功是政治、经济、社会等多因素共同作用, 石油天然气能源领域的国家部门、立法机构、科研机构、生产企业通力合作, 历经百年积累取得的成果, 打破了美国能源依赖进口的格局。持续增长的页岩气前沿科研成果有效促进了非常规油气开发的进步, 目前北美之外的其他地区, 页岩气勘探开发也正紧锣密鼓地进行, 加拿大、中国、欧洲部分国家(波兰、德国等)、澳大利亚等正积极开展页岩气资源开发或地质调研工作。

3. 大力发展清洁能源，优化电力结构

现代化进程推动电力需求增加，电力在终端能源消费中的占比逐步提高，能源结构优化的核心是电力结构优化。1949～2015 年煤炭一直是美国发电能源的第一大来源，从 2016 年起天然气成为第一大发电能源，且占比不断提高。到 2020 年天然气发电占比达到 39.3%，可再生能源占 20.3%，核电占 20.5%，煤炭仅占 19.9%[27]。在碳达峰前期，燃煤发电在美国电力结构中占据主导地位，但占比呈下降趋势，天然气发电呈上升趋势，其他能源发电占比变化不大。在碳达峰平台期，燃煤发电占比呈现下降趋势，天然气发电占比稳步增加，天然气发电对煤炭的替代是推动美国碳达峰的重要原因。

在碳达峰后期，奥巴马政府不仅从法律和政策层面，而且从技术和资金层面大力推行能源新政，大大促进了美国新能源的发展[28]。通过充分利用市场机制，促进核电、太阳能、风能、生物质能和地热能等可再生能源发展和技术进步，推动电力结构不断调整优化。燃煤发电占比由 2009 年的 45.7%迅速降低到 2020 年的 19.9%，降低了 25.8 个百分点；天然气发电持续增加，由 2009 年的 22.1%增加到 2020 年的 39.3%，增加了 17.2 个百分点；可再生能源发电稳步增加了 10.5 个百分点，见图 2-6。天然气和可再生能源持续替代煤炭发电，支撑了美国碳达峰后期碳排放量下降[29]。

4. 创新发展 CCS 技术，推进低成本碳封存

美国自 1972 年就开始研究整体煤气化联合循环(integrated gasification combined cycle，IGCC)技术，配合燃烧前碳捕集技术，推动美国零碳燃煤发电快速发展[30]；目前，美国已基本实现清洁煤发电。CCS 是美国气候变化技术项目战略计划框架下的优先领域，全球 51 个 CO_2 年捕集能力在 40 万 t 以上的大规模 CCS 项目中有 10 个在美国[31]。拜登政府

提出科学新政鼓励技术创新，用创新的解决方案来捕集和储存碳，开发新的零碳排放技术，支撑在 2050 年实现净零碳排放[32]。

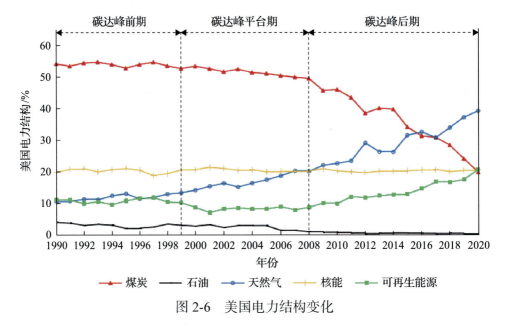

图 2-6　美国电力结构变化

5. 发挥本土资源优势，保障能源安全

能源安全稳定供应是一个国家强盛的保障和安全的基石，自经历二次"石油危机"后，美国政府特别重视能源安全，制定前瞻性的能源战略，通过立法长期推进"能源独立"，以保证能源供应安全。美国联邦政府和相应的州政府，相继制定了一系列税收优惠政策，以支持美国非常规油气资源的勘探和开发。页岩油气产业的突破性发展使得美国"能源独立"理念得以实现，对世界能源地缘政治和能源产业安全产生了重要影响，改变了美国乃至世界的油气供应格局，使得美国能源自给率由 2005 年的 69.3% 提高到 2020 年的 103.0%，见图 2-7。

我国油气对外依存度居于高位，能源安全面临严峻挑战。基于能源资源禀赋条件，我国不能简单复制美国发展非常规油气的能源独立模式，但可借鉴其成功经验[33]。邹才能等[34]提出了我国"能源独立"的

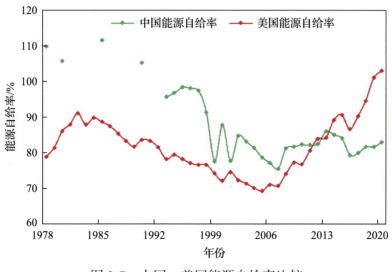

图 2-7　中国、美国能源自给率比较

"三步走"构想，依靠"洁煤稳油增气、大力提高新能源"解决"能源安全"问题，依靠"国内生产+海外权益"兑现"能源自主"愿景，依靠"新能源+智能源"实现"能源独立"战略。煤炭具备适应我国能源需求变化的开发能力，具有开发利用的成本优势，煤炭清洁高效转化技术经过 2005 年以来的"技术示范""升级示范"已趋于成熟，具备短期内形成大规模油气接续能力的基础，应当充分发挥煤炭在平衡能源品种中的作用，推进煤炭与油气耦合发展，保障我国能源安全。

2.2　德　　国

2.2.1　德国碳达峰前后现代化进程与能源消费特征

德国是全球实施清洁低碳转型最为积极的国家之一，作为绿色运动的发源地，其一直是欧洲气候保护的领跑者。回顾德国的碳排放历程，可以发现德国碳排放量的剧烈变动很大程度上取决于其经济波动情况以及战争或和平状态。第一次世界大战(1914～1918 年)、1920 年和 1930 年初的经济和政治危机以及第二次世界大战，都对德国碳排放产生了非常明显的影响。除了这些异常时期外，德国的碳排放量一直在不断攀升，直到 1979 年达到峰值 11.18 亿 tCO$_2$，此后进入平台期。
自 1990 年以来，碳排放量逐年下降。2008 年金融危机后，2009 年碳
排放量较上年下降 7.6%。由于新冠肺炎疫情，2020 年较 2019 年同样
有了较大比例的降幅，下降了 9.4%，2020 年碳排放量为 6.44 亿 tCO$_2$，
较 1990 年减少了 38.8%。

依据德国碳排放量的变化特征，其碳排放进程可分为三个阶段：碳
达峰前期(1965~1978 年)、碳达峰平台期(1979~1990 年)和碳达峰后
期(1991 年至今)。在这三个阶段，德国能源消费总量及能源消费结构、
现代化进程、碳排放结构均呈现出不同的特征(图 2-8~图 2-13)。

1. 碳达峰前期(1965~1978 年)

受第二次世界大战的影响，德国 1945 年碳排放量为此前 140 年来
的最低点，仅 1.16 亿 tCO$_2$。随着战后经济复苏，碳排放快速增加，1965
年碳排放量达到 9.60 亿 tCO$_2$，1978 年德国碳排放量达到 10.79 亿 tCO$_2$，

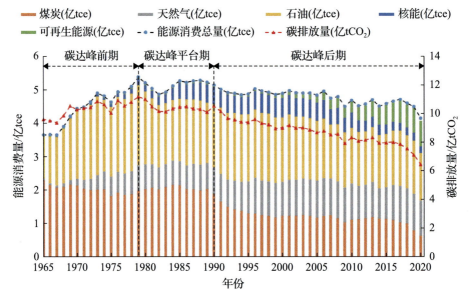

图 2-8 德国能源消费量及碳排放量变化特征

数据来源：Global Carbon Project

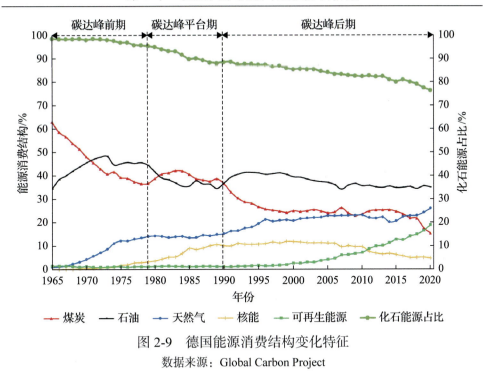

图 2-9　德国能源消费结构变化特征

数据来源：Global Carbon Project

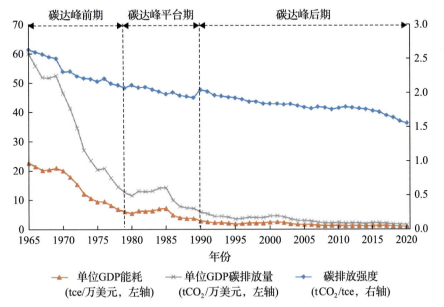

图 2-10　德国单位 GDP 能耗、单位 GDP 碳排放量及碳排放强度变化特征

数据来源：Global Carbon Project

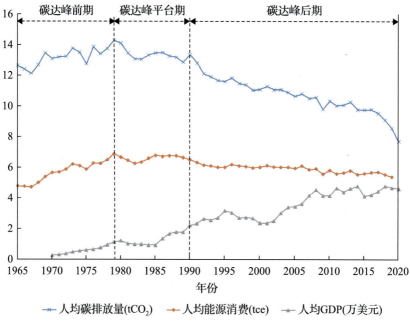

图 2-11　德国人均 GDP 及碳排放变化特征

数据来源：Global Carbon Project

图 2-12　德国不同燃料和行业产生的碳排放量占比

数据来源：Global Carbon Project

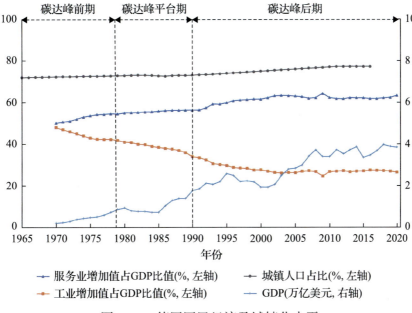

图 2-13　德国国民经济及城镇化水平

数据来源：Our World in Data

14 年时间增长了 12.4%。能源消费总量持续增加，由 1965 年的 3.65 亿 tce 增加到 1978 年的 5.10 亿 tce（图 2-8）。能源消费结构不断发生变化，煤炭消费占比稳步下降，石油消费稳步上升，清洁能源消费占比快速增加。1965 年煤炭、石油、天然气占能源消费总量比例分别为 63.0%、34.4%、1.0%，1978 年占比分别为 36.6%、45.6% 和 13.5%。煤炭占比下降了约 26 个百分点，石油和天然气共增加近 24 个百分点，化石能源占比在 95% 以上（图 2-9）。

德国单位 GDP 能耗、单位 GDP 碳排放量和碳排放强度均实现了快速下降：单位 GDP 碳排放由 1965 年的 60.01tCO_2/万美元下降到 1978 年的 14.58tCO_2/万美元，降幅达到 75.7%；单位 GDP 能耗从 1965 年的 22.80tce/万美元下降到 1978 年的 6.89tce/万美元，碳排放强度由 1965 年的 2.63tCO_2/tce 下降到 1978 年的 2.12tCO_2/tce（图 2-10）。

德国人均能源消费和人均 GDP 缓慢上升，人均能源消费从 1965 年的 4.78tce 增加到 1978 年的 6.49tce，到 1978 年人均 GDP 为 0.95 万美元。人均碳排放量波动较大，但总体呈上升趋势，1965 年为 12.59tCO_2，

1978 年达到 13.73tCO$_2$(图 2-11)。

德国不同能源消费产生的碳排放量发生了显著的变化。煤炭消费产生的碳排放量占比从 1965 年的 74.7%下降到 1978 年的 48.5%,与此同时,石油消费产生的碳排放量占比从 22.7%上升到 39.7%(图 2-12)。

到 1978 年,德国 GDP 为 0.74 万亿美元。服务业增加值占 GDP 比值为 54.6%,工业增加值占 GDP 比值为 42.3%,城镇化水平维持在72.7%(图 2-13)。

2. 碳达峰平台期(1979~1990 年)

德国碳排放量于 1979 年达峰,此后在波动中小幅下降。1979~1990年的 12 年里,碳排放量基本保持在 10.09 亿~11.18 亿 tCO$_2$,1990 年为 10.52 亿 tCO$_2$。能源消费总量基本保持稳定,波动范围为 4.86 亿~5.38 亿 tce。石油和煤炭消费保持稳定,而天然气和核能消费量明显增加,成为这一时期重要的增量能源(图 2-8)。能源消费结构中,煤炭、石油占比稳中有降,分别由 1979 年的 36.7%、44.6%下降到 1990 年的36.6%、36.8%;天然气占比由 14.2%增加到 15.2%;核能占比增加明显,由 3.3%增加到 10.1%;化石能源占比从 95.5%下降到 88.6%(图 2-9)。

得益于能源消费结构优化,德国这一时期单位 GDP 能耗逐步下降,后 5 年下降较快,从 1985 年的 7.21tce/万美元下降到 1990 年的 2.90tce/万美元。单位 GDP 碳排放量同样在 1985~1990 年下降幅度非常大,5年的时间下降了 58%。碳排放强度保持在 2tCO$_2$/tce 左右(图 2-10)。

人均 GDP 从 1979 年的 1.13 万美元增加到 1990 年的 2.23 万亿美元左右,其趋势与 GDP 类似。人均碳排放量保持在 13.31~14.05tCO$_2$。人均能源消费稳定在 6.24~6.86tce(图 2-11)。

德国各类碳排放源占比保持稳定,煤炭、石油、天然气消费产生的碳排放量占比分别为 50%~55%、31%~37%、10%~12%(图 2-12)。

碳达峰平台期前 7 年德国 GDP 经济增长缓慢,后 5 年实现了稳定增长,GDP 从 1979 年的 0.88 万亿美元增加到 1990 年的 1.77 万亿美元。

服务业增加值占 GDP 比值从 54.5%增长到 56.3%，工业增加值占 GDP
比值从 41.8%下降到 34.0%，工业增加值占比下降较快，城镇化水平维
持在 72%～73%(图 2-13)。

3. 碳达峰后期(1991 年至今)

碳达峰后期，德国能源消费总量和碳排放量均呈现持续下降的趋势，
且由于可再生能源的快速发展，碳排放量下降速度快于能源消费总量下
降速度，人均能源消费保持稳定，人均碳排放量稳步下降。石油消费有
所减少，而煤炭消费明显下降，天然气消费略有增长后保持稳定。进入
21 世纪后，可再生能源消费稳步、快速增长，核能在 2010 年后明显减
少。工业增加值和服务业增加值占比逐步稳定。城镇化水平保持稳定。

1991 年之后，德国碳排放量和人均碳排放量总体呈持续下降态势。
1992 年碳排放量跌破 10 亿 tCO$_2$，此后一直下降到 2020 年的 6.44 亿
tCO$_2$，是 1965 年以来的最低水平。

碳达峰后的 30 年时间里，德国能源消费总量从 1991 年的 5.02 亿
tce 下降到 2020 年的 4.14 亿 tce，下降了 17.5%(图 2-8)。能源消费结构
进一步优化。2020 年德国能源消费结构中，石油是第一大能源，占比
35.1%；天然气第二，占比 26.0%；可再生能源第三，占比 18.9%；煤
炭第四，占比 15.3%；核能第五，占比 4.8%。碳达峰后的 30 年间，煤
炭消费占比下降 17.6 个百分点，化石能源占比从 1991 年的 88.8%下降
到 2020 年的 76.5%(图 2-9)。

在实现能耗和碳排放减少的同时，德国单位 GDP 能耗和碳排放强
度持续显著下降。1991～2020 年，单位 GDP 碳排放量由 5.42tCO$_2$/万
美元降至 1.67tCO$_2$/万美元，降幅近 70%；碳排放强度由 2.02tCO$_2$/tce
降至 1.56tCO$_2$/tce(图 2-10)；人均碳排放量由 12.76tCO$_2$ 降至 7.69tCO$_2$
(图 2-11)。2020 年，石油相关碳排放占比为 38.9%，是德国第一大碳
排放源；煤炭相关碳排放占比为 30.9%；天然气相关碳排放占比为
26.5%(图 2-12)。

1991~2020 年，德国 GDP 从 1.87 万亿美元增长到 3.85 万亿美元，增长一倍左右。服务业增加值占 GDP 比值从 56.4%增长到 63.3%，工业增加值占 GDP 比值进一步降低到 26.5%，两者差距继续拉大，但德国服务业增加值占比并没有美国等发达国家高，主要是因为其更注重制造业的发展。城镇化水平进一步提高，从 73.3%增长到 77.2%并保持稳定（图 2-13）。

1991~2020 年，德国所有部门都实现了碳减排，温室气体总量减少了 36.5%，但各部门间排放量大不相同。①能源行业占德国温室气体排放的最大份额（2020 年为 30%），与 1990 年相比下降了 53.0%。很大程度上是 20 世纪 90 年代排放密集、低效率的褐煤发电厂退役带来的效果。近年来，随着可再生能源和天然气发电增加，燃煤发电越来越多地被替代，能源行业碳排放量大幅下降。②德国碳排放量第二大份额的部门是工业，占比为 24.1%。工业部门碳排放量较 1990 年下降了 36.9%，主要是由于生产效率的提高。自 2019 年以来，碳价的上涨也有助于提高能源效率并降低碳排放量。③德国碳排放量第三大部门是建筑业，节能建筑和绿色建筑的推广应用，使 2020 年较 1990 年下降了 43.2%，碳排放占比降为 15.8%[35]。

德国碳达峰的关键在于早在 19 世纪末就已经实现了工业化，早已经历了重工业高污染时代，随后其高碳排放工业、低端制造业转移到了发展中国家，"工业转移"是其碳达峰的重要途径。第二次世界大战后德国在美国的帮助下经济迅速恢复，制造业快速发展，20 世纪 70 年代后，劳动密集型制造业大量外移，其主要依附于第二产业的第三产业占比逐步提高。此外，20 世纪 50 年代末由于煤炭开采成本升高、进口煤竞争等原因，煤炭竞争力下降，以及 1973~1975 年石油危机也是德国进入碳达峰平台期的关键原因，前者使得 20 世纪 50~70 年代煤炭在能源消费中的占比快速下降，后者使得石油消费在 1973 年达到峰值[35]。

2.2.2　德国低碳发展相关政策措施

20 世纪 70 年代以来，德国由于其能源资源禀赋条件将节约能源作为基本国策，公众对于环境问题也日益重视。1990 年德国重新统一后不久，德国政府为促进经济和环境保护的和谐发展，出台了许多能源和环境政策，重点支持发展保护环境技术和能源技术，在实现经济增长的同时，能源消费总量不断下降，碳排放量同步下降，实现了经济发展模式的转变。早在 2002 年，德国就提出了 2020 年温室气体排放量比 1990 年降低 40%的目标，这一目标已经实现。2021 年 5 月，第十二届彼得斯堡气候对话部长级会议开幕式上，德国总理默克尔表示，德国实现净零碳排放即"碳中和"的时间，将从 2050 年提前到 2045 年；同时德国将提高碳减排目标，2030 年温室气体排放量较 1990 年减少 65%，高于欧盟减排 55%的目标。这使德国成为首个提高 2030 年碳减排目标的欧盟成员国，也是二十国集团(Group of 20，G20)中实现碳中和目标的时间最早的国家。德国也是少数几个将在 2050 年之前实现温室气体中和目标写入法律的国家之一。

德国在低碳转型过程中推行的一系列减排政策措施对其低碳转型发挥了重要作用，主要包括"气候变化适应战略""气候立法""碳排放权交易""加大低碳技术研发力度""建立气候变化监管体系"等。

1. 大力发展低碳能源

长期以来，德国化石能源自给率较低，解决能源问题是德国历届政府的核心问题。20 世纪 70 年代开始，德国积极推广可再生能源，2000 年德国通过了《可再生能源法》，对各项政策做出了明确和细致的规定，其中包括两大核心内容：可再生能源电量必须无条件优先入网，可再生能源的上网电价为 20 年不变的固定电价。更加注重风能、生物质能等在电力供应中的比重。德国的《可再生能源法》是世界上首部规定可再生能源上网电价的法律，支撑了能源转型战略的落实。2004 年出台的《国家可持续发展战略报告》专门制定了"燃料战略→替代燃料和创新

驱动方式"，目的是减少化石能源消耗和温室气体排放[36]。为从根本上
解决能源问题，成为绿色能源革命中的"绿巨人"，德国政府制定了化
石能源转型补贴政策，推动核电、煤电的优化退出，支持大力发展新能
源。2010 年的"能源政策"规划了德国可再生能源发电和总能源供应
的目标，德国政府努力将可再生能源的份额提高到 2030 年 30%，2040
年 45%，2050 年 60%。风能和太阳能有望成为可再生能源的主要来源，
其次是生物质能和水力发电。2020 年颁布"国家氢能战略"，对德国未
来氢能的生产、运输、使用和再利用以及相应的技术创新和投资，建立
了一个统一、连贯的政策框架。德国政府希望通过该战略，为德国在能
源转型过程中提供能源安全保障，并提升德国在清洁能源技术方面的国
际竞争力。2020 年 12 月底德国经济部表示，投入 9 亿欧元(约 10 亿美
元)支持绿色氢燃料研发。

在一系列支持可再生能源发展的政策作用下，德国可再生能源消费
量从 0.06 亿 tce 增长到 2020 年的 0.77 亿 tce，在能源消费结构中占比接
近 20%。核能在碳达峰平台期和碳达峰后期的一段时间里也在能源消费
结构中扮演着重要角色，1985～2010 年核能在能源消费结构中的占比
均在 10%以上。

2. 加大低碳技术研发力度

科技创新是节能减排、低碳发展的关键，没有技术支撑，各种项目
就失去了发展的基础。德国在有关部门预算中，安排了低碳技术研发的
专项资金[37]。1977 年至今，德国政府先后出台了多期能源研究计划，
2005 年以能源效率和可再生能源为重点，并通过德国"高技术"战略
为此提供资金支持。2007 年制定了"气候保护高技术战略"，决定接下
来 10 年提供 10 亿欧元研究经费用于气候保护、低碳技术研发[38]。德国
逐步加大对能源技术领域投资的力度，如对新能源电池技术和氢能技术
合计投入 100 亿欧元，促进能源技术创新。持续加大对气候保护研究的
研发投入，在 CCUS 技术、移动和固定式储能系统电池技术、材料节约

型和资源节约型的循环经济技术等领域，通过设立数十亿欧元产业基金的方式，进一步拉动工业部门投入研发资金。

正是在这些低碳技术的支撑下，德国碳排放量实现了持续而又快速的下降，从 1990 年的 10.52 亿 tCO_2 稳步下降到 2020 年的 6.44 亿 tCO_2。当前德国环保产业中的环保技术和设备输出在世界市场占有率中居第一位，低碳技术在节约能源、提高能效、减少排放的同时，不仅对国民经济增长贡献巨大，还为社会创造了大量的就业机会。

3. 成立适应气候变化推进机构

1987 年，德国政府成立了大气层预防性保护委员会。1990 年成立了跨部门的 "CO_2 减排" 工作组。1992 年签署联合国《21 世纪议程》等国际保护气候公约。1995 年在柏林举办《联合国气候变化框架公约》大会。1997 年签署《京都议定书》。2000 年德国议会通过《气候保护计划》。2005 年在《气候保护计划》中提出了气候变化适应问题，随后建立了 "德国气候变化适应委员会" 和 "适应气候变化部际工作组"，于 2008 年、2011 年分别发布了《德国适应气候变化战略》《适应行动计划》[39]，并于 2014 年对《德国适应气候变化战略》措施开展了评估，2015 年发布《气候变化适应战略的进展报告》。2018 年成立了兼顾多方利益的经济增长、结构变化和就业委员会，该委员会于 2019 年发布了关于逐步退出煤电的计划报告，为后续立法奠定了基础。

如今德国已经形成了完整的气候变化行政管理体系，联邦部门主要包括联邦环境、自然保护、建筑和核安全部，联邦教育与研究部，联邦经济与能源部，联邦交通与数字基础设施部，联邦食品和农业部。这些机构各司其职，在德国可持续发展委员会的统一协调下，分别从法律文件起草、项目审批、执行与管理、科研、咨询、评估和提出对策等层面，构建了德国气候变化管理机构框架体系，保障了公众在决策方面的广泛参与，并实现了各州政策的协调关联以及对地方环保行动的有效监督，对德国开展的一系列应对气候变化行动发挥了较强的推动作用[40]。

4. 推进适应气候变化立法

系统配套的法律体系是节能低碳发展的保障,德国颁布的多部法律和出台的一系列相关政策对其节能减排、低碳发展发挥了重要作用。从20世纪70年代开始,德国启动了一系列气候、环境保护的相关政策。1971年德国公布了第一个较为全面的《环境规划方案》,1972年修订并通过了《德国基本法》,赋予政府在环境领域更多的权力。随后通过《废弃物处理法》(1972年)、《联邦控制大气排放法》(1974年)等法案,并成立了环境问题专家理事会、联邦环境委员会等机构。1991年的《电力输送法》对可再生能源发电提供了严格的立法支持;2000年的《可再生能源法》、2004年的《可再生能源法修订案》搭建了发展可再生能源所必需的法律框架及政策平台;2007年德国通过了气候保护政策的指导性文件"能源利用和气候保护一揽子方案",内容包括鼓励热电联产、加大可再生能源发电量、推广低CO_2排放发电工艺等29项具体措施,主要目的是提高能源效率和促进可再生能源更广泛利用,到2020年将温室气体排放量在1990年的基础上降低40%;《可再生能源优先法》《循环经济法》等把资源闭路循环经济思想扩展到所有生产和消费环节;《车辆购置税改革法》(2009年7月施行)规定新车购置税率同车辆发动机大小和CO_2排放量高低挂钩。此后陆续通过了《联邦气候保护法》《国家氢能战略》等一系列法律法规来增强约束力,进而再落实具体行动计划[41]。2019年通过了《气候行动计划2030》,对每个产业部门的具体行动措施做了明确的规定,将减排目标在建筑和住房、运输、农业、林业、能源、工业以及其他领域六大部门进行了分解,明确了各个部门在2020~2030年的刚性年度减排目标,规定了部门减排措施、减排目标调整、减排效果定期评估的法律机制。德国经济增长、结构变化和就业委员会发布报告后,德国政府于2020年通过《退煤法案》和《加强煤炭地区结构调整法》,确定了最迟退煤时间。

这一系列法律法规各有侧重，又相互关联，构成了一个完整的应对气候变化法律体系，使德国成为世界上具有最完备的环境保护法的国家，德国有 8000 余部联邦和各州的环境法律法规，还有欧盟 400 多个法规在德国同样具有法律效力。在完善的法律制度保障下，德国经过多年的努力，彻底改善了工业化造成的环境污染问题，成为欧洲环境最好的国家之一。

5. 出台《国家能效计划》

能源利用效率是一国经济结构、增长方式、科技水平和管理模式等的综合体现，德国在提高能源利用效率、实现能源消费与经济增长脱钩方面取得了良好进展。20 世纪 70 年代后，德国开始大力提升能源利用效率，促进可再生能源技术开发，如提高能源转换设备的工作效率、发展汽车节能技术、推出工业节能技术等。2014 年的《国家能效计划》，标志着德国向减少能源需求、提高能源效率的方向迈出了重要一步，主要措施有：向消费者提供关于能源效率的信息和建议；通过激励措施，促进能源利用效率方面的定向投资；采取更多行动，包括要求对大公司进行能源审计，并对家电和新建建筑采用新标准。德国政府正在制定一项覆盖所有部门的新能源效率战略，原则是"效率第一"。德国制订了 2021～2030 年具体能效措施，以实现 2030 年的目标，作为"国家能效计划 2.0"的一部分，也为了遵守欧盟的能效指令。此外，德国政府计划制定一项路线图，以支持到 2050 年将一次能源消费减半（与 2008 年相比）的国家目标。

在一系列提高能源利用效率的政策措施作用下，德国单位 GDP 能耗从 1973 年的 12.25tce/万美元下降到 2020 年的 1.08tce/万美元，单位 GDP 碳排放量下降更为明显，从 27.14tCO$_2$/万美元下降到 1.67tCO$_2$/万美元。

6. 施行碳排放权交易和生态税制度

自《京都议定书》通过后，德国作为签署国就开始实施一系列碳排放管控政策。德国碳排放权交易制度的基础工作始于 2002 年，随后颁布了一系列法律,包括《温室气体排放交易许可法》(2004 年 7 月生效)、《温室气体排放权分配法》(2004 年 8 月生效)、《排放权交易收费规定》等。2021 年 1 月 1 日起,德国全面启动国家碳税系统,每吨 CO_2 的初始价格定为 25 欧元。此后将逐年提高碳定价,到 2025 年逐渐上升到 55 欧元,到 2026 年碳定价将在最低 55 欧元和最高 65 欧元的价格区间。德国最后一个硬煤煤矿于 2018 年停止运营,褐煤虽然仍具有竞争力,但是考虑到未来碳交易、碳税政策的动态发展,会对燃煤电厂经济效益产生严重影响,可能直接导致燃煤电厂在最终退煤时间之前就失去竞争力。

德国还通过投资、改革完善税收制度来实施环境财税政策。从 1999 年起实施生态税,使化石燃料对气候和环境造成的危害治理成本内部化,对降低化石燃料消耗、推进可再生能源发展发挥了直接作用。

2.2.3 德国碳减排经验分析

1. 发展可再生能源

德国实现低碳转型的重要举措是大力发展可再生能源,同时在经济部门中逐步减少或停止化石燃料的使用。德国制定了一系列能源转型目标,主要涉及扩大可再生能源和减少化石能源需求。一段时间以来,德国全面改革其能源供应,退出核能和煤炭,转向可再生能源。例如,在建筑行业以完全由可再生能源驱动的新型设备更换原有的老旧燃油供热设备,最高可获得投资额 45%的补贴;将老旧燃油供热设备更换成可再生能源(如太阳能)占 25%以上的燃气+可再生能源混合供热设备最高可获得投资额 40%的补贴。还有建筑节能改造措施,如屋顶和外墙保温或窗户和供热设备的更换等,可享受个人所得税减税优惠等。

2020 年德国近 45%的电力来自非化石能源。在过去 20 多年中,核电和煤电占比不断下降,而风电占比提升明显。2020 年煤电占比为 23.6%,已经低于风电占比(图 2-14)。可再生能源在能源消费结构中替代化石能源,对碳减排做出了很大贡献。德国联邦环境署数据显示,2020 年德国仅通过发展可再生能源就减少了约 2.27 亿 tCO_2 排放,可再生能源发电对减排的贡献最大。德国政府还大幅提高了北海和波罗的海地区的海上风电发展目标,到 2030 年达到 20GW,到 2040 年达到 40GW。

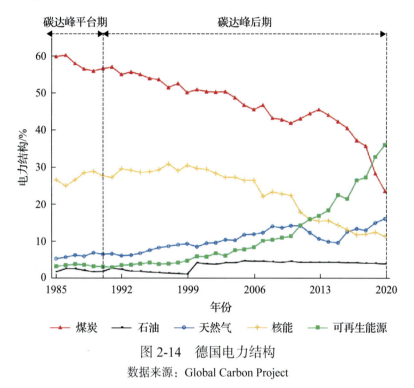

图 2-14　德国电力结构

数据来源: Global Carbon Project

2. 提高能源利用效率

德国致力于实现更高的能源利用效率。德国制定了《节约能源法》等一系列专门的法律法规,建立了节能咨询机构、加大扶持力度,还注重行业协会在节能提效方面发挥作用[42]。“2050 能效路线图”是德国 2050 能效战略的一个重要对话平台,任务是推动能效领域措施实施。德国政府与科研、经济和社会以及市民代表开展讨论交流,寻找提高能效的具体措施和工具。德国能源转型战略提出,到 2020 年一次能源消费比 2008 年降低 20%,到 2050 年降低 50%。为此,德国联邦经济技术部提供了一系列的信息、咨询和资金支持，包括能效基金、德国复兴信贷银行的建筑装修计划低息贷款和为中小企业提供的节能资金计划。同时，制定合理的激励制度。为发挥表率作用，德国政府立法要求在公共项目招标中将能源效率作为重要指标。在建筑领域，不断提高建筑物节能标准，由政府出资设立 18 亿欧元的建筑物减排改造基金，为建筑物的节能改造和节能设备购置安装提供低息贷款，并采取颁发能效标识的手段鼓励建筑节能。在交通领域，大力发展电动汽车等新能源汽车，通过费税制度的调整，减少化石燃料在交通领域的使用。在工业领域，通过完善能源管理体系以及为节能先进企业减税等方法，刺激企业为提高经济效益而主动采取节能措施。

3. 加强能源科技创新

德国环境保护产业在世界居于领先地位，包括污染处理技术、清洁生产技术、工业生态技术、清洁高效能源利用技术，构成了对德国节能减排强有力的技术支撑。德国政府 2011 年启动了 3 年资助 35 亿欧元的能源研发计划，集中在可再生能源、能效、储能和电网技术等方面，重点项目包括更高效更灵活的 H 级燃气轮机（全球效率最高的燃气轮机，联合循环效率可超 61%）项目、储能基金计划项目、未来电网基金计划项目等。国家氢能与燃料电池技术创新计划 2006～2016 年的补贴资金约 7 亿欧元，2016～2026 年资金规模将高达 14 亿欧元；国家脱碳计划（对生产工艺脱碳技术和大型工业脱碳设施的投资）2020～2023 年的补贴资金将超过 10 亿欧元；能源转型仿真实验室（能源转型创新技术从研究到实际应用的测试和转化）2020～2023 年的补贴资金将高达 6 亿欧元；《国家氢能战略》提出，通过促进创新氢能技术有关的研发和技术出口增强德国工业竞争力[43]。

4. 高度重视能源安全

从德国对煤炭的相关政策可以看出，德国在碳达峰前期、碳达峰平台期以及碳达峰后期均高度重视能源安全。1957 年，由于老矿不断开拓延伸、生产成本增高，外加国际市场开放、廉价进口煤竞争，石油天然气使用量增加，工业用煤减少等原因，德国煤炭开始不景气周期。由于煤炭是德国唯一的大型化石燃料，为保障国家能源安全、减少对进口能源的依赖以及支持其他部门的发展，需要保持适当的煤炭生产规模。德国政府通过一系列政策保护煤炭工业，如税收优惠、限制进口、建立电能转化基金、设立"炼焦补贴基金"、直接财政补贴等，并防止减产或关闭对就业的大规模影响[44]。1958～2002 年，总补贴达到 1580 亿欧元。到 20 世纪 60 年代，为减少财政负担，政府决定对特别不经济的矿山逐步压减生产规模，开始执行高度保护和逐步压缩产能的政策[45]。进入 21 世纪后，低碳转型进一步加快，德国在退煤过程中仍然较为重视能源安全。例如，为避免可用电力容量急剧下降，延长退煤过程。德国联邦网络局则对能源供应网络运营商进行监管，至少每两年进行一次彻底审查，以保障电力供应安全；淘汰的燃煤电厂加入德国能源供应储备电厂行列，在预计出现发电瓶颈时，可在较短时间内(10～11 天)实现调度。

5. 追求公平转型

碳减排对部分地区不可避免地会造成一些负面影响，德国为此采取了多种措施。例如，德国政府决定将从碳定价中获取的收益用于其他气候保护措施和补贴居民；通过设立特别的能源和气候基金刺激对气候友好措施的进一步投资并支持经济发展，如德国于 2013 年设立了森林气候基金，每年约 3500 万欧元用于支持适应气候变化工作；政策设计中包含了为低收入者增加通勤津贴以及增加住房福利等财政援助；提供针对性的资助措施，如针对气候友好型运输和节能建筑，减少可再生能源税等。另外，为避免煤炭资源依赖型地区受到较大冲击，《结构调整法》对三个褐煤矿区结构转型的配套支持措施进行了规定，包括：提供 140 亿欧元用于支持地方政府管理的投资和项目，以及 260 亿欧元用于支持联邦政府提出的到 2038 年前需要落地的措施，该法律不仅能够缓解退煤带来的区域经济影响，还能够创造更多机会，改善地区经济状况。此外，对煤炭经济依赖程度较高的社区可获得高达 10 亿欧元的补贴支持,同时设立 50 亿欧元专项基金用于帮助褐煤行业的老员工提前退休。

2.3　英　　国

2.3.1　英国碳达峰前后现代化进程与能源消费特征

　　19 世纪 70 年代至 20 世纪初,以电气时代为标志的第二次工业革命同时发生在英国和其他几个国家之间。电器开始用于替代机器,电力成为补充和取代以蒸汽机为动力的新能源形式[46]。新兴产业如钢铁业、化学业、石油业的相继出现推动了工业和经济的发展,1900~1910 年的 10 年间,英国年均经济增长 1.3%。在此期间,英国基本建立起近代工业体系。英国碳排放发展历程可分为三个阶段:碳达峰前期(1900~1968 年)、碳达峰平台期(1969~1974 年)、碳达峰后期(1975 年至今),分别呈现不同的特征和规律(图 2-15~图 2-18)。

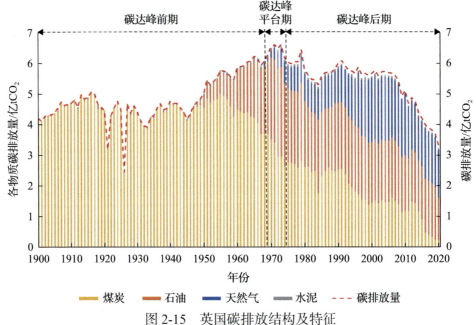

图 2-15　英国碳排放结构及特征

数据来源:Our World in Data

1. 碳达峰前期(1900～1968 年)

这一时期英国现代化进程不断加快，GDP 由 1900 年的 91.80 亿
美元增长到 1968 年的 1059.59 亿美元，年均增长 3.7%，人均 GDP 由

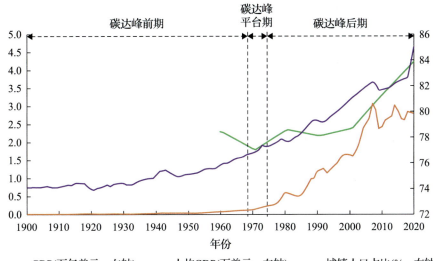

图 2-16　英国现代化进程指标

数据来源：Our World in Data

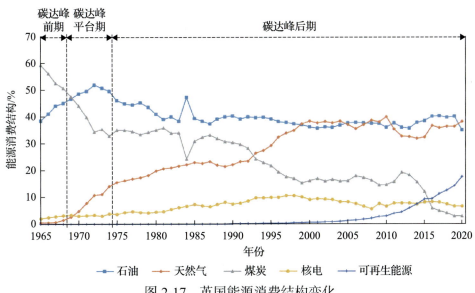

图 2-17　英国能源消费结构变化

数据来源：BP

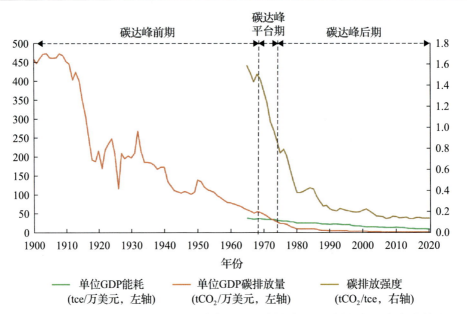

图 2-18　英国单位 GDP 能耗、单位 GDP 碳排放量及碳排放强度变化特征

数据来源：Our World in Data

1900 年的 7594 美元增加到 1968 年的 16593 美元，年均增长 1.2%，成为高收入国家。工业革命为城镇化进程提供了物质基础。1960 年城镇人口占比达到 75.5%，碳达峰前期，城镇化水平进一步提高至 77.4%（图 2-16）。

英国现代化进程中，能源消费总量稳步增长，能源消费结构不断优化，碳排放量也随之发生变化，主要特征为：煤炭消费逐渐降低，煤炭碳排放量由 1900 年的 4.17 亿 tCO_2 下降到 1968 年的 3.70 亿 tCO_2；取而代之的是石油的碳排放量由 0.03 亿 tCO_2 上升到 2.21 亿 tCO_2，年均增长 6.5%；随着天然气的逐渐普及，天然气的碳排放量逐渐升高，由 1951 年的 1.47 万 tCO_2 上升到 1968 年的 626.54 万 tCO_2，年均增长 42.8%（图 2-15）。

在能源消费结构中，煤炭占比由 1965 年的 59.3% 降低至 1968 年的 50.6%；油气大幅增长，占比由 1965 年的 38.5%，快速增加到 1968 年的 45.0%，增加了 6.5 个百分点。随着能源消费向油气倾斜，单位 GDP 碳排放量由 1900 年的 457.23tCO₂/万美元降低到 1968 年的 55.16tCO₂/万美元，年均降速 3.1%。单位 GDP 能耗持续下降，由 1965 年的 37.93tce/

万美元降低至 1968 年的 36.69tce/万美元(图 2-18)。

2. 碳达峰平台期(1969～1974 年)

经济发展和城镇化进程较前期明显放缓。1969~1974 年,英国 GDP 由 1193 亿美元增长到 2170 亿美元,年均增长 12.7%。人均 GDP 由 1.68 万美元增长到 1.89 万美元,年均增长 2.4%。城镇人口占比由 77.3%缓慢升高到 77.5%,城镇化进程趋于平缓(图 2-16)。

碳达峰平台期英国以 1.3%的能源消费增速支撑了年均 12.7%的经济增速。从能源消费结构来看,天然气占能源消费结构的比重进一步提升,由 1969 年的 2.5%提高至 1974 年的 13.9%,煤炭和石油消费持续降低,核电消费量增长 14.0%,清洁能源比重提升明显。

英国碳排放量保持平衡,约 6.44 亿 tCO_2/a,其中,煤炭的碳排放量由 1969 年的 3.70 亿 tCO_2 下降到 1974 年的 2.63 亿 tCO_2,年均降低 6.6%;石油的碳排放量由 1969 年的 2.38 亿 tCO_2 增长到 1974 年的 2.71 亿 tCO_2,年均增长 2.6%;随着天然气消费增多,天然气的碳排放量逐渐升高,由 1969 年的 0.12 亿 tCO_2 上升到 1974 年的 0.68 亿 tCO_2,年均增长 41.5%(图 2-15)。

产业结构调整明显,英国第三产业从业人数比例超过 50%,第二产业从业人数占比开始持续下降。加之能源结构不断优化、能源技术不断发展,单位 GDP 能耗由 1969 年的 36.30tce/万美元降低到 1974 年的 32.88tce/万美元,年均降速 2.0%;单位 GDP 碳排放量由 1969 年的 52.68tCO_2/万美元下降到 1974 年的 28.44tCO_2/万美元,年均降速为 11.6%(图 2-18)。

3. 碳达峰后期(1975 年至今)

全球"石油危机"结束后,英国可再生能源逐渐兴起,能源结构进一步优化,化石能源消费继续降低。煤炭的碳排放量由 1975 年的 2.78 亿 tCO_2 下降到 2020 年的 0.23 亿 tCO_2,年均下降 5.4%;石油的碳排放量由 1975 年的 2.41 亿 tCO_2 下降到 2020 年的 1.38 亿 tCO_2,年均下降

1.2%；天然气的碳排放量逐渐上升，于 2004 年达到峰值，为 2.11 亿 tCO_2，此后持续下降，2020 年天然气的碳排放量为 1.57 亿 tCO_2，年均下降 1.8%（图 2-16）。2003 年，英国政府首次提出发展"低碳经济"，可再生能源消费量大幅攀升，并成为继石油、天然气之后的第三大能源[47]。

碳达峰后期，随着第三产业进一步发展，英国经济保持增长，城镇化水平进一步提高。1993 年第三产业增加值占 GDP 的比重已超过 70%，支撑了经济的发展。GDP 由 1975 年的 0.26 万亿美元增长到 2020 年的 2.80 万亿美元，年均增长 5.4%；人均 GDP 由 1975 年的 1.89 万美元增加到 2020 年的 4.65 万美元，年均增长 2.0%。城镇人口占比由 1975 年的 77.7%缓慢上升到 2020 年的 83.9%，城镇化进程持续推进（图 2-16）。

在经济保持增长的同时，能源消费总量趋于稳定，消费结构持续优化，单位 GDP 能耗由 1975 年的 31.16tce/万美元降低到 2020 年的 9.28tce/万美元，年均降速 2.7%；单位 GDP 碳排放量由 1975 年的 23.59 tCO_2/万美元降低到 2020 年的 1.27 tCO_2/万美元，年均降速 6.3%（图 2-18）。

2.3.2　英国低碳发展相关政策措施

基于工业化进程的完成，对化石能源的消耗已过高峰期，英国于 20 世纪 70 年代就已实现"自然达峰"。同时，受益于国际油气供给环境的改善，英国在 20 世纪 60～70 年代实现了以煤为主向以油气为主的能源结构转型，支撑了碳排放量的进一步下降。进入 21 世纪以来，面向低碳发展和碳中和目标，英国逐步形成了系统的政策决策机制和应对模式[48]。英国碳中和进程如图 2-19 所示。

图 2-19　英国碳中和进程

1. 制定《气候变化法案》

2008 年,英国颁布《气候变化法案》,成为世界上首个以法律形式明确中长期减排目标的国家。2019 年 6 月,英国新修订的《气候变化法案》生效,正式确立到 2050 年实现碳中和,在电力、能源、交通等五大领域制定了具体的举措和 10 个子目标(表 2-1),并提出了阶段目标和具体措施:以 1990 年为基准,到 2050 年,通过在英国国内及国外的行动,使温室气体排放至少减少 80%;到 2020 年,使 CO_2 排放量至少减少 34%[49]。建立每五年为一个时段的碳预算体系,实行温室气体排放控制。一次制定三个时段的碳排放预算,从而规划出迈向 2050 年的整体行动轨迹。首次制定的三期碳排放预算时段分别为 2008~2012 年、2013~2017 年和 2018~2022 年[50]。《气候变化法案》为推动碳减排做好了顶层设计。2020 年英国碳排放量 3.30 亿 tCO_2,较碳达峰平台期减少 43.5%;英国电力系统中可再生能源占比创纪录新高(45.4%),实现有史以来"最清洁发电",同时实现了自工业革命以来最长的无煤发电。

表 2-1 英国"2050 年碳中和"战略 10 个子目标[51]

目标类型	目标内容
内部目标	2050 年或更早实现公司运营绝对零碳排放 2050 年或更早实现上游油气生产绝对零碳排放 2050 年或更早实现产品碳强度降低 50% 2023 年主要的油气加工现场实现甲烷排放强度的测量,向有关部门提交透明报告,并使甲烷排放强度降低 50% 增加对非油气业务的投资
外部目标	将广告宣传资源用于积极宣传气候政策,如碳价等 鼓励员工实现低碳,在员工年度奖励中体现气候因素 重新审视国际贸易联盟,并适时退出,表达气候变化观点 成为行业透明披露的工人领袖,支持气候变化相关财务信息工作组等组织信息披露 成立帮助国家、城市和公司减碳的团队

2. 制定"绿色工业革命"计划

2020 年 11 月,英国政府宣布了一项涵盖 10 个方面的"绿色工业革

命"计划(表 2-2)[52]。围绕英国 10 个优势方面设立目标,其中:①海上
风能产业将通过不断扩大风力涡轮机尺寸,跻身于制造业最前沿;英国
政府将投资 1.6 亿英镑用于现代化港口和制造业基础设施建设。②住宅
和公共建筑行业的目标是让住宅、学校和医院变得更加绿色清洁、保暖
和节能,英国政府将投入 10 亿英镑,通过"脱碳计划"减少学校和医
院等公共建筑的排放,通过"房屋升级补助金"升级供暖系统,通过"脱
碳基金"继续升级效率最低的社会住房。③对于工业脱碳,英国政府计
划投入 10 亿英镑在 4 个工业集群中进行 CCUS,在东北地区、汉伯地

表 2-2　英国"绿色工业革命"计划

序号	计划类型	计划内容
1	海上风能	通过海上风力发电为每家每户供电,到 2030 年实现风力发电量翻两番,达到 40GW,支持多达 6 万个就业机会
2	氢能	到 2030 年实现 5GW 的低碳氢能产能,供给产业、交通、电力和住宅;在 10 年内建设首个完全由氢能供能的城镇
3	核能	将核能发展成为清洁能源来源,包括大型核电站及开发下一代小型先进的核反应堆,可支持 1 万个就业机会
4	电动汽车	支持包括英格兰西中部地区、东北地区及北威尔士在内的世界领先的汽车制造基地,加速向电动汽车转型,并改进英国的国家基础设施,以更好地为电动汽车提供支持
5	公共交通、骑行和步行	将骑行和步行打造成更受欢迎的出行方式,并投资适用于未来的零排放公共交通方式
6	喷气飞机零排放理事会和绿色航运	通过飞机和船只零排放研究项目,帮助脱碳困难的行业变得更加绿色清洁
7	住宅和公共建筑	让住宅、学校和医院变得更加绿色清洁、保暖和节能,同时在 2030 年前创造 5 万个就业机会,到 2028 年安装 60 万个热泵
8	碳捕集	成为环境中有害气体捕集与封存技术的世界领导者,并计划到 2030 年清除 1000 万 tCO_2,相当于汉伯地区工业的全部排放量
9	自然	保护并恢复自然环境,每年种植 3 万 hm^2 树林,同时创造并保留数千个工作岗位
10	创新和金融	为实现上述新能源目标开发更多尖端技术,将伦敦金融城发展为全球绿色金融中心

区、西北地区、苏格兰和威尔士等地区创建"超级区域";并提出一种收入机制,鼓励私营部门对工业碳捕集和制氢项目的投资。

3. 制定《工业脱碳战略》

2021 年 3 月 17 日,英国宣布在 2020 年"绿色工业革命"计划基础上实施新的《工业脱碳战略》。该战略将拨款超 10 亿英镑用于降低工业和公共建筑的排放,使英国处于全球绿色工业革命的最前沿,未来 30 年内创造并支持 8 万个就业机会,同时在短短 15 年内将排放量减少三分之二。为推进这一战略,英国启动了 1.71 亿英镑的 9 个绿色技术项目,以开展脱碳基础设施的工程和设计研究,如 CCUS 和氢能;以及 9.32 亿英镑的公共部门脱碳计划,资助低碳供暖系统(如热泵),以及能源效率提升措施(如绝缘和 LED 照明)。除此之外,英国政府还将引入新的规则,以衡量英国最大的商业和工业建筑的能源和碳排放绩效。

《工业脱碳战略》是英国实现其"净零排放"目标的又一关键步骤。创建和倡导具有竞争力的低碳产业将确保绿色经济复苏的利益,并在向碳中和长期过渡的过程中向更大范围推广。

4. 出台金融专项政策

英国从国家管理机制等层面推动金融支持碳减排。2006 年将环境因素纳入机构的投资决策中,鼓励金融机构加入联合国责任投资原则组织;2009 年颁布《贷款担保计划》,鼓励中小企业投资绿色产业;2012 年成立全球首家由国家设立的专门为绿色低碳项目融资的银行——英国绿色投资银行;2015 年成立气候相关财务金融披露小组,关注气候相关金融风险;2016 年为吸引私人资本参与绿色投资,英国政府启动英国绿色投资银行的"私有化"进程,将其以 23 亿英镑出售给澳大利亚麦格理集团,并更名为"绿色投资集团",此后通过发行绿色债券等方式筹集资本;2017 年成立绿色金融小组,协调伦敦证券交易所、英格兰银行、汇丰银行等机构,用金融手段推动绿色低碳发展。

此外，英国进一步加强金融支持碳减排的顶层设计和国际合作。2018 年成立中英绿色金融中心，推动中英两国开展绿色金融合作；2019 年在发布新修订的《气候变化法案》的同时，发布了《英国绿色金融战略》，指出金融服务在应对气候变化方面将发挥比任何其他行业更大的作用。在多种金融政策和措施支持下，可再生能源产业实现跨越式发展，2020 年英国可再生能源占能源消费比重达到 17.6%，较 2000 年增长 17.1 个百分点。

5. 支持发展农业碳汇

为了在 2040 年之前实现农业零碳排放，英国气候变化委员会提出了三个层面以技术为关键杠杆的方法框架。一是通过多种措施，实现农业生产力提高的同时减少碳排放；二是种植树木，保护和修复土壤，增强农田的碳吸收能力与储量；三是增加可再生能源和生物能源的使用，以及通过自行种植芒属植物等生物能源作物，实现能源的自给自足。

此外，英国还在尝试通过增加市场激励措施的方式，鼓励农业从业者更积极地参与到此方法框架中，并支持更多在土地环境管理方面的市场投资。一是向农业和林业提供选择性的资金补贴，奖励碳管理等公益服务；二是鼓励培训并使用碳盘查、碳审计和减排规划工具，并根据可证实的环境改善成果来提供补贴或激励款项；三是增强对农业问题的研究投入，启动更多的试点计划，同时为农民提供高质量和可信赖的信息咨询、培训和指导服务，提升农民对低碳农业措施的接受度，推动农民网络组织的形成和有关倡议的发起[53]。

6. 发布《能源白皮书：赋能净零排放未来》

这是英国 13 年来(2007～2020 年)的第一份能源白皮书，以实现新冠肺炎疫情后的绿色复苏，并为 2050 年实现"净零排放"设定路线图。该白皮书重申，到 2030 年停止销售新的汽油和柴油汽车，新建 40GW 的海上风电，以及为英国居民提供 30 亿英镑的家庭能效改善资金。该白皮书针对能源转型、支持绿色复苏以及为消费者创造公平交易环境三项关键议题提出了多项举措,致力实现高达 2.3 亿 tCO_2 减排量,在 2032年前减少能源、工业和建筑领域的碳排放[54]。

2.3.3　英国碳减排经验分析

1. 扩大清洁能源发电规模,转变电力结构

英国是工业革命的发源地,1980 年以前,有一半以上的电力供应来自煤炭。英国政府制定了到 2025 年完全淘汰燃煤发电的目标。截至2020 年底,英国只剩 4 座燃煤电站在运行,其中 2 座已宣布将于 2023年前停运。2017 年 4 月 21 日,英国从工业革命以来,历史上第一天没有使用燃煤发电;2020 年,英国共 67 天没有使用燃煤发电。2021 年,英国燃煤发电量占全国电力系统的 1.6%,远低于 5 年前的 25%。来自风能、太阳能、核能等零碳排放的能源,以及通过海底互联装置进口的能源,所产电量占英国全年电力生产量的 48.5%,使得英国碳排放量较5 年前快速降低 23.8%。

2. 大力发展绿色金融,推动碳减排

英国是应对气候变化的全球倡导者和先行者,自 2001 年就开始通过金融措施减少温室气体排放,前后经历了三个发展阶段。目前,英国在金融支持碳达峰碳中和方面已积累了 20 多年的发展经验。

进入 21 世纪,英国率先通过设立碳基金和碳信托,提供相关资金支持、咨询和认证服务,帮助企业和机构提高能源利用效率,初步探索了绿色金融措施。此后,英国从国家顶层设计层面推动绿色金融的发展,包括成立绿色投资的政策性银行、气候相关的财务金融披露小组、促进金融机构间绿色金融业务协调的工作小组等,使金融手段在发展绿色产业、促进节能减排等领域发挥更大的作用。

金融机构和非政府组织是推动英国金融业积极参与碳达峰碳中和的重要力量。英国政府坚持市场化原则,通过出台相关法律和政策文

件，鼓励金融机构、私人部门重视并参与碳减排，对低碳发展的作用较大[55]。

3. 推进技术革新和应用，降低脱碳成本

2021 年发布的《工业脱碳战略》为英国未来工业脱碳技术发展描绘了明确的蓝图，提供了配套支持。

(1) 支持燃料转换技术的创新，包括低碳电力、氢和生物质。2019 年化石燃料(煤、天然气和石油)约占工业能源消耗的 55%，其中大部分用于产生热量。为了支持燃料转换技术创新，积极举办了工业燃料转换竞赛，推动了"净零创新组合"的诞生。

(2) 支持 CCUS 创新示范。由于从工业来源捕集 CO_2 需要大量经费和具有挑战性的技术突破(如钙环和膜分离)，所以 CCUS 技术的成熟度因不同的应用而不同。用于钢铁和水泥等工业来源的 CCUS 仍处于示范或原型阶段，因此需要针对现场具体情况量身定制解决方案。

(3) 支持工业数字技术的发展，以最大限度提高效率。工业战略挑战基金为推动英国制造业供应链数字化创新的竞赛提供资金，竞赛项目包括提高跟踪和追踪能力，以帮助企业优化供应链，消除浪费、减少排放。

(4) 支持对先进技术的研究。现有工业过程的降碳受到现有化学和热力学技术的限制，因此需要一种新的制造工艺来提供减排的阶段性变化。现在全球只有不到 1%的钢铁产量来自过时的平炉技术，而电解铁矿石等新工艺可能为真正的"绿色钢铁"提供解决方案。

(5) 支持产品创新。产品创新包括重新设计现有产品，使之更具可持续性。考虑可持续性的全新产品包括开发低熟料水泥和混凝土，来替代黏结剂和水泥配方，减少水泥生产中的隐含排放。同时与学术界合作，确定并支持工业产品设计中的关键创新。

虽不能准确预测能使工业实现零碳排放的技术组合，但工业部门可以继续创新和开发广泛的低碳技术,使英国工业处于降低脱碳成本和保持工业竞争力的最佳位置。

2.4　日　　本

2.4.1　日本碳达峰前后现代化进程与能源消费特征

相较于其他发达国家,日本实现碳达峰的时间相对较晚。根据世界银行数据,日本于 2013 年实现了碳达峰。近几年,得益于广泛使用清洁能源以及逐步启用核电,日本碳排放量下降明显。日本碳排放量变化可分三个阶段:即碳达峰前期(1965～2010 年)、碳达峰平台期(2011～2014 年)、碳达峰后期(2015 年至今)(图 2-20～图 2-23)。

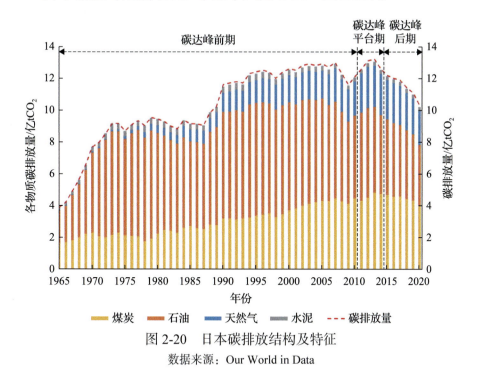

图 2-20　日本碳排放结构及特征

数据来源：Our World in Data

1. 碳达峰前期(1965～2010 年)

碳达峰前期,日本碳排放量出现了两次较大幅度的阶段性增长。20

世纪 50~60 年代经历了第一次碳排放量增长；70 年代初到 80 年代末，碳排放量处于缓慢波动期。1987 年到 90 年代初，出现了较大幅度的第

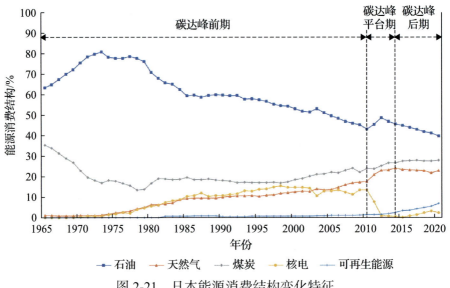

图 2-21 日本能源消费结构变化特征

数据来源：BP

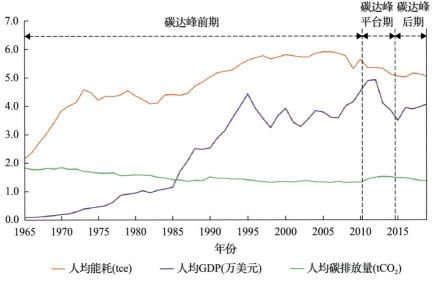

图 2-22 日本人均 GDP、人均能耗及人均碳排放量变化特征

数据来源：Our World in Data

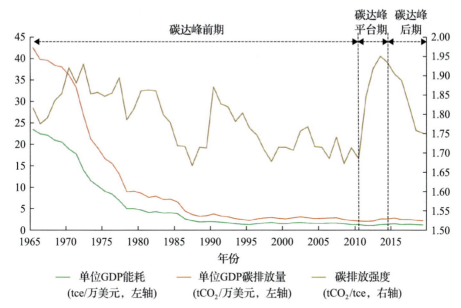

图 2-23 日本单位 GDP 能耗、单位 GDP 碳排放量及碳排放强度变化特征

二次碳排放量增长，此后 90 年代到 21 世纪初期，日本碳排放量没有较大的波动。

不同能源消费产生的碳排放量发生了显著变化。煤炭和天然气消费产生的碳排放量呈缓慢上升趋势，到 2007 年同时达到第一个峰值。石油消费产生的碳排放在 20 世纪 70 年代到 21 世纪初基本处于平台期，变化幅度不大，基本在 6.5 亿 tCO_2 上下波动（图 2-20）。

在此期间，日本经济从高速增长进入换挡减速期，最终步入缓慢下降阶段。1965～1973 年，日本经济保持高速增长，GDP 年均增速 9.5%，1973 年人均 GDP 达到 4000 美元。随着农村可转移剩余劳动力大幅减少，耐用消费品广泛普及，支撑经济高速增长的基础条件发生变化。20 世纪 80 年代至 20 世纪末，受大量投机活动支撑，日本进入继 20 世纪 60 年代经济高速发展之后的第二次大发展时期，人均 GDP 突破 1 万美元（图 2-22），能源消费总量和 GDP 持续增加。能源消费总量由 2.13 亿 tce 增加到 7.47 亿 tce，GDP 由 0.09 万亿美元增加到 4.58 万亿美元，增幅巨大。

20 世纪 90 年代初日本经济泡沫破裂，此后进入平成大萧条时期。1993～2007 年人均 GDP 年均增长 0.02%，2008～2018 年人均 GDP 年均下降 0.05%。2008 年以来，日本能源消费增速为负值。2010 年，日本能源消费总量为 7.19 亿 tce，其中，石油占比 40.3%，煤炭占比 24.7%，天然气占比 17.0%，核能占比 13.2%，可再生能源占比仅为 4.8%（图 2-21）。

2. 碳达峰平台期（2011～2014 年）

2010 年以后，随着日本经济的复苏，碳排放量再度回升，尤其是 2011 年的日本大地震及福岛核事故后，核电利用规模下降，使日本的碳排放量出现较大反弹，能源消费碳排放大幅增长，并在 2013 年达到峰值 13.20 亿 tCO_2（图 2-20）。

3. 碳达峰后期（2015 年至今）

2015 年之后，随着日本新一轮减排工作的全面推进，碳排放量实现 5 年连续下降。2020 年碳排放量较 2013 年峰值削减了 22%（图 2-20），成为 20 世纪 90 年代以来的最低点。

日本经济增长趋于回落，经济增速窄幅震荡。2015～2020 年，日本 GDP 年增长 0.5%～1%，而单位 GDP 碳排放量逐年下降（图 2-23）。城市化率超过 70%，增速放缓[56]。单位 GDP 能耗和单位 GDP 碳排放量呈现平稳下降趋势，其中单位 GDP 碳排放量由 2015 年的 2.74tCO_2/万美元下降到 2020 年的 2.04tCO_2/万美元，单位 GDP 能耗由 2015 年的 1.44tce/万美元下降到 2020 年的 1.16tce/万美元（图 2-23）。能源消费碳排放强度也显著下降，由 2015 年的 1.90tCO_2/tce 下降到 2020 年的 1.75tCO_2/tce，下降了 7.9%。

2.4.2　日本低碳发展相关政策措施

日本是能源资源相对匮乏的国家，从 1992 年起陆续颁布了一系列节能减排的政策法规（表 2-3）。2004 年，日本环境省设立了《面向 2050 年的日本低碳社会情景》，初步提出 2050 年低碳社会的远景规划，并具体规划各高能耗部门的减排目标。2005 年《京都议定书》生效，日本逐步开启减排计划，出台了一系列碳减排政策、计划与法律法规，如《新国家能源战略》《21 世纪环境立国战略》《低碳社会行动计划》《全球气候变暖对策基本法》等。此外，日本政府也发布了针对碳排放和绿色经济的政策文件，如 2008 年 5 月的《面向低碳社会的十二大行动》及 2009 年的《绿色经济与社会变革》政策草案。2020 年 12 月 25 日，日本政府发布《绿色增长战略》，正式提出碳中和目标与路线图，目标是到 2050 年彻底实现碳中和，达到零碳社会。相关政策情况见表 2-3。

表 2-3　日本相关政策

政策名称	时间/年	政策内容
《面向 2050 年的日本低碳社会情景》	2004	目标到 2050 年将温室气体排放量在 1990 年的基础上减少 70%。预计减排目标：住宅行业 4800 万吨～5600 万吨，工业部门 3000 万吨～3500 万吨，交通部门 4400 万吨～4500 万吨，能源转换部门 8100 万吨～9500 万吨
《京都议定书》	2005	《京都议定书》生效，日本承诺 2008 年在 1990 年的基础上减排 6%
《新国家能源战略》	2006	到 2030 年，将石油依赖率从 50% 减少到 40% 或者更低；推广核能；通过扶持实力较为雄厚的能源公司来确保海外的能源供应
《21 世纪环境立国战略》	2007	向国际社会建议将 2050 年世界温室气体排放量减半作为全球共同目标，并制定开发新的能源技术与建设低碳社会的长期规划；进一步开展削减温室气体排放的"国民行动"，强化实现《京都议定书》的目的与相关措施
《低碳社会行动计划》	2008	到 2050 年削减 CO_2 以 2008 年为基数的 60%～80%。推进 5 年间可提供累计 100 亿美元资金的"清凉地球伙伴行动"；建立各行业及先进技术的计划与目标；推进低碳化行动计划，试行碳排放交易市场，推行税制绿色化
《全球气候变暖对策基本法》	2010	到 2020 年，在 1990 年的基础上国内温室气体排放量减少 25%，到 2050 年减少 80%。同时提出创建国内排放量交易制度，征收全球变暖对策税，创建可再生能源的全量固定价格买进制度
《绿色增长战略》	2020	针对 14 个产业提出具体的发展目标和重点任务，将引入碳价机制，15 年内淘汰燃油车。到 2050 年，清洁发电占比过半，彻底实现碳中和，构建零碳社会

在一系列绿色低碳发展政策的推动下，日本于 2013 年实现碳达峰，并且在碳达峰后经历了较短的平台期，此后碳排放量逐年稳步下降。2020 年日本碳排放量为 10.30 亿 tCO_2，较峰值期下降 22.0%。

1. 开展碳减排立法

为减少因使用化石能源导致的温室气体排放，1997 年颁布了《关于促进新能源利用措施法》，1998 年颁布了《全球气候变暖对策推进法》，2002 年颁布了《新能源利用的措施法实施令》，被视为是日本实现碳减排的重要法律依据。在多项促进新能源发展的政策推动下，非化石能源占比显著提高。在 2011 年 3 月 11 日日本大地震之前，核电的占比达到 13.6%，仅次于天然气。2020 年，日本可再生能源消费量达到 4.75 亿 t 油当量，在能源消费结构中占比较 21 世纪初提高 6.2 个百分点。

2021 年 5 月 26 日，日本国会参议院正式通过修订后的《全球变暖对策推进法》，以立法的形式明确了日本政府提出的到 2050 年实现碳中和的目标。《全球变暖对策推进法》于 2022 年 4 月施行，是日本首次将温室气体减排目标写进法律。根据这部法律，日本的都道府县等地方政府有义务设定利用可再生能源的具体目标。地方政府将为扩大利用太阳能等可再生能源制定相关鼓励制度。

2. 实施"低碳经济战略"和"基本氢能战略"

2008 年时任日本首相福田康夫提出"为低碳社会的日本而努力"的号召，提出"低碳经济战略"，并制定了"低碳社会行动计划"，明确提出了构建低碳社会的"福田蓝图"，倡导全社会积极参与应对气候变化的全部过程。

日本作为一次能源匮乏的国家，既不具备大规模修建光伏、风电、水电的条件，又在核能推广过程中障碍重重，基于此，2017 年 12 月日本公布了"基本氢能战略"，意在创造"氢能社会"。该战略的主要目的是实现氢能与其他燃料的成本平价，建设加氢站，替代燃油汽车、天然气及煤炭发电，发展家用燃料电池热电联供系统[57]。目前，日本家用燃料电池热电联供系统整体能源效率可达 90%。

3. 实施"绿色增长战略"

日本把资源循环利用产业作为实现碳中和目标的 14 个核心领域之一。《绿色增长战略》将海上风电、燃料电池、氢能等在内的 14 个产业作为碳中和的核心领域。其中，在资源循环产业发展方面，提出到 2050 年实现资源产业的净零排放。发展各类资源回收再利用技术（如废物发电、废热利用、生物沼气发电等）；通过制定法律和计划来促进资源回收再利用技术开发和社会普及；开发可回收利用的材料；优化资源回收技术和方案来降低成本[58]。

为促进绿色增长，日本政府制定了跨领域的政策工具：一是增加财政预算，10 年内成立一个 2 万亿日元规模的绿色创新基金。二是改革税收制度，面向碳中和设立投资促进税，扩大研究开发税制，将亏算结转的扣除上限最高提至 100%。三是加强金融融资，设立长期资金支持机制和成果联动型利息优惠制度，吸引民间资本。四是完善规章制度和标准，修改完善加氢站、海上风电、蓄电池相关规章制度和标准，制定运用信用交易、碳税、边境调整措施等市场机制。五是开展国际合作，全面推进与欧美之间重点领域要素技术标准化、消除贸易壁垒，通过"东京净零排放周"在国际发声、寻求国际合作[59]。

4. 推进革新环境技术创新

2020 年 1 月，日本政府公布《革新环境技术创新战略》，通过五大创新技术推动日本能源转型，实现"脱碳化"目标，其中包括以非化石能源技术创新为核心构建零碳电力供给体系；以能源互联网技术创新为基础构建智慧能源体系；以氢能技术创新为突破构建氢能社会体系；以 CCUS 技术创新为支柱构建碳循环再利用体系；以农林水产业零碳技术为着力点构建自然生态平衡体系[60]。在政策推动下，零碳电力系统和智慧能源体系不断发展，2020 年日本的非化石能源发电占比较 2014 年提高 7.8%，并在广岛的整体煤气化联合循环发电项目中应用 CO_2 捕集。

2.4.3　日本碳减排经验分析

1. 推进工业节能提效

日本的工业节能政策主要由政府强制推动，以经济团体联合会为代表的行业协会广泛参与和自愿行动也是日本工业节能政策的重要推动力量。在能源紧缺背景下发展壮大的日本工业企业，为了突破能源的限制，积极响应、参与政府和经济团体联合会的节能政策和倡议，通过企业内部能源管理、结构调整和改进技术，使日本工业能源效率始终保持在国际领先水平。从政策金字塔的政策分层来看，日本最上层的目标导向政策包括强制性的能源管理、经济团体联合会自愿行动计划、日本自愿减排交易机制等。日本非常重视对各项目标政策的配套与实施工具的精细化管理，比如在强制能源管理中，以制定能源管理工具为配套，并设置了能源管理士资格认证、能源管理士配备要求、能源报告、节能计划等详细的节能人、事责任清单。精细化的管理方式使日本工业节能政策具备较强约束性。

近年来，在政府一系列政策推动下，日本的单位 GDP 能耗和单位 GDP 碳排放量下降明显，并保持在低位水平，2020 年单位 GDP 能耗和单位 GDP 碳排放量分别为 1.16tce/万美元、2.04tCO$_2$/万美元，较 20 世纪末期分别下降 25.6%和 23.6%。

2. 大力发展清洁电源

日本的电力结构一直以石油、煤炭为主。自 1985 年以来，石油在电源结构中占据绝对位置。进入 21 世纪，煤炭超过石油、天然气，成为主要发电燃料，2001～2007 年煤炭占比一直维持在 40%上下。随着全球能源转型的风潮持续，日本多家企业逐步退出煤电市场，同时受福岛核事故影响，日本核电站大面积关停，日本已成为全球最大的液化天然气(liquefied natural gas，LNG)消费国。2011 年，日本共消耗了 8300 万 t LNG，约占能源消费总量的 14%。2009 年以来，天然气已成为日本主要发电能源，并保持稳步攀升，成为推动碳减排的重要因素(图 2-24)。

日本重视 LNG 的发展，对 LNG 大量投资，通过推进 LNG 动力船国际标准建设等方式，构建稳定的进口 LNG 渠道，以取代一部分其他发电燃料[61]。

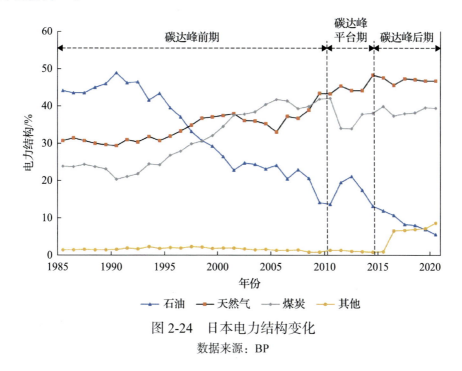

图 2-24　日本电力结构变化

数据来源：BP

3. 利用政策引导推动制造业转型

日本在实现工业化和经济快速发展的过程中，曾带来严重的环境污染。为实现减污降耗，日本制定了一系列产业政策措施，引导推动制造业转型。日本的绝大部分产业政策都是以法律的形式出台的，法律成为直接干预和间接诱导产业发展的依据。在此基础上，政府通过行政法规的形式把法律的规定具体化并落到实处(图 2-25)[62]，推动日本制造业，从劳动驱动型向创新驱动型转型，能源消耗也明显改善[63]。

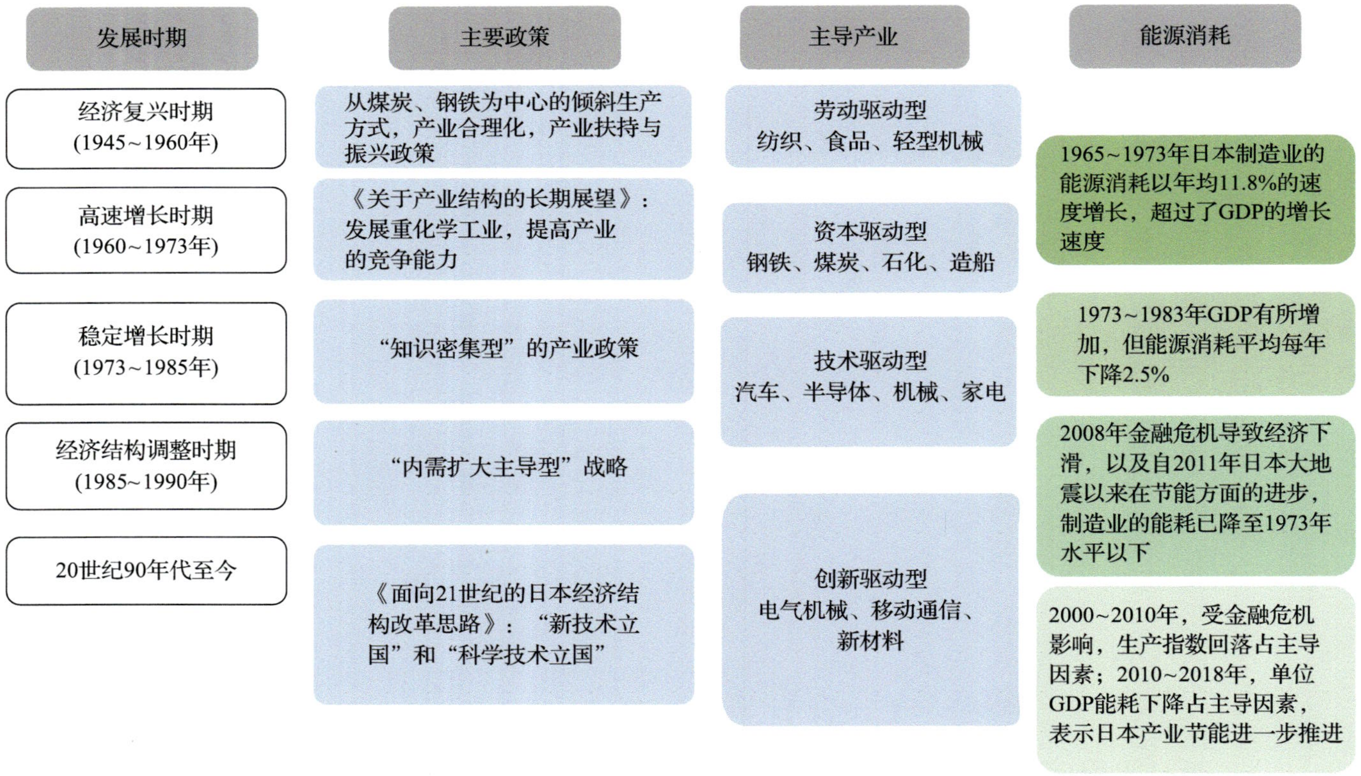

发展时期	主要政策	主导产业	能源消耗
经济复兴时期 (1945~1960年)	从煤炭、钢铁为中心的倾斜生产方式、产业合理化、产业扶持与振兴政策	劳动驱动型 纺织、食品、轻型机械	1965~1973年日本制造业的能源消耗以年均11.8%的速度增长，超过了GDP的增长速度
高速增长时期 (1960~1973年)	《关于产业结构的长期展望》：发展重化学工业、提高产业的竞争能力	资本驱动型 钢铁、煤炭、石化、造船	1973~1983年GDP有所增加，但能源消耗平均每年下降2.5%
稳定增长时期 (1973~1985年)	"知识密集型"的产业政策	技术驱动型 汽车、半导体、机械、家电	2008年金融危机导致经济下滑，以及自2011年日本大地震以来在节能方面的进步，制造业的能源消耗已降至1973年水平以下
经济结构调整时期 (1985~1990年)	"内需扩大主导型"战略		
20世纪90年代全今	《面向21世纪的日本经济结构改革思路》："新技术立国"和"科学技术立国"	创新驱动型 电气机械、移动通信、新材料	2000~2010年，受金融危机影响，生产指数回落占主导因素；2010~2018年，单位GDP能耗下降占主导因素，表示日本产业节能进一步推进

图2-25 日本制造业转型升级阶段图

数据来源：中研经略顾问(北京)

4. 加强碳交易国际合作

日本早在 20 世纪 90 年代就开始积极推进国家气候变化政策，逐渐建立了中央和地方两级碳交易系统。中央层面的碳交易市场主要由环境省和经济产业省推动，两个部门所设立的系统各有侧重。借助国家的政策引导和地方政府的大力支持，地方性碳交易市场有东京、埼玉和京都三个。地方性碳交易市场以强制性为主，对交易规则有严格的设定，可操作性强，收到了良好的减排效果。

除此之外，日本还把国际市场作为国内碳交易体系的重要补充。日本借助国际碳交易市场，一方面购买了大量的碳排放配额，为本国经济发展争取了一定的空间；另一方面通过输出本国的技术，与发展中国家确立了双边抵消机制，在获取碳排放配额的同时，提高了日元在碳交易计价结算中的地位，力争使日元在未来碳交易国际金融体系中成为主要货币[64]。

2.5　发达国家碳达峰主要特征与经验分析

2.5.1　碳达峰后能源消费总量并未明显下降

发达国家发展历程表明，碳达峰后能源消费基本保持稳定，化石能源消费也并未大幅度下降，但能源消费结构发生了明显变化，推动了碳排放快速降低。美国能源消费总量在碳达峰平台期，维持在 (35.6 ± 0.8) 亿 tce，能源消费弹性系数均值为 0.20；在碳达峰后期，美国能源消费总量依然保持在 35.20 亿～36.20 亿 tce，能源消费弹性系数均值为 0.17。能源消费总量变化不明显，但能源消费结构发生显著变化，特别是可再生能源占比快速增加，取代煤炭成为美国第三大能源，是推动碳排放快速下降的重要原因。

德国能源消费总量在碳达峰平台期波动较大，碳达峰后期在波动中总体呈下降趋势，其中 1990～1994 年持续下降，1995～2005 年在波动中保持相对稳定，而后继续在波动中下降，但下降幅度并不大。整体上，德国 1990～2020 年能源消费总量由 5.14 亿 tce 降为 4.14 亿 tce。在碳达峰前期，德国能源消费结构中，煤炭占比快速下降，石油占比上升，随后在碳达峰平台期石油占比略有下降，碳达峰后期石油占比趋于稳定，在 35%左右；天然气占比则一直处于上升趋势，随着德国政府退出核能和燃煤发电，天然气需求仍将增加；核能经历了 1975～2009 年的发展后，近年来占比有所下降，风电占比则快速上升，但石油、煤炭、天然气等传统化石能源仍是德国的主要能源，2020 年占一次能源消费总量的 76.5%，如果再加上传统的核能和水电，传统能源在 2020 年一次能源消费结构中的比重，高达 81.8%。

以上综合论述了美国、德国、英国、日本等发达国家碳达峰前后现代化进程、能源消费结构、碳排放特征、碳达峰相关政策等，分析了在能源消费、发展路径等方面的碳减排经验，通过综合考虑经济体量、产业结构、人口规模等因素，美国的发展经验对我国有很好的借鉴意义。

2.5.2　碳达峰后仍需要使用煤炭

美国在 2007 年实现碳达峰后，煤炭消费长期保持在 7 亿～10 亿 t，2018 年后才快速下降，到目前 5 亿 t 左右。德国在 1979 年碳达峰后，煤炭消费仍多年保持在 2 亿 t/a 左右。日本在 2013 年碳达峰后，煤炭仍占能源消费的 20%以上。发达国家的发展历程表明，即使有可替代煤炭的能源，碳达峰后仍然使用煤炭，只是煤炭的用途发生了变化。

由表 2-4 可知，发达国家碳达峰后的煤炭消费主要用于发电，作为调峰电源。美国煤炭用于发电的比例高达 91.9%（4.89 亿 t），其次是德国 84.5%（1.47 亿 t），然后是日本 59.7%（1.41 亿 t）。其次用于生产焦炭，作为炼钢炼铁的还原剂。日本煤炭用于还原剂的比例较高，达到 38.1%（0.90 亿 t），而德国和美国较低，分别为 6.3%、3.0%。还有一部分用于化工，作为原料。德国煤炭用于化工的比例为 9.2%，美国为 5.1%。鉴于我国能源资源禀赋和经济社会所处阶段，煤炭消费占比虽下降，但是在能源体系中的"稳定器"和"压舱石"作用越来越凸显。

表 2-4　发达国家煤炭生产和消费情况(2019 年)

国家	煤炭来源/亿 t		煤炭去向/亿 t				
	开采量	进口量	消费				出口
			总计	电力	冶金	化工	
美国	6.40	0.06	5.32	4.89(91.9%)	0.16(3.0%)	0.27(5.1%)	0.85
德国	1.31	0.42	1.74	1.47(84.5%)	0.11(6.3%)	0.16(9.2%)	0
日本	0	1.87	2.36	1.41(59.7%)	0.90(38.1%)	0.05(2.1%)	0

2.5.3　节能提效是优先的碳减排路径

美国能源消费碳排放强度在碳达峰前期、碳达峰平台期下降幅度较小,在碳达峰后期则快速降低。美国碳减排的主要原因除了优化能源消费结构外,提高能源效率、降低单位 GDP 能耗同时发挥了重要作用。"节能提效"是最好的碳减排路径,通过大力推广节能技术,在实现能耗和排放减少的同时,GDP 保持增长态势。美国在碳达峰后期,能源消费总量趋于稳定,消费结构持续优化,经济持续增长,使得 2009～2020 年单位 GDP 能耗由 2.43tce/万美元降低到 1.60tce/万美元,年均降速 3.7%;单位 GDP 碳排放量由 3.87tCO$_2$/万美元降低到 2.13tCO$_2$/万美元,年均降速 5.3%;碳排放强度由 1.59tCO$_2$/tce 降低到 1.40tCO$_2$/tce,年均降速 1.2%。德国碳达峰后期,单位 GDP 能源消耗强度和碳排放强度持续显著下降,GDP 增长和 CO$_2$ 排放逐步实现了脱钩。英国碳达峰后期,单位 GDP 能耗由 1975 年的 31.16tce/万美元降低到 2020 年的 9.28tce/万美元,年均下降 2.7%;单位 GDP 碳排放量由 1975 年的 23.59tCO$_2$/万美元降低到 2020 年的 1.27tCO$_2$/万美元,年均下降 6.3%。日本碳达峰后期,单位 GDP 能耗和单位 GDP 碳排放量呈现平稳下降趋势,其中单位 GDP 碳排放量由 2015 年的 2.74tCO$_2$/万美元下降到 2020 年的 2.04tCO$_2$/万美元,单位 GDP 能耗由 2015 年的 1.44tce/万美元下降到 2020 年的 1.16tce/万美元。碳排放强度也显著下降,由 2015 年的 1.90tCO$_2$/tce 下降到 2020 年的 1.75tCO$_2$/tce,下降了 7.9%。

第3章 碳中和目标下我国煤炭
需求与地位研判

发达国家碳达峰前后现代化进程的 GDP 与能源消费的关系表明，在工业化阶段和现代化的前期阶段，能源消费弹性系数维持在较高水平，经济增长很难与能源消费脱钩。我国还处于社会主义初级阶段，现代化水平与美国等发达国家还有较大差距，现代化进程的持续推进仍然需要较大的能源消费总量来支撑。碳中和目标要求，我国加快传统化石能源向新能源过渡。然而，鉴于化石能源资源禀赋和可再生能源的不稳定性，煤炭仍将是我国新时代构建清洁低碳安全高效能源体系的"稳定器"和"压舱石"，是实现中国梦的可靠能源保障。

3.1 碳中和目标下我国能源需求总量分析

3.1.1 经济增长与能源消费脱钩关系分析

通常意义上的经济增长与能源消费脱钩是指经济增长(一般用 GDP 表示)不依赖于能源消费增长，经济增长与能源消费增长不存在明显相关关系，只是能源消费不随经济增长而增长，但并不是经济发展不需要能源消费支撑。

一般来说，可以从能源消费弹性系数、单位 GDP 能耗等指标来测度过去几十年发达国家经济增长与能源消费脱钩关系。具体判断或测度脱钩程度的方法主要有：变化量综合分析法、经济合作与发展组织的脱钩指数法、Tapio 弹性分析法、基于完全分解技术的脱钩分析方法、IPAT 模型法、描述统计分析法、计量分析法、脱钩指数组合法、差分回归系数法等[65]。依据 Tapio 弹性分析法[66]对美国、德国、法国、日本等发达国家的 GDP 与能源消费的脱钩程度进行量化分析。

1. 发达国家仍未完全实现 GDP 与能源消费脱钩

由图 3-1 可知，1950～2019 年美国 GDP 只在 2008 年金融危机后的 2009 年处于负增长，而能源消费量受两次石油危机、金融危机的影响，正负增长均存在，共同决定了美国 GDP 与能源消费的脱钩状态(图3-2)。

由图 3-2 可知，美国 GDP 与能源消费的脱钩程度仅在 1950 年、1955 年和 1960 年处于增长连接状态(>0.8)，其他年份均呈现弱脱钩(0～0.8)或强脱钩状态(<0)，其中弱脱钩年份的脱钩指数均值为 0.43，强脱钩年份的脱钩指数均值为–0.26。碳达峰平台期，GDP 与能源消费的脱钩指数均呈现弱脱钩或强脱钩状态，其中弱脱钩年份的脱钩指数均值为 0.27，强脱钩年份的脱钩指数均值为–0.74。美国 GDP 与能源消费的脱钩状态呈现四种态势：衰退脱钩、增长连接、弱脱钩和强脱钩，整体上美国碳达峰前后 GDP 与能源消费的脱钩状态处于增长连接逐步向弱脱钩、强脱钩转变态势。

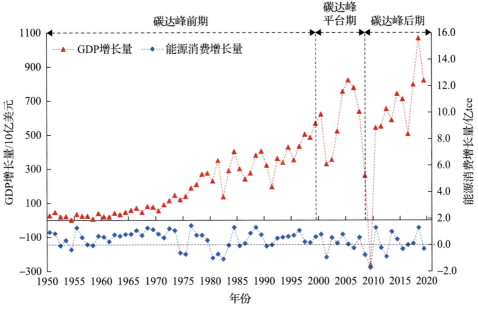

图 3-1　美国 GDP 与能源消费增长量

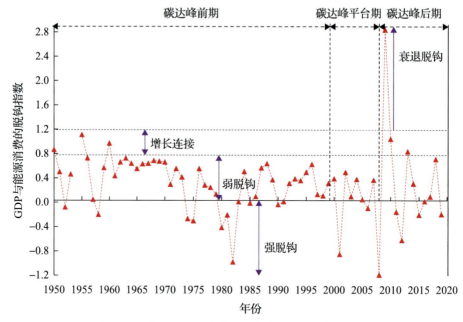

图 3-2 美国 GDP 与能源消费的脱钩关系分析

由图 3-3 可知,德国 GDP 与能源消费的脱钩程度仅在 1968 年、1969 年、1982 年和 2010 年处于衰退脱钩状态(＞1.2),对应的脱钩指数均值为 1.72;其他年份整体上呈现由增长连接(0.8～1.2)向弱脱钩(0～0.8)、

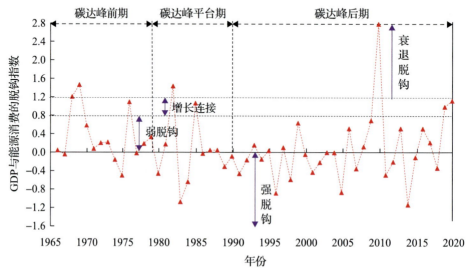

图 3-3 德国 GDP 与能源消费的脱钩关系分析

强脱钩（<0）状态转变，其中增长连接年份的脱钩指数均值为 1.05，弱脱钩年份的脱钩指数均值为 0.27，强脱钩年份的脱钩指数均值为–0.36。德国碳达峰前期和碳达峰平台期 GDP 与能源消费的脱钩状态处于由增长连接逐步向弱脱钩、强脱钩转变态势，而在碳达峰后期呈现由弱脱钩向强脱钩转变。

由图 3-4 可知，英国 GDP 与能源消费的脱钩程度仅在 1989 年、1999 年和 2013 年处于强脱钩状态（<0），对应的脱钩指数均值为–0.82；其他年份均呈现衰退脱钩（>1.2）、增长连接（0.8~1.2）、弱脱钩（0~0.8）状态，其中衰退脱钩年份的脱钩指数均值为 1.88，增长连接年份的脱钩指数均值为 1.01，弱脱钩年份的脱钩指数均值为 0.41。英国 GDP 与能源消费的脱钩状态处于以增长连接为主，衰退脱钩为辅的状态。

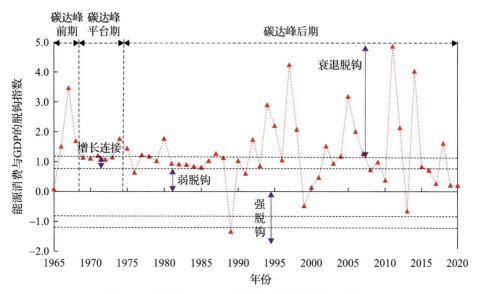

图 3-4　英国 GDP 与能源消费的脱钩关系分析

由图 3-5 可知，日本 GDP 与能源消费的脱钩程度仅在 1984 年、1990 年、2007 年和 2020 年处于衰退脱钩状态（>1.2），对应的脱钩指数均值为 2.61；在 1967 年、1969 年和 1979 年处于增长连接状态（0.8~1.2），对应的脱钩指数均值为 1.01；其他年份均呈现弱脱钩（0~0.8）或强脱钩状态（<0），其中弱脱钩年份的脱钩指数均值为 0.24，强脱钩年份的脱

钩指数均值为–0.73。近年来，日本 GDP 与能源消费的脱钩状态处于弱脱钩向强脱钩转变态势。

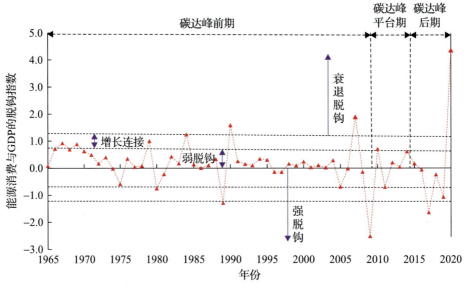

图 3-5　日本 GDP 与能源消费的脱钩关系分析

不同国家的能源消费弹性系数，如图 3-6 所示。

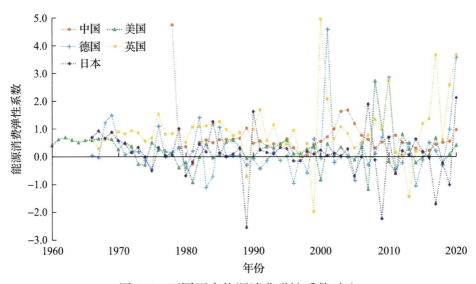

图 3-6　不同国家能源消费弹性系数对比

由图 3-6 分析可知,不同国家能源消费弹性系数均呈现波动状态,美国能源消费弹性系数呈现降低趋势,在碳达峰前期为 0.27,在碳达峰平台期为 0.20,在碳达峰后期降低为 0.17。德国在碳达峰前后能源消费弹性系数呈现先降低后增加的趋势,在碳达峰前期为 0.33,在碳达峰平台期降为 0.06,而在碳达峰后期增加到 0.32。英国在碳达峰前后能源消费弹性系数呈现增加趋势,在碳达峰前期为 0.51,在碳达峰平台期增加到 0.81,在碳达峰后期增加到 0.93。日本在碳达峰前后能源消费弹性系数整体呈现降低趋势,在碳达峰前期为 0.16,在碳达峰平台期降低到 0.07,在碳达峰后期降低到–0.12,见表 3-1。我国近 30 年的能源消费弹性系数,呈现先增加后降低的趋势,由 1990~2000 年的 0.37,增加到 2001~2010 年的 0.89,而后降低到 2011~2020 年的 0.50。

表 3-1　典型国家碳达峰前后能源消费弹性系数

	碳达峰前期	碳达峰平台期	碳达峰后期
美国	0.27	0.20	0.17
德国	0.33	0.06	0.32
英国	0.51	0.81	0.93
日本	0.16	0.07	–0.12

2. 我国短期内难以实现经济增长与能源消费脱钩

由图 3-7 可知,我国 GDP 与能源消费的脱钩程度仅在 1981 年处于强脱钩状态(–0.2),其他年份均呈现弱脱钩(0~0.8)或增长连接状态(0.8~1.2),其中弱脱钩年份的脱钩指数均值为 0.34,增长连接状态年份的脱钩指数均值为 0.99。GDP 与能源消费的脱钩状态处于增长连接逐步向弱脱钩转变态势。

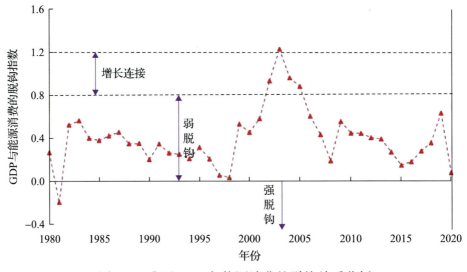

图 3-7　我国 GDP 与能源消费的脱钩关系分析

　　按照现代化进程的经济和社会指标来判断我国当前所处发展阶段。从经济指标来看，我国 GDP 在 2005 年后快速增长，2020 年达到 14.71 万亿美元，与美国 2010 年前后相当，但我国人口规模大，2020 年我国人均 GDP 与美国 1978 年前后相当，见图 3-8(a)。2020 年我国服务业增加值占 GDP 比值与美国 1948 年相当，见图 3-8(b)。我国非农业就业人数占比自改革开放以来，随着经济社会的发展经历两次停滞期后迅速增加到 84.4%，达到与美国 1945 年前后相当的水平，见图 3-8(c)。我国城镇人口占比自 1950 年的 10.6% 增加到 2020 年 63.9%，与美国 1950 年前后相当，见图 3-8(d)。综合来看，目前我国现代化程度与美国 1950～1970 年相当。我国现代化水平与美国还有较大差距，现代化进程的持续推进仍然需要能源支撑，短期内我国难以实现 GDP 与能源消费脱钩。

3.1.2　能源需求总量回顾分析与未来预测

　　对能源需求分析和预测有多种方法。能源消费弹性系数法是比较可靠的预测方法。能源消费弹性系数法来源于经济学中表示两个变量之间变动敏感程度的"弹性"概念，是反映能源消费与经济发展定量关系的国际通用指标，是预测能源消费总量的重要方法。国内外能源消费总量与经济增长具有明显的相关性，国外工业化国家的能源消费总量及经济发展相关性对我国现阶段及未来一段时间的发展具有借鉴和参考价值。将 2000 年到 2060 年我国经济发展划分为五个阶段，采用能源消费弹性系数法对我国能源消费总量进行回顾分析和未来预测[6]。

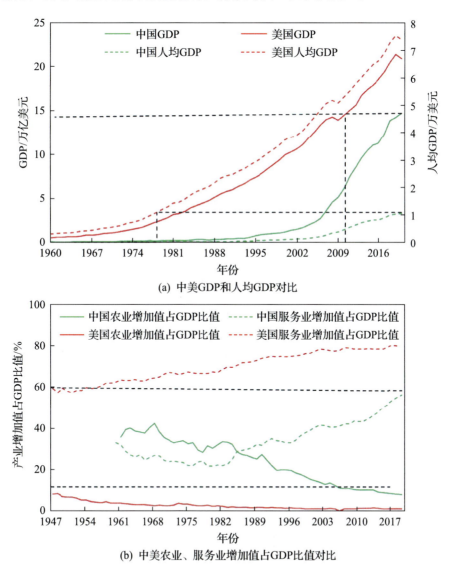

(a) 中美GDP和人均GDP对比

(b) 中美农业、服务业增加值占GDP比值对比

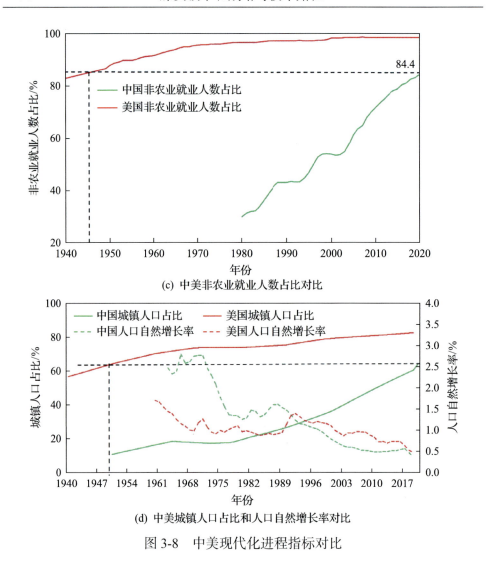

(c) 中美非农业就业人数占比对比

(d) 中美城镇人口占比和人口自然增长率对比

图 3-8　中美现代化进程指标对比

1. 我国能源需求总量回顾分析

到 2020 年，我国经济发展已经历了五个阶段的前两个阶段，以下回顾分析经济增长和能源消费呈现的关系。

1) 2000～2011 年(第一阶段)：更多依靠高耗能重工业的粗放发展

该阶段分为两个时段，前一时段为 2000～2007 年，经历了 1997～1998 年的亚洲金融危机之后，我国经济逐步恢复并快速发展，能源消费大幅增加，从 2000 年的 14.7 亿 tce 增长至 2007 的 31.1 亿 tce，年均增长 11.3%；后一时段为 2008～2011 年，能源消费增速放缓，从 2008 年的 32.1 亿 tce 增长至 2011 的 38.7 亿 tce，年均增长 6.4%。该阶段的能源消费粗放发展，对生态环境的影响逐步显现。

总体上，该阶段能源消费弹性系数呈震荡波动态势，但均在 0.5 以上(2008 年受金融危机影响，能源消费弹性系数降为 0.3，作为异常点考虑)，均值达到 0.91(接近 1)，该阶段我国经济的发展主要依靠耗能高的重工业发展(表 3-2)。

表 3-2　2000～2011 年我国能源消费弹性系数变化

年份	2000	2001	2002	2003	2004	2005
能源消费弹性系数	0.54	0.70	0.99	1.62	1.67	1.18
年份	2006	2007	2008	2009	2010	2011
能源消费弹性系数	0.76	0.61	0.30	0.51	0.69	0.77

2)2012～2020 年(第二阶段)：粗放发展向高质量发展过渡阶段

随着我国经济发展，能源生产结构更多元、更合理，能源消费更清洁、更集约，由粗放发展向高质量发展过渡。该阶段的能源消费增速放缓，从 2012 年的 40.2 亿 tce 增长至 2020 年的 49.8 亿 tce，年均增长率从第一阶段的 9.2%降为 2.7%。

该阶段 GDP 与能源消费相关性降低，我国开始进入工业化后期，在科技进步的推动下，能源利用技术水平不断提高，能源消费结构不断优化，能源消费弹性系数(2015 年，受世界经济整体下行影响，能源消费弹性系数为 0.14，为异常点)均值为 0.44(表 3-3)，接近发达国家工业化后期的初期水平。

表 3-3　2012～2020 年我国能源消费弹性系数变化

年份	2012	2013	2014	2015	2016	2017	2018	2019	2020
弹性系数	0.49	0.47	0.29	0.14	0.21	0.42	0.51	0.54	0.89

2. 我国能源需求总量未来预测

进入经济社会发展新阶段，我国经济增长在延续此前发展态势的基础上，呈现新的特征，综合考虑主要因素变动，预测未来能源需求总量。

1）2021～2035 年（第三阶段）：新常态高质量发展向基本实现现代化过渡阶段

一般来讲，进入工业化中后期，由于生产力的发展和科学技术的进步，产业结构和技术结构随之变化，高耗能工业的比重相对下降，同时能源利用效率普遍提高。当一个国家处于工业化前期和中期时，能源消费通常经历一段快速增长期，能源消费弹性系数一般大于 1。到了工业化后期或后工业化时期，能源消费进入低增长期，能源消费弹性系数一般小于 1。据《全球能源互联网》[67]对未来能源发展的预测，2010～2050年，世界经济年均增长率约为 3%，能源需求维持近 1.2%增长率，能源消费弹性系数在 0.4 左右。从美国 2000～2020 年能源消费弹性系数变化情况来看（表 3-4），美国能源消费弹性系数平均值为 0.23（不考虑 2008 年美国遭受严重金融危机的异常点），已经远低于工业化后期或后工业化时期标准值，且有近一半年份能源消费弹性系数接近 0 甚至降至 0 以下。

表 3-4　2000～2020 年美国 GDP 增长率、能源消费增长率及能源消费弹性系数

年份	2000	2001	2002	2003	2004	2005	2006	2007	2008	2009	2010
GDP 增长率/%	4.13	1.00	1.74	2.86	3.80	3.51	2.85	1.88	−0.14	−2.54	2.56
能源消费增长率/%	1.89	−2.39	1.56	0.30	1.98	0.10	−0.79	1.69	−2.26	−5.27	3.57
能源消费弹性系数	0.46	−2.39	0.90	0.10	0.52	0.03	−0.28	0.90	16.16	2.07	1.39

年份	2011	2012	2013	2014	2015	2016	2017	2018	2019	2020
GDP 增长率/%	1.55	2.25	1.84	2.53	2.91	1.64	2.37	2.93	2.16	−3.50
能源消费增长率/%	−3.70	−2.59	2.69	1.12	−0.89	−0.02	0.44	3.39	−1.28	−7.53
能源消费弹性系数	−2.39	−1.15	1.46	0.44	−0.31	−0.01	0.19	1.16	−0.59	2.15

从经济发展第一阶段到第二阶段，我国能源消费弹性系数逐步下降，均值降幅近 50%；第二阶段能源消费弹性系数均值为 0.5 左右，2018 年和 2019 年由于我国能源利用水平高质量发展和经济恢复性增长等因素，能源消费弹性系数保持在 0.4~0.5。随着 2020 年开启全面建设社会主义现代化国家新征程，第三产业成为我国经济增长的主要领域，能源消费弹性系数将保持较低水平。同时我国提出在 2030 年实现碳达峰，参考美国于 2007 年实现碳达峰的前 5 年，美国能源消费弹性系数均值为 0.25，以此为依据 2021~2035 年我国能源消费弹性系数按 0.25 取值。采用能源消费弹性系数法预测能源消费总量，以 2020 年为基准年，2020 年我国能源消费总量为 49.8 亿 tce，同时以前一阶段的预测值为基准分别预测各阶段我国能源需求，见表 3-5。预测结果显示，到 2035 年我国能源消费总量将达到 60.0 亿 tce。

表 3-5　能源消费弹性系数法预测 2035 年我国能源消费总量

2020 年能源消费总量/亿 tce	预测期 GDP 平均增长率/%	预测期能源消费弹性系数	能源消费平均增长率	预测年数（2021~2035 年）	预测 2035 年能源消费总量/亿 tce
49.8	5.00	0.25	1.25	15	60.0

2) 2036~2050 年（第四阶段）：迈向社会主义强国阶段

理想的情景是，能源消费弹性系数为零或负数，即在保持一定经济增长速度的同时，能源消费是零增长或负增长，很多发达国家都已经达到了这一目标。

2035 年以后，考虑到节能技术实现飞跃发展、我国能源消费结构调整以及 GDP 增速放缓等因素，能源消费弹性系数下降速率将会放缓，按照每 10 年下降 50% 预测，预计 2050 年我国能源消费弹性系数降为 0.1 左右。以 2035 年能源消费量预测值为基准，预测 2050 年能源消费总量为 63.3 亿 tce，见表 3-6。

表 3-6　能源消费弹性系数法预测 2050 年我国能源消费总量

2035 年能源消费总量/亿 tce	预测期 GDP 平均增长率/%	预测期能源消费弹性系数	能源消费平均增长率	预测年数（2036～2050 年）	预测 2050 年能源消费总量/亿 tce
60.0	3.6	0.1	0.0036	15	63.3

3）2051～2060 年（第五阶段）：现代化后期经济持续稳定发展阶段

2051 年后我国能源消费进入平台期，能源消费总量基本保持不变或很小波动，预测 2060 年我国能源消费总量约 63.0 亿 tce。

3.2　碳中和目标对煤炭行业发展的影响分析

多个部门和行业正在研究制定减污降碳的相关政策，推进碳达峰碳中和由战略目标转化为指导经济产业发展的具体措施，将对我国包括煤炭行业在内的多个行业产生实质性影响[68]。针对一段时间以来出现的超出目前发展阶段的盲目性减碳、零碳，2021 年 7 月 30 日中共中央政治局召开会议，要求"坚持全国一盘棋，纠正运动式'减碳'，先立后破"。2021 年 11 月 13 日结束的第 26 届联合国气候变化大会，各缔约方最终同意将"逐步淘汰煤电"改为"逐步减少煤电"写入《格拉斯哥气候公约》，也充分显示了碳减排将是一个长期理性推进的过程。可以预期，未来推动碳达峰碳中和将更加理性，会更多通过用能权交易、碳交易等市场化的手段，全国一盘棋循序渐进地推进，而不是针对某一具体行业或细分领域"点穴式"行政强制产能退出。

多年来，煤炭一直是我国的主体能源[69,70]，未来相当长时期内我国经济社会发展仍离不开煤炭，即使实现碳中和，我国仍将有一定规模的煤炭消费。然而，煤炭开发利用也是我国碳排放的主要来源，占我国碳排放量的 65%左右，是我国碳减排的重点领域。虽然理性的碳减排环境给煤炭行业留出了优化发展的时间和空间，但是煤炭行业只有科学预判不同时段的政策强度及其可能带来的实质性影响，提前谋划布局采取针对性措施，才能既满足国家碳达峰碳中和的总体要求，也不冒进地大幅度退出，使煤炭当好我国能源安全稳定经济供应的"稳定器"和"压舱石"。

3.2.1　煤炭开发利用碳排放特征分析

煤炭开发过程因消耗煤炭、油品等化石能源，有少量的 CO_2 排放；因采动改变煤层压力，析出煤层中的甲烷（CH_4，也称煤层气或瓦斯），两项折算约合 5.93 亿 tCO_2。煤炭利用环节燃烧或转化产生的 CO_2 排放，折算约合73.60 亿 tCO_2（2020 年）。煤炭开发利用的碳排放量合计约79.53 亿 tCO_2，占我国能源活动碳排放量的 70%～80%（图 3-9），占我国碳排放量的 65%左右[2]，见图 3-9。碳达峰碳中和目标的实现关键在于煤炭开发利用。

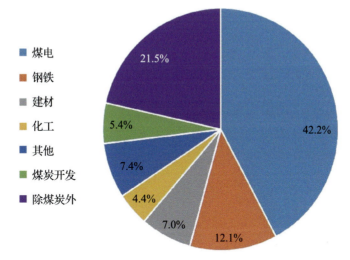

图 3-9　煤炭开发利用碳排放在我国能源活动碳排放量中的占比

3.2.2　碳中和目标对煤炭行业的影响机制分析

在保护生态环境、保障人身健康等多重目标下，能源的竞争力不再单纯是能源生产利用的直接成本，而是将从资源到最终被完全消耗的全生命周期作为整体来衡量，直接成本附加生态成本、安全风险成本等间接成本后的全生命周期综合成本越来越多地被认为是衡量能源竞争力

的核心指标。生态成本包括污染物和温室气体处理、处置成本。碳中和
要求将对生态成本产生影响，不同时段的影响程度不同，取决于碳排放
约束程度、碳处置利用(CCS/CCUS)成本和碳交易价格。在碳中和要
求带动生态成本增加的同时，也将促进技术进步，推动煤炭开发利用节能
提效，降低直接成本，在一定程度上对冲生态成本的增加，降低煤炭开
发利用全生命周期综合成本增加的幅度。煤炭开发利用全生命周期综合
成本增加并不一定直接影响煤炭消费量，关键看煤炭与其他能源竞争力
比较关系是否发生逆转。"双碳"目标对煤炭行业的影响机制如图 3-10
所示。

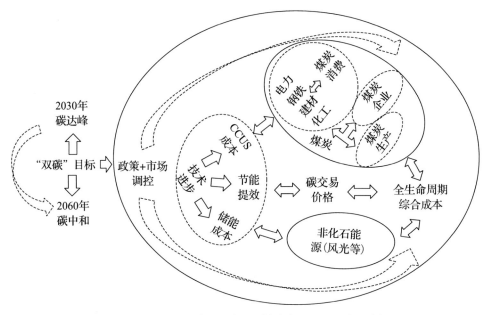

图 3-10　　"双碳"目标对煤炭行业的影响机制

3.2.3　碳中和目标下煤炭竞争力格局分析

　　技术进步决定煤炭行业的发展空间，国家政策并没有明确其他能
源替代煤炭，各种能源技术都在快速发展，煤炭行业发展的时间和空
间取决于技术进步推进质量优化的程度和速度。根据煤炭和其他相关
能源技术进步趋势的预测[71,72]，按照相关研究机构预测的我国碳交易

价格由目前的 50 元/t 左右逐步上升到 2030 年的 100 元/t 左右、2035 年的 120 元/t 左右、2050 年的 150 元/t 左右、2060 年的 200 元/t 左右[73]，分析预测主要消费领域煤炭竞争力格局的未来变化。如果煤炭或其他能源有超越当前预期的颠覆性技术进步，将会进一步改变竞争力格局。特别是，低成本 CCS/CCUS 技术若能取得突破并大规模应用，将从根本上扭转煤炭竞争力下降的趋势。

1. 燃煤发电

煤炭的主要利用方式是发电，可再生能源主要通过电力的方式实现利用，电力是煤炭与其他能源竞争的核心领域。多年来，燃煤发电占我国煤炭消费的一半左右。按照技术进步趋势和碳交易价格变化，测算不同时间各能源发电的全生命周期综合成本[47]（图 3-11）。2035 年之前，燃煤发电全生命周期综合成本呈增加趋势，在攻克碳减排和环境保护技术的理想情景下，2035 年后有望开始下降。按照多年来煤炭与天然气的比价关系，典型超低排放燃煤发电和天然气发电对比分析结果表明[74]，

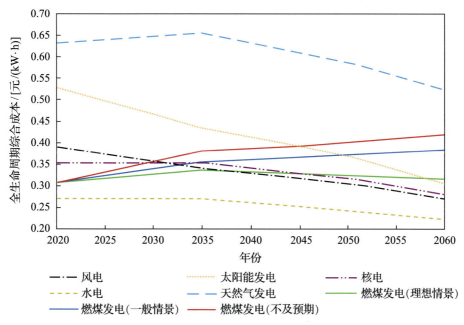

图 3-11　不同能源发电的全生命周期综合成本预测

当碳交易价格不超过 1100 元/t 时，超低排放燃煤发电仍具有全生命周期综合成本的比较优势。与风、光等可再生能源电力的全生命周期综合成本相比较，风电有望于 2030 年前后低于燃煤发电，太阳能发电有望于 2040 年前后低于燃煤发电。届时，单纯作为电力的燃煤发电的竞争力可能发生逆转，若电力需求增量低于风电、太阳能发电的电量增长，燃煤发电会逐步被替代，而调峰电源将成为燃煤发电新的发展方向，在一定程度上减缓被替代的速度。

2. 金属冶炼

生产焦炭或喷吹煤，作为钢铁工业的碳质还原剂，是煤炭的另一主要用途，约占我国煤炭消费量的 15%。焦炭或喷吹煤主要用作原料，很难直接被以发电为主要利用方式的风能、太阳能等新能源替代，而理论上可通过新能源生产的电力制氢，用氢来减少焦炭或喷吹煤用量。国际上，20 世纪 90 年代前后开始研究氢能冶炼钢铁技术，到目前仍处于研发、试验阶段，据预测到 2050 年前后高纯氢能冶炼钢铁有可能实现工业化[75]。除了技术因素，另一个制约因素是成本。我国氢气产能有限，制氢气成本也非常高[76]，依据目前氢能市场价格(约每吨 6 万元)，采用氢能冶炼钢铁的工艺成本比传统高炉冶炼钢铁的工艺成本至少高 5 倍[77]。对未来碳交易价格上升推动焦炭或喷吹煤冶炼钢铁成本升高、氢能生产和储运基础设施规模化带来的成本下降等因素综合测算表明，未来较长一段时期内，焦炭或喷吹煤的竞争力仍然难以逆转。生产焦炭和喷吹煤对煤炭的需求将主要取决于钢铁生产规模和氢冶金技术的成熟度。

3. 化工转化

受资源禀赋制约，我国油气增产困难，近年来油气对外依存度持续居于高位，2020 年油气对外依存度达到 73%(石油)和 43%(天然气)。煤炭和油气的主要成分相似，通过煤制油、煤制天然气、煤制烯烃、煤制乙二醇等，可将相对丰富的煤炭资源转化为油气或油气替代品，以弥补油气供应的不足[78]。2020 年，煤制油产能 931 万 t/a、煤制烯烃产能 1582 万 t/a、煤制天然气产能 51 亿 m³/a、煤制乙二醇产能 489 万 t/a[79]。煤炭化工转化可固定 30%～40%的碳在产品中，且产生的 CO_2 浓度高、压力大，不需要捕集和浓缩就可以直接利用或封存。在碳中和目标下，煤炭化工转化的优势将进一步显现。对碳交易价格上升推动煤炭化工转化成本升高、油气化工技术进步带动成本下降等综合测算表明，在 2030 年前后煤制油的全生命周期综合成本将高于炼油，竞争力可能发生逆转；煤制烯烃的全生命周期综合成本较石油化工路线有明显优势，短期内难以逆转，见图 3-12。总体看，以煤炭生产作原料或材料的化工品的竞争力强于生产用作燃料的油气。化工转化的煤炭需求在很大程度上取决于煤制化工品的市场需求和煤化工(煤炭深加工)的产业政策。

关注不同能源竞争力的比较关系变化，灵活把握煤炭产能调整节奏。积极跟踪能源技术进步、碳交易价格变化等对细分消费领域的煤炭竞争力的影响，特别关注煤炭与其他能源竞争力的比较关系是否发生逆

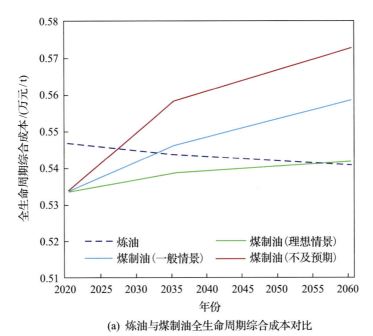

(a) 炼油与煤制油全生命周期综合成本对比

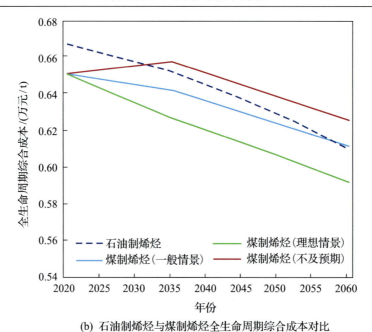

(b) 石油制烯烃与煤制烯烃全生命周期综合成本对比

图 3-12 煤炭化工转化主要产品全生命周期综合成本预测

转。在逆转前，以节能提效为主，减少电耗、煤耗和材料消耗，不大幅度减少煤炭产能和产量，保障经济社会发展和人们生活水平提高的能源安全稳定供应；如果发生逆转，以煤炭需求减少的幅度同步减少煤炭产能和产量，保障煤炭供应既不大量过剩也不严重紧缺，当好我国清洁低碳安全高效能源体系的"稳定器"和"压舱石"。同时，力争在逆转前完成自身转型升级。

3.3 碳中和目标下煤炭需求预测

鉴于我国能源资源禀赋和经济社会所处发展阶段，煤炭在一次能源消费结构中占比虽下降，但是煤炭在能源体系中的"稳定器"和"压舱石"作用越来越凸显。结合发达国家的发展历程，预计我国在 2060 年完全实现碳中和后，仍需要煤炭用于电力调峰、碳质还原剂以及保障能源安全等。

3.3.1 电力调峰

碳中和目标下，风、光等可再生能源发电成为增量电力供应的主要来源，煤炭单纯作为电力来源的需求将逐步下降。然而，受气候、天气、光照等人为不可控的自然条件影响，可再生能源供给能力不确定性大，提供的主要是能源量，能源供应和调节能力有限。可再生能源大比例接入电网，将给电网的安全稳定运行带来严峻挑战，需要燃煤发电作为调峰电源平抑电力波动。

国内外权威机构[80-84]基于多种模型和关键参数设置对我国未来电力需求进行了预测，因不同机构预测的年份不一致，采用最小二乘法将不同机构的预测结果均延长到 2060 年，如图 3-13 所示。不同机构对我国 2060 年电力需求量预测范围在 11.8 万亿～17.9 万亿 kW·h，最高和最低差距 1.5 倍，差异较大，以各机构预测均值作为电力用煤需求预测的基础，见表 3-7。

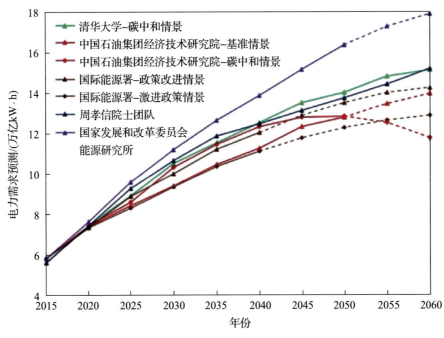

图 3-13 不同机构对我国电力需求的预测

表 3-7　电力调峰用煤需求量预测[13]

年份	2020	2025	2030	2035	2040	2045	2050	2055	2060
供电煤耗/[gce/(kW·h)]	305.5	300.5	295.5	290.5	285.5	280.0	275.5	265.5	255.5
电力需求/(万亿 kW·h)	7.4	8.8	10.2	11.3	12.2	13.1	13.6	14.1	14.4
煤电退出适中情景燃煤发电量占比/%	60.8	49.9	40.9	33.5	27.5	22.5	18.5	15.2	12.4
煤电退出快速情景燃煤发电量占比/%	60.8	46.8	36.0	27.8	21.4	16.5	12.7	9.8	7.5
煤电退出适中情景煤炭需求/亿 t	19.2	18.6	17.2	15.5	13.4	11.5	9.7	8.0	6.4
煤电退出快速情景煤炭需求/亿 t	19.2	17.4	15.2	12.8	10.4	8.4	6.7	5.1	3.9

我国投入运行的世界首台 1350MW 超超临界二次再热燃煤发电机组，供电煤耗降至 251gce/(kW·h)，据中国电力企业联合会统计 2020 年我国大于 6MW 电厂供电煤耗为 305.5gce/(kW·h)，假设 2050 年前以每年 1gce/(kW·h) 的速度降低，2050～2060 年以每年 2gce/(kW·h) 的速度降低，到 2060 年燃煤发电机组煤耗将降至 255.5gce/(kW·h)。我国 2015～2020 年燃煤发电量占比由 67.9%降低到 60.8%，降低了 7.1 个百分点，未来燃煤发电在电力结构中的占比下降速度将取决于可再生能源电量对煤电的替代和可再生能源电力对煤电调峰的需求。考虑可再生能源发展的速度，按常规发展、可再生能源最大能力发展两种情况设计适中情景和快速情景。适中情景假设燃煤发电占比以每 5 年 18%的比例降低；快速情景假设燃煤发电占比以每 5 年 23%的比例降低。按可再生能源电力配置 5%～20%的储能容量，其中一半由燃煤发电来满足进行测算，到 2060 年实现碳中和后，燃煤发电装机规模仍需保持 3 亿～4 亿 kW，年耗煤量 3.9 亿～6.4 亿 t，见表 3-7。

3.3.2　碳质还原剂

钢铁是现代化进程中的必需品，煤炭是炼钢所需碳质还原剂的主要来源。虽然氢能被寄予厚望，但是目前全球氢冶金技术尚处于研发、试验阶段，据预测到 2050 年前后高纯氢能冶炼钢铁可实现工业化。我国虽然出台了一系列政策推动氢能产业健康发展，但政策主要着力于交通领域，在工业领域的应用还处于政策制定和规划之中[85]。因此，到 2060 年实现碳中和前后，我国钢铁生产的碳质还原剂还将主要由煤炭提供。

自 2017 年我国推进供给侧结构性改革及收紧废钢进口政策，国产废钢的利用得到快速发展，废钢炼钢比由 2017 年的 17.8%，增加到 2020 年的 21.2%，但仍远低于美国 72.1% 和世界平均水平 48.3%。通常用废钢炼 1t 钢的能耗可降低 0.35tce/t，减少 1.6t 的 CO_2 排放。据中美现代化进程指标的对比，假设未来 40 年我国的人均粗钢表观需求量达到美国能源信息署公布的 1980～2020 年人均粗钢表观需求量水平。我国未来人口预测数据，参考国务院印发的《国家人口发展规划（2016—2030 年）》，我国人口总量将在 2030 年前后达到峰值 14.5 亿人，选择国际学者在《柳叶刀》发布的我国未来人口参考情景预测数据（表 3-8）[86]。基于 2020 年我国吨钢煤耗 0.75tce/t，结合废钢利用的发展，设计适中情景和快速情景，通过加权得到对应的吨钢煤耗数据，对我国碳中和目标下碳质还原剂的用煤需求进行测算，见表 3-8。适中情景假设我国炼钢废钢比在 2020 年基础上以每年增加 1.2% 的速度发展，直至 2060 年达到69.2%；快速情景假设我国炼钢废钢比在 2020 年基础上以每年增加 2%

表 3-8　碳质还原剂煤炭需求量预测

年份		2020	2025	2030	2035	2040	2045	2050	2055	2060
人口/亿人		14.1	14.6	14.7	14.6	14.4	14.3	14.1	13.9	13.6
人均粗钢表观需求量/(kg/人)		446.1	420.3	400.7	434.8	414.7	346.6	380.5	325.3	335.4
吨钢煤耗/(tce/t)	适中情景	0.75	0.73	0.71	0.69	0.67	0.65	0.62	0.60	0.58
	快速情景	0.75	0.64	0.61	0.57	0.54	0.50	0.47	0.47	0.47
煤炭需求量/亿 t	适中情景	6.6	6.3	5.8	6.1	5.6	4.5	4.7	3.8	3.7
	快速情景	6.6	6.2	5.6	5.7	5.1	4.0	4.1	2.9	3.0

的速度发展，到 2025 年达到工业和信息化部发布的《钢铁产业调整政策(2015 修订版)》中提出的炼钢废钢比达到 30% 的目标，至 2050 年达到 81.2% 后保持稳定。结果表明，到 2060 年作为碳质还原剂的用煤需求仍将为 3.0 亿～3.7 亿 t，见表 3-8。

3.3.3　保障能源安全

近 20 年来，我国油气消费日益增长，油气供需进口不断加大，油气的安全稳定供应已成为危及我国能源安全的核心问题[87,88]。基于能源安全的视角，谢和平院士团队完成了"缓解油气对外依存度的煤炭作为"[①]项目，采用聚类归纳分析法综合考虑了煤炭转化方式、能量转化特点，将煤炭接续油气聚类归纳为五大路径(图 3-14)。

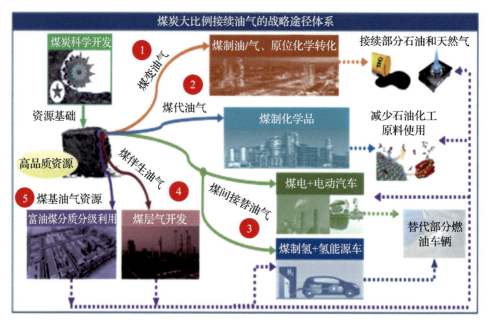

图 3-14　煤炭大比例接续油气的路径

(1)煤变油气路径：以煤直接液化、间接液化、煤制甲醇/乙醇燃料、煤制天然气等直接生产油气。深部煤炭资源原位流态化转化制油是最

---

① 谢和平. 缓解油气对外依存度的煤炭作为研究[R]. 北京: 煤炭科学研究总院, 2021.

为前沿的煤基制油技术，在深部煤层中直接将固态煤在一定条件下，以快速加氢反应或超临界萃取等方式转化为液杰油品，从而直接以流态化形式输出地面或直接管道输送，将"煤田"变为"油田"。

(2)煤代油气路径：以煤为原料生产有机化学品接续石油炼化原料如煤制烯烃、乙二醇等。

(3)煤间接替油气路径：电动汽车的迅速发展使煤电功能性接续油气成为可能。通过燃煤发电驱动电动汽车接续燃油汽车或燃气汽车，形成接续油气新方式。与之类似，通过煤制备氢能驱动的氢能汽车同样可接续燃油汽车或燃气汽车。

(4)煤伴生油气路径：充分开发利用煤伴生油气资源，接续油气不足。该路径以煤层气为主，可作为清洁、绿色、低碳能源，主要包括地面煤层气开发、煤矿瓦斯规模抽采利用。截至 2019 年底，全国累计探明煤层气地质储量 7545.61 亿 m^3，全国 95%的煤层气探明储量集中在沁水、鄂尔多斯盆地。

(5)煤基油气资源路径：煤田地质学将焦油产率大于 7%的煤炭称为富油煤，陕西、内蒙古、宁夏、甘肃、新疆西部五省份是我国煤炭资源富集区、煤炭主产区，也是富油煤的集中蕴藏区。采用热解(中低温干馏)的方法，可将富油煤中富含的油气组分以焦油和热解气的形式解析出来，以焦油和热解气为原料进一步加工可生产燃料、化工品；固体半焦燃烧发电、化工转化也可生产燃料、化工品、电力，满足多层次需求。由于富含油气组分，富油煤不仅是煤，也是煤基油气资源。根据王双明院士团队研究[①]，我国西部富油煤资源量超过 5000 亿 t，油气组分超过 500 亿 t，可作为增加我国油气自主供给的战略途径。

碳达峰碳中和目标下，煤炭作为材料、原料的用途将受到重视，谢和平院士团队对煤炭缓解油气对外依存度的潜力进行情景分析，研判了缓解油气对外依存度的煤炭需求量，2060 年将达到 4.9 亿～5.2 亿 t，见图 3-15。

[①] 王双明. 西部富油煤开发战略研究[R]. 北京: 煤炭科学研究总院, 2021.

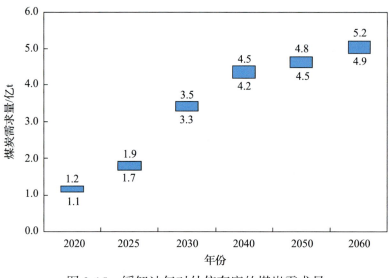

图 3-15　缓解油气对外依存度的煤炭需求量

3.4　碳中和目标下煤炭与新能源地位变化

由于传统化石能源具有碳排放的固有特性，风、光、地热、核能与新能源被认为是能源低碳转型的终极方向。我国可再生能源资源丰富，分布广泛，具有大规模开发的资源条件和产业基础。在《中华人民共和国可再生能源法》和一系列政策措施的推动下，我国可再生能源快速发展，技术进步明显，应用规模迅速扩大，已建装机自 2015 年已稳居世界第一，在我国能源转型中发挥着越来越大的作用。近年来我国风电、光伏等新能源规模持续扩大，技术进步不断加快，发电成本大幅下降[89]。截至 2020 年底，全国并网风电、光伏装机分别达到 2.81 亿 kW、2.53 亿 kW，分别占到全国发电总装机的 12.8%和 11.5%。

虽然风电、光伏等新能源的装机规模不断增大，但由于基数小且不稳定，目前在能源消费结构中的占比还较少。此外由于我国能源消费处于快速增长期，新能源的增量赶不上能源需求增量，新能源替代存量煤炭还需要相当长的时间。在此之前，仍需要煤炭发挥基础能源作用，做好经济社会发展的能源兜底保障。

借鉴美国现代化进程、能源消费、碳排放强度等基本特征和变化规律，结合我国能源发展趋势和相关政策，预计我国能源消费格局变化分为 4 个阶段，见表 3-9。即在我国碳中和进程中，新能源在能源结构中的地位将经历补充、替代、主体的变化，而煤炭将经历从基础能源到保障能源，再到支撑能源，最后到应急储备能源的定位变化，新能源成长成熟仍需要煤炭的支撑。

表 3-9　碳中和目标下煤炭与新能源的地位变化[15]

发展周期		2021～2030 年	2031～2050 年	2051～2060 年	2060 年以后
煤炭	定位	基础能源	保障能源	支撑能源	应急储备能源
	消费量/(亿 t/a)	35～45	25～35	15～25	12～15
新能源	定位	补充能源	替代能源	主体能源	主体能源
	在能源消费结构中的占比%	15～29	30～49	50～80	≥80

注：基础能源是指虽然不是能源需求增量的主要供应来源，但仍然是第一大能源品种，在能源体系中发挥基础性作用；保障能源是指以保障能源供应稳定性和安全性为主要功能的能源品种；支撑能源是指以支撑其他能源发展为主要功能的能源品种，主要作为调峰、储备等。应急储备能源是指以应急储备、战略储备为主要功能的能源品种。

3.4.1　基础能源阶段（2021～2030 年）

2030 年前，适应碳达峰的要求，风、光等新能源是满足能源增量需求的主体，它们增长速度快，但是由于基数小，在能源消费结构中的占比提高缓慢，逐步由 15%向 30%靠近，成为补充能源。而由于我国能源消费增长保持在较高水平，新能源增量赶不上能源需求增量，煤炭消费量保持平稳或略有增长，维持在 35 亿～45 亿 t/a，但是煤炭在能源消费中的占比逐步下降到 50%左右，由主体能源转变为基础能源。

3.4.2　保障能源阶段（2031～2050 年）

2031～2050 年，在碳达峰后，新能源不仅是满足能源增量需求的主体，而且开始替代煤炭等化石能源，新能源在能源消费中的占比提高到 30%～49%，成为替代能源。与此同时，受碳排放约束，煤炭消费一定程度上被替代，煤炭利用逐步向电力调峰、碳质还原剂以及保障能源安全等集中，煤炭消费量下降到 25 亿～35 亿 t/a，由基础能源转变为保障能源。

3.4.3　支撑能源阶段(2051～2060 年)

2051～2060 年，随着进入碳中和攻坚期，新能源大幅度代替传统化石能源，新能源在能源消费中的占比提高到 50%～80%，成为主体能源。碳中和目标实现后，受碳排放约束，煤炭只剩下电力调峰、碳质还原剂以及保障能源安全等不能被替代的用途，煤炭消费量下降到 15 亿～25 亿 t/a，由保障能源转变为支撑能源。煤炭成为精品，虽然产量降低，但是价格回归到应有的本真价值，反映地表无塌陷、生态无损伤条件下的绿色低碳煤炭生产完全成本。

3.4.4　应急储备能源阶段(2060 年以后)

2060 年实现碳中和后，正常情景下煤炭的用量进一步减少，而为了应对油气进口受限、可再生能源年际非正常波动，保持一定规模的煤炭生产和消费。煤炭生产和消费不单纯是从煤炭利用本身出发，而是将其作为应急储备、战略储备等。煤炭不仅是精品，更是战略物资。

第4章 碳中和目标下煤炭科学
产能资源量及支撑能力分析

碳中和目标下，我国经济社会发展仍然需要依靠煤炭，只是需要的是科学产能的煤炭和清洁低碳利用的煤炭。2022年3月1日，国务院副总理韩正在主持碳达峰碳中和工作领导小组全体会议时强调，要推进煤炭有序替代转型，算清煤炭供需的"大账"，推动煤炭清洁高效利用，发挥好煤炭在能源中的基础和兜底保障作用。过去10年，我国煤炭科学产能规模不断增加，有力支撑了国家能源安全与经济社会发展。碳中和目标赋予煤炭科学产能新的内涵，也将强化生态环境约束、安全高效集约化生产约束，使一些产能和资源不再符合煤炭科学产能的要求，甚至加快一些地方整体性退出煤炭生产，需要深入思考与分析碳中和目标下煤炭科学产能资源量以及煤炭科学产能规模能否支撑我国现代化进程。

4.1 碳中和目标下亟须提高煤炭科学产能支撑能力

4.1.1 煤炭科学产能发展现状

1. 煤炭科学产能的提出

2010年，中国工程院院士钱鸣高提出了煤炭绿色开采理念[90]。2011年，在杜祥琬院士牵头承担的中国工程院重大咨询项目"中国能源中长期（2030、2050）发展战略研究"中，谢和平院士提出了"煤炭科学产能"的概念。煤炭科学产能是指在具有保证一定时期内持续开发的储量前提下，用安全、高效、环境友好的科学开采技术方法将煤炭资源最大限度采出的生产能力。2011～2012年，谢和平院士、钱鸣高院士等发表了学术论文"煤炭科学产能及发展战略初探""煤炭开采新理念——科学开采与科学产能"等[91,92]，针对我国煤炭产能的主要特点及问题，详细论述了煤炭科学产能的概念、内涵和评价标准，并初步提出了我国煤炭科学产能发展战略。2015 年，谢和平院士等在中国工程院重大咨询项目"中国煤炭清洁高效可持续开发利用战略研究"中，系统提出了"中国煤炭科学产能"的创新性理论和实施战略。煤炭科学产能要求"资源、人力、科技与装备"都必须达到相应的要求和标准，是煤炭行业和矿区综合能力的体现，具体要求如下。

(1)矿井经济可采储量满足矿井服务年限的要求。

(2)区域地质采矿条件清晰，矿区规划和矿井与回采工作面设计能充分发挥现有开采技术和装备的能力。

(3)根据煤层赋存条件选择适用的、绿色生态与安全高效的开采方法，采用机械化、综合机械化及自动化掘、采技术，矿井运输(含辅助运输)实现机械化，通风、排水等系统实现自动化。

(4)矿井安全生产形势良好，瓦斯及突出矿井实现先抽后采，抽采达标，煤矿从业人员的职业健康有保障。

(5)不污染环境，不造成生态损害，污染的要得到有效治理；损害的土地通过治理实现再利用；水资源遭到损害时，能得到资源化利用。实现煤炭环境友好开采。

(6)煤层气、油页岩、铝土矿等重要共伴生资源能得到一体化协调开发。

2. 内涵和指标体系

煤炭科学产能指标体系涵盖安全、绿色、高效三个方面(分别为生产安全度、生产绿色度、生产机械化程度)，包括 7 个一级指标和 14 个二级指标。煤炭科学产能评价指标及其权重见表4-1。

1)生产安全度

生产安全度是指煤矿从业人员在生产和运营过程中的安全健康保障程度。生产安全度的内涵是按照"以人为本"科学发展观的要求，实现事故发生率低、职业病发病率低、职业安全健康有保障的安全发展。

表 4-1　煤炭科学产能指标与权重

方面	一级指标	二级指标		权重
安全 (0.3602)	生产安全 (0.2638)	百万吨死亡率		0.0879
		较大以上安全事故		0.1759
	职业健康 (0.0964)	职业健康检查率		0.0482
		职业病危害因素检测达标率		0.0482
绿色 (0.2948)	节能环保 (0.0824)	塌陷土地治理率		0.0412
		原煤生产综合能耗		0.0412
	回收利用 (0.1432)	矿井水利用率		0.0477
		煤矸石综合利用率		0.0477
		抽采瓦斯利用率		0.0477
	资源节约 (0.0692)	采区回采率	厚煤层	0.0692
			中厚煤层	
			薄煤层	
高效 (0.3450)	机械化程度 (0.1675)	采煤机械化程度		0.0838
		掘进机械化程度		0.0838
	生产效率 (0.1775)	原煤生产人员效率		0.0888
		矿井综合单产	厚煤层	0.0888
			中厚煤层	
			薄煤层	

注：因二级指标权重经四舍五入数值修约，各二级指标权重加和与一级指标权重略有差异。

　　生产安全度有 3 方面的特点：充分体现以人为本的理念，尊重煤矿从业人员的生命权和健康权；充分反映出煤矿企业现有安全生产状况；不仅以人的生命安全和健康作为评价标准，而且要督促煤矿企业采用先进的安全技术和监测、管理手段，并将人员的安全保障措施统一纳入生产安全度的评价，解决煤矿从业人员的后顾之忧。

2) 生产绿色度

生产绿色度是指煤炭开采过程对矿区生态及资源环境的保护程度。生产绿色度的内涵是按照环境友好的发展要求,改变传统采煤工艺造成的碳排放与生态环境破坏问题,实现煤炭资源的采出率高、碳排放低、生态环境损害小、共伴生资源协调开采的绿色发展。

生产绿色度具有以下3方面的特点。

(1)广义资源的特点。矿区范围内的煤炭、煤层气、地下水、共伴生矿产以及土地、煤矸石等都是开发利用对象,转变了原有矿井废弃(或有害)物的观念。

(2)源头治理的特点。从开采设计时就采取措施,从源头消除或减少采矿对生态环境的破坏,而不是先破坏后治理。如通过采矿方法的改变和调整来实现地下水资源的保护、减缓地表沉陷、减少瓦斯和矸石的排放等。

(3)生态环境友好的特点。形成一种与环境协调一致的开采方式,有效减少资源开采对生态环境的影响,促进资源开发与环境、区域经济和社会协调发展。

3) 生产机械化程度

生产机械化程度是指在特定地质条件下采用最适宜的采煤方法所达到的高效开采的生产机械化程度。生产机械化程度的内涵是按照科学程序和方法,实现全员效率高、生产信息化与智能化程度高、装备适应能力强的高效开采。主要体现为以下4方面。

(1)针对特定的地质条件采用适宜的采煤方法。

(2)采用机械化、综合机械化或自动化进行掘进和采煤。

(3)全员效率高,开采成本低,经济效益好。

(4)煤炭开采实现信息化管理。

煤炭资源开采中,安全生产、绿色生产和机械化生产是协调统一、相辅相成的。煤炭生产必须首先保证安全,安全生产关系到人民的生命财产和社会的稳定。在保证安全的情况下,遵循循环经济中绿色工业的原则,努力实现煤炭资源的绿色开发和利用,在一定的矿区生态环境容量范围内,加大煤矿瓦斯抽采利用,推进保水开采、减沉开采、填充开采,提高矿井水、煤矸石利用率,加大沉陷区恢复和治理,有效减少资源开采对生态环境的影响,促进资源开发与环境、区域经济和社会协调发展[93]。煤炭资源机械化生产则是通过开发新的采煤技术、设备与方法,减少工人劳动强度,提高生产安全度,增加开采效率,实现煤炭资源的机械化、自动化开采;针对不同的地质条件开发不同的技术。适当提高煤炭资源采出率,减少煤炭开采对生态环境的破坏。在实现煤炭科学产能中,安全生产是前提,绿色生产是方向,机械化生产是手段,三者是一个统一的整体。

3. 煤炭科学产能有力支撑了煤炭的安全高效绿色开采

技术创新推动煤矿向机械化、集约化、智能化发展,我国煤炭科学产能不断提高,对煤炭消费量的支撑率显著提升。以国家统计局公布的煤炭消费量等为基础,对 2010~2020 年我国煤炭科学产能支撑能力进行评价。评价认为:2010 年煤炭科学产能 10.78 亿 t,支撑煤炭消费量的 33.3%;2020 年煤炭科学产能接近 25.99 亿 t,支撑我国煤炭消费量的 64.6%,见图 4-1。10 年来,煤炭科学产能对我国煤炭消费量的支撑

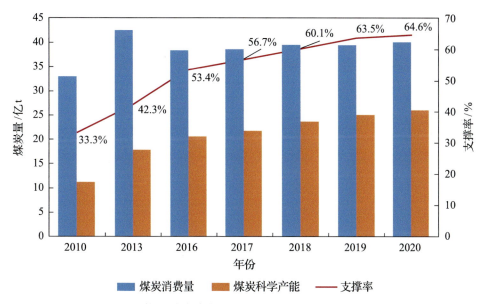

图 4-1　煤炭科学产能对煤炭消费量的支撑能力变化

能力提高了 30 个百分点，年均提高 3 个百分点。

煤炭科学产能在支撑煤炭消费逐步增长的同时，实现了煤炭行业安全高效绿色发展。2020 年，全国煤矿发生事故 123 起、死亡 228 人，百万吨死亡率下降至 0.058，较 2010 年下降 92%以上；平均单井(矿)产能提高到 110 万 t/a 以上；煤矸石综合利用率达到 72%，矿井水利用率、土地复垦率分别达到 79%、57%。

4.1.2　碳中和目标实现需煤炭科学产能支撑

1. 碳中和目标下更需发展煤炭科学产能

无论是从我国能源资源禀赋来看，还是从经济发展所处阶段、能源供应自给性要求来看，未来我国经济社会发展仍将依靠储量丰富、开发能力可调节、具有成本优势的煤炭资源。根据第 3 章的分析，经济社会发展仍将离不开煤炭，即使实现碳中和，仍有 12 亿~15 亿 t/a 的煤炭消费。而碳中和目标要求少排碳，甚至不排碳，更加要求以科学产能生产煤炭，实现产煤而不排碳。

2. 碳中和目标赋予煤炭科学产能新内涵

适应碳中和目标，煤炭科学产能内涵不断丰富，在原有安全、绿色、高效三个方面的基础上，更加突出低碳排放的内涵，即以绿色低碳的方式生产煤炭，生产符合低碳清洁利用的煤炭产品。

3. 碳中和目标下煤炭科学产能接续问题凸显

随着高标准建设新矿和升级改造已有煤矿，我国煤炭科学产能有一定规模的增量，但同时煤炭科学产能的存量矿井衰竭和关闭速度也在不断提高。此外，可用于接续建设科学产能的煤炭资源存量并不富裕。碳中和目标将强化生态环境约束、安全高效集约化生产约束，使一些产能和资源不再符合煤炭科学产能的要求，甚至加快一些地方整体性退出煤炭生产。多种因素叠加影响下，煤炭科学产能发展潜力受到严峻挑战，煤炭科学产能接续能力堪忧。

按照当前开采速度推算，现有煤炭科学产能到 2025 年预计仅剩

80%，到 2035 年仅剩不到 50%，难以支撑我国经济发展对煤炭的需求。为确保煤炭科学产能持续发展，保障碳中和目标的高质量煤炭供给，必须提前谋划，提升煤炭科学产能支撑能力。

4.2　碳中和目标下煤炭资源采出量与动用量实证研究

我国煤炭资源丰富，但由于地质构造、煤层厚度和矿井水文环境等自然因素，勘探精度、开采设计布局和采煤方式方法等技术因素，开发利用管理、市场监督力度和税收征收等人为因素影响，我国煤炭资源的回采率整体较低。2005 年国土资源部、国家发展和改革委员会对全国煤炭资源回采率进行专项检查，结果显示 2004 年全国煤矿平均采区回采率为 64%，平均矿井回采率为 46%。《2007 中国能源发展报告》显示，我国煤炭平均资源回采率（即矿井回采率）为 30%。而美国、澳大利亚、德国、加拿大等发达国家的煤炭资源总体回采率达到 60%～70%[94]。虽然我国煤炭资源开采相关政策要求提高回采率，但是从实际来看，未见显著提升。近年来，关于矿井回采率低导致煤矿实际服务年限较设计服务年限显著缩短的问题，逐渐受到各界的关注，引发了对我国煤炭资源实际能否保障能源安全的疑问。

基于我国关闭煤矿、生产煤矿的相关调研资料，收集整理了煤矿资源储量、开采年限等数据，提出了煤炭资源采出率和矿井设计年限服务率估算方法，对我国关闭矿井和生产矿井的煤炭资源采出率和矿井设计年限服务率进行估算。

4.2.1　煤炭资源采出率

1. 关闭矿井

煤炭资源采出率为矿井累计采出煤量占矿井地质资源量的比值。该指标反映了关闭矿井每生产 1t 煤，实际动用了多少煤炭资源情况。其计算公式如下：

$$R_k = \frac{W_k}{S_k} \times 100\%$$

式中：R_k 为煤炭资源采出率，%；W_k 为矿井从建矿到关闭期间累计采出煤量，万 t；S_k 为矿井初步设计地质资源量，万 t。

通过调研、收集、整理，获取了 75 个关闭矿井的相关资源储量数据。由于收集的数据为矿井煤矿工业储量，根据煤矿设计相关经验，除以经验系数，折算为矿井初步设计地质资源量。经计算，煤炭资源采出率为 5.78%～74.83%，平均值为 24.81%。其中原属于科学产能矿井的平均采出率为 35.30%，详见表 4-2。

表 4-2 关闭矿井煤炭资源采出率计算表

地区	煤矿	采煤工艺	累计采出煤量/万 t	矿井工业储量/万 t	煤炭资源采出率/%
安徽	煤矿 1	综采	3718.5	7370.1	30.27
	煤矿 2	综采	12178.8	55950.8	13.06
	煤矿 3	综采	12093.4	21405.6	33.90
北京	煤矿 1		3932.6	9916.7	23.79
甘肃	煤矿 1	综采	814.3	652.9	74.83
贵州	煤矿 1		636.1	1311.3	29.11
	煤矿 2		1302.9	2529.0	30.91
	煤矿 3		206.4	497.0	24.92
河北	煤矿 1		3550.5	11631.3	18.32
	煤矿 2		1438.5	5338.8	16.17
	煤矿 3		781.0	6078.8	7.71
	煤矿 4	炮采	2892.1	13545.1	12.81
	煤矿 5	普采	819.12	4237.7	11.60
	煤矿 6	综采	1495.3	11127.2	8.06
	煤矿 7		9027.3	14629.5	37.02
	煤矿 8	炮采	2892.1	8976.4	19.33

续表

地区	煤矿	采煤工艺	累计采出煤量/万t	矿井工业储量/万t	煤炭资源采出率/%
河南	煤矿1	炮采	20.6	147.7	8.37
	煤矿2	炮采	201.1	260.0	46.41
	煤矿3	炮采	15.8	46.6	20.34
	煤矿4	炮采	99.6	580.5	10.29
	煤矿5	炮采	99.6	354.0	16.88
	煤矿6	普采	143.6	865.6	9.95
黑龙江	煤矿1	炮采	75.7	355.8	12.77
	煤矿2		3362.4	5467.2	36.90
	煤矿3		3909.3	4970.0	47.19
	煤矿4		6431.1	6204.8	62.19
湖南	煤矿1	炮采	218.7	223.2	58.79
	煤矿2	普采	663.0	1690.7	23.53
	煤矿3	炮采	354.5	1234.0	17.24
吉林	煤矿1	普采	212.0	506.8	25.10
	煤矿2	综采	327.1	1138.6	17.24
	煤矿3	综采	1633.6	3779.0	25.94
	煤矿4	综采	970.4	3060.9	19.02
	煤矿5	综采	929.2	2403.6	23.20
	煤矿6	综采	2162.5	5856.9	22.15
辽宁	煤矿1		2768.2	3921.0	42.36
	煤矿2	综采	2456.6	2627.5	56.10
内蒙古	煤矿1	综采	3316.2	19446.8	10.23
	煤矿2	炮采	300.0	406.0	44.33
宁夏	煤矿1	炮采	942.0	1925.7	29.35
	煤矿2	露天	11101.3	24268.0	27.45

续表

地区	煤矿	采煤工艺	累计采出煤量/万 t	矿井工业储量/万 t	煤炭资源采出率/%
山东	煤矿 1	综采	1185.7	3706.2	19.20
	煤矿 2	综采	294.6	1576.4	11.21
	煤矿 3	炮采	218.7	487.2	26.93
	煤矿 4		50.4	100.0	30.24
	煤矿 5		532.8	877.4	36.43
	煤矿 6		2722.4	9073.4	18.00
	煤矿 7		49.5	76.6	38.77
	煤矿 8		806.6	1392.9	34.74
	煤矿 9		1193.7	2869.0	24.96
	煤矿 10		66.9	453.5	8.85
山西	煤矿 1	综采	6967.5	14492.2	28.85
	煤矿 2	综采	6231.2	12537.2	29.82
	煤矿 3	综采	11462.1	32847.3	20.94
	煤矿 4	综采	836.8	6536.6	7.68
	煤矿 5		3577.3	16039.5	13.38
	煤矿 6		5135.0	29014.6	10.62
	煤矿 7		10570.9	24423.0	25.97
	煤矿 8		2202.8	8660.6	15.26
	煤矿 9	综采	10483.9	28333.0	22.20
	煤矿 10	综采	9278.5	8161.5	68.21
	煤矿 11		132.4	742.0	10.71
	煤矿 12	综采	95.0	308.0	18.51
	煤矿 13		9278.5	23150.0	24.05
	煤矿 14	普采	132.4	680.7	11.67
	煤矿 15	综采	713.2	1538.8	27.81

续表

地区	煤矿	采煤工艺	累计采出煤量/万 t	矿井工业储量/万 t	煤炭资源采出率/%
四川	煤矿 1	普采	597.2	1127.6	31.78
	煤矿 2	综采	1786.4	6187.2	17.32
	煤矿 3	炮采	1128.0	2645.2	25.59
	煤矿 4	普采	355.7	649.4	32.86
云南	煤矿 1	炮采	213.0	780.0	16.38
	煤矿 2	炮采	55.4	220.2	15.10
	煤矿 3	炮采	35.1	119.8	17.58
	煤矿 4	炮采	7.5	77.9	5.78
	煤矿 5	炮采	23.0	162.0	8.52
平均值					24.81

2. 生产矿井

依据中国煤炭地质总局的研究成果,用两种方法对收集整理的全国47 个生产矿井资源动用量进行估算,并以此计算资源采出率。方法一(永久煤柱摊销损失量按累计采出量与基础储量计算出其摊销系数)估算结果为:生产矿井煤炭资源采出率为 18.58%~66.90%,平均值为 40.77%。方法二(永久煤柱摊销损失量按累计动用量与工业资源/储量计算出其摊销系数)估算结果为:生产矿井煤炭资源采出率为 37.04%~66.01%,平均值为 49.87%。煤矿矿井煤炭资源采出率估算见表 4-3。

3. 矿井平均采出率

从关闭矿井和生产矿井煤炭资源采出率统计结果(表 4-4)看,二者存在明显的差异。关闭矿井体现了从建矿到矿井关闭的全过程,统计结果更为准确,但因为技术较为落后,一定程度上影响了煤炭资源采出率。而生产矿井由于只对已采出资源进行动用量估算,有一定的误差,一定程度上抬高了煤炭资源采出率。综合数据正态分布、现场调查、专家决策分析,全国矿井平均采出率为 25.87%。

表4-3 部分生产矿井煤炭资源采出率计算表

地区	煤矿	生产能力/(万t/a)	矿井初步设计资源、储量/万t			2018年底累计矿井动用量/万t					煤炭资源采出率/%	
			合计	基础储量	资源量	动用量	采区		永久煤柱摊销损失量		方法一	方法二
							采出量	损失量	方法一	方法二		
福建	煤矿1	51	3130.0	1597.0	1533.0	1240.1	791.3	448.7	759.6	607.4	39.57	42.83
黑龙江	煤矿1	—	42773.5	19248.1	23525.4	9487.0	6152.7	3334.3	7519.9	5217.8	36.18	41.84
	煤矿2	—	29668.2	13350.7	16317.5	16137.0	10014.6	6122.4	12240.0	8875.3	35.29	40.04
山东	煤矿1	—	10992.0	4946.4	6045.6	2857.7	1821.0	1036.7	2225.7	1571.7	35.82	41.11
	煤矿2	150	36854.7	9273.0	27581.7	5656.6	3943.2	1713.4	11728.7	4233.3	22.68	39.87
	煤矿3	300	49796.4	42151.3	7645.1	5727.7	4361.3	1366.4	791.0	879.4	66.90	66.01
河北	煤矿1	390	61849.6	21751.3	40098.3	8573.9	7594.9	979.0	14001.1	5558.6	33.64	53.74
	煤矿2	60	5213.1	2754.8	2458.3	2365.2	2156.2	209.0	1924.1	1115.3	50.27	61.95
	煤矿3	125	21000.1	9450.1	11550.1	1459.7	1363.2	96.5	1666.1	802.8	43.61	60.25
山西	煤矿1	810	74814.0	41148.0	33666.0	27989.3	16528.4	11460.9	13523.0	12595.1	39.82	40.73
	煤矿2	350	45791.2	20606.0	25185.2	31465.7	19035.1	12430.6	23265.2	17306.2	34.78	39.03
	煤矿3	90	106464.1	49060.9	57403.2	22195.5	14009.7	8185.8	16391.9	11967.3	36.31	41.01
宁夏	煤矿1	800	86084.0	48653.0	37431.0	11006.3	8455.6	2550.7	6505.3	4785.8	48.29	53.54
	煤矿2	1200	242236.0	145342.0	96894.0	11225.7	7492.2	3733.6	4994.8	4490.3	46.19	47.67

续表

地区	煤矿	生产能力/(万 t/a)	矿井初步设计资源、储量/万 t			2018 年底累计矿井动用量/万 t					煤炭资源采出率/%	
			合计	基础储量	资源量	动用量	采区		永久煤柱滞销损失量		方法一	方法二
							采出量	损失量	方法一	方法二		
陕西	煤矿 1	240	36445.0	17478.0	18967.0	271.5	173.4	98.1	188.2	141.3	37.72	42.01
	煤矿 2	1500	201596.0	111038.0	90558.0	18530.0	16793.0	1737.0	13695.7	8323.8	52.11	62.53
	煤矿 3	800	99192.0	20228.0	78964.0	9173.2	7323.4	1849.8	28588.3	7302.5	19.39	44.45
内蒙古	煤矿 1	1600	148231.0	102200.0	46031.0	37964.0	28680.0	9284.0	12917.5	11789.2	56.37	57.64
	煤矿 2	2000	330301.0	120919.0	209382.0	22181.7	18181.3	4000.4	31482.5	14061.3	33.88	50.16
	煤矿 3	650	143159.0	128236.0	14923.0	5694.2	4031.1	1663.1	469.1	593.6	65.40	64.11
新疆	煤矿 1	120	6530.0	1260.0	5270.0	2750.5	2290.2	460.3	9578.9	2219.8	18.58	46.08
	煤矿 2	400	161265.0	65572.0	95693.0	2415.7	2333.7	81.9	3405.7	1433.5	40.09	60.63
重庆	煤矿 1	21	540.0	243.0	297.0	107.5	92.0	15.6	112.4	59.1	41.84	55.22
甘肃	煤矿 1	220	12826.1	7054.4	5771.8	6542.7	4459.3	2083.4	3648.5	2944.2	43.76	47.00
	煤矿 2	300	30711.5	16891.3	13820.2	5589.3	3958.5	1630.8	3238.8	2515.2	44.84	48.84
河南	煤矿 1	180	37827.0	14583.0	23244.0	4279.0	3091.5	1187.5	4927.6	2629.4	33.58	44.75
	煤矿 2	378	30396.0	13053.0	17343.0	7057.4	5704.3	1353.1	7579.1	4026.7	38.97	51.46
湖南	煤矿 1	200	1945.8	875.6	1070.2	378.0	321.3	56.7	392.7	207.9	41.69	54.84
	煤矿 2	15	942.2	504.0	438.2	464.1	405.4	58.7	352.5	215.8	49.64	59.63
安徽	煤矿 1	350	46570.1	23460.0	23110.1	4096.2	2270.0	1826.2	2236.1	2032.7	35.85	37.04

表 4-4　矿井煤炭资源采出率计算结果对比表

煤矿类型	参与估算煤矿数量/个	煤炭资源采出率范围/%	煤炭资源采出率平均值/%
关闭矿井	75	5.78~74.83	24.81
生产矿井	47	18.58~66.90	45.32

4.2.2　矿井设计年限服务率

矿井设计年限服务率是指矿井实际服务年限与矿井设计服务年限的比值。该指标反映了矿井实际可持续生产服务年限情况。其计算公式如下：

$$Y = \frac{S}{C} \times 100\%$$

式中：Y 为矿井设计年限服务率，%；C 为矿井设计服务年限，年；S 为矿井实际服务年限，年。

通过调研、收集、整理，分析了 18 个关闭矿井的开采年限数据，计算矿井设计年限服务率为 5.29%~78.13%，平均值为 35.48%，即我国煤矿矿井的实际服务年限仅为设计服务年限的 1/3 左右，详见表 4-5。

表 4-5　关闭矿井设计年限服务率计算表

煤矿	采煤工艺	设计服务年限/年	实际服务年限/年	矿井设计年限服务率/%
煤矿 1	炮采、综采	44.8	35.0	78.13
煤矿 2	高档普采	35.7	3.0	8.40
煤矿 3	综采	10.1	3.0	29.70
煤矿 4	炮采、综采	101.0	32.2	31.88
煤矿 5	综放	21.5	11.0	51.16
煤矿 6	一次采全高综采	18.9	1.0	5.29
煤矿 7	高档普采	13.3	5.0	37.59
煤矿 8	高档普采	9.7	7.0	72.16
煤矿 9	综采	100.0	58.0	58.00
煤矿 10	综合机械化采煤	138.0	52.0	37.68

续表

煤矿	采煤工艺	设计服务年限/年	实际服务年限/年	矿井设计年限服务率/%
煤矿 11	高档普采	132.0	32.0	24.24
煤矿 12	高档普采	7.4	2.5	33.78
煤矿 13	高档普采	62.0	14.0	22.58
煤矿 14	综合机械化	12.4	2.0	16.13
煤矿 15	综合机械化	7.9	2.0	25.32
煤矿 16	综合机械化一次采全高	11.3	1.2	10.62
煤矿 17	一次采全高综合机械式	150.0	50.0	33.33
煤矿 18	综合机械化一次采全高	8.3	5.2	62.65
	平均值			35.48

4.3 碳中和目标下我国煤炭资源可用量分析

4.3.1 我国煤炭资源分布及特征

1. 我国煤炭资源总量及分布

截至 2019 年我国累计探获煤炭资源储量为 14460.65 亿 t，保有资源储量为 13841.18 亿 t，见图 4-2。

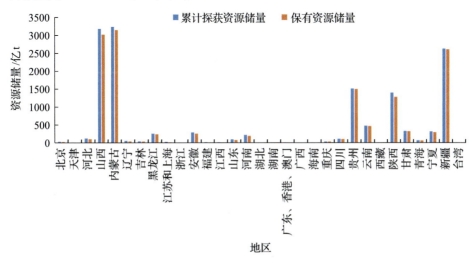

图 4-2 我国煤炭资源储量分布图

我国煤炭资源受成煤环境和后期构造运动影响,埋藏深度差异较大,一般东部煤层埋藏深,西部煤层埋深较浅。在已开展勘查工作获得的煤炭资源储量中,全国埋深小于1000m的资源储量为12474.36亿t,1000～1200m的资源储量为530.57亿t,大于1200m的资源储量为836.25亿t(表4-6,图4-3)。

表4-6　我国煤炭资源储量按埋深深度统计表(亿 t)

地区	0～1000m	1000～1200m	1200m 以深
北京	20.64	—	—
天津	3.82	—	—
河北	87.75	10.94	5.07
山西	2096.09	270.96	653.26
内蒙古	3092.00	32.70	23.68
辽宁	32.98	3.05	2.01
吉林	29.54	1.79	1.65
黑龙江	233.66	4.19	0.23
江苏和上海	6.43	3.95	0.61
浙江	0.29	—	—
安徽	204.75	31.48	18.62
福建	9.69	—	—
江西	7.82	0.12	—
山东	55.40	14.62	4.68
河南	156.28	13.15	24.70
湖北	0.74	0.01	0.16
湖南	3.81	—	—
广东、香港、澳门	4.85	—	—
广西	2.14	—	—
海南	1.67	—	—
重庆	29.24	—	—

续表

地区	0~1000m	1000~1200m	1200m 以深
四川	102.03	0.40	0.18
贵州	1483.72	3.66	8.68
云南	463.87	1.11	1.92
西藏	5.29	—	—
陕西	1273.54	6.21	0.14
甘肃	214.57	48.80	58.78
青海	61.06	0.07	0.00
宁夏	260.59	22.23	11.92
新疆	2525.88	61.13	19.94
台湾	4.23		
合计	12474.36	530.57	836.25

注：由于数值修约，合计与各地区之和有偏差。

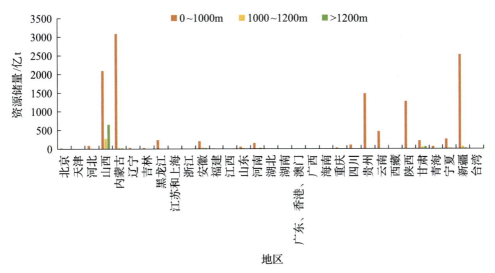

图 4-3　我国煤炭资源储量按埋深分布图

全国煤炭勘查区勘探资源量为 1908.34 亿 t，设计可采储量 1811.08 亿 t，生产煤矿保有资源量 3062.34 亿 t，见表 4-7。

表 4-7　我国煤炭资源开发现状统计表

地区	勘探资源量/亿 t	设计可采储量/亿 t	生产煤矿保有资源量/亿 t
黑龙江	44.11	30.89	68.8
吉林	1.17	9.68	29.42
辽宁	—	14.47	28.98
河北	4.65	32.74	67.57
河南	12.35	54.42	89.39
山东	2.00	68.95	58.29
安徽	39.57	104.02	172.65
江苏	—	7.42	5.49
北京	—	—	—
天津	—	—	—
福建		2.04	3.35
广西		0.76	1.81
湖北		0.39	0.54
湖南		1.83	3.32
江西			3.05
浙江	—	—	—
广东	—	—	—
海南	—	—	—
台湾	—	—	—
内蒙古	253.21	431.74	562.94
山西	17.25	402.07	864.13
甘肃	22.37	15.91	23.08
陕西	391.75	231.72	375.23
宁夏	14.36	56.13	91.95
云南	194.21	10.52	28.09
贵州	343.22	71.36	119.36
四川	10.43	9.79	15.52
重庆	0.27	1.16	10.53

续表

地区	勘探资源量/亿 t	设计可采储量/亿 t	生产煤矿保有资源量/亿 t
新疆	530.12	239.43	417.61
甘肃	0.42	7.29	8.73
青海	26.88	6.35	12.51
西藏	—	—	—
合计	1908.34	1811.08	3062.34

2. 黄河流域煤炭资源分布及特征

黄河自西向东分别流经青海、四川、甘肃、宁夏、内蒙古、山西、陕西、河南及山东 9 个省区,最后流入渤海。黄河流域是我国最为重要的煤炭资源富集区,累计探获资源储量 8952.69 亿 t,保有资源储量 8498.03 亿 t,见表 4-8。

表 4-8　黄河流域煤炭资源储量表

地区	累计探获资源储量/亿 t	保有资源储量/亿 t
山西	3180.72	3020.30
内蒙古	3238.41	3148.39
山东	96.64	74.70
河南	219.91	194.13
四川	112.12	102.61
陕西	1394.46	1279.89
甘肃	329.91	322.15
青海	63.92	61.12
宁夏	316.60	294.74
合计	8952.69	8498.03

黄河流域的煤炭资源主要分布在内蒙古、山西、陕西、宁夏、河南、甘肃 6 省区,具有资源丰富、分布集中、品种齐全、煤质优良、埋藏浅、

易开发等特点。在全国已探明储量超过 100 亿 t 的 26 个大煤田中,黄河流域有 12 个[95]。该区域煤炭勘查区勘探资源量 711.29 亿 t,设计可采储量 1191.99 亿 t,生产煤矿保有资源量 2006.72 亿 t。

黄河流域流经了宁东、陕北、神东、晋北、晋中、晋东、黄陇、河南和鲁西 9 个大型煤炭基地,探获资源储量占全国 14 个大型煤炭基地总量的 45.04%,1000m 以浅预测总量占 39.30%,1000~2000m 占 33.19%。

3. 其他区域煤炭资源分布及特征

1) 东北区

东北区主要包括辽宁、吉林、黑龙江三省含煤区。东北区绝大多数煤炭资源为褐煤和长焰煤,局部地区分布低变质烟煤和高变质无烟煤。东北区煤炭探获资源储量 347.23 亿 t,保有资源储量 309.12 亿 t。煤炭勘查区勘探资源量 45.28 亿 t,设计可采储量 55.04 亿 t,生产煤矿保有资源量 127.2 亿 t。

2) 京津冀区

京津冀区包括河北、北京、天津。该区煤类丰富,包括气煤、气肥煤、肥煤、焦煤和瘦煤,也有贫煤和无烟煤少量分布,总体以中变质烟煤为主。该区煤炭探获资源储量 154.42 亿 t,保有资源储量 128.22 亿 t。煤炭勘查区勘探资源量 4.65 亿 t,设计可采储量 32.74 亿 t,生产煤矿保有资源量 67.57 亿 t。

3) 东南区

东南区包括安徽、江苏、浙江、福建、江西、湖南、湖北、广东、广西、海南。东南区煤类以贫煤、无烟煤为主,其次为褐煤,其他煤类较少。煤的硫分较高,高硫煤占 40% 以上,灰分以中灰煤为主,部分为中高灰煤,低灰煤较少。东南区煤炭探获资源储量 32.21 亿 t,保有资源储量 24.48 亿 t。煤炭勘查区勘探资源量 39.57 亿 t,设计可采储量 116.46 亿 t,生产煤矿保有资源量 190.21 亿 t。

4)西南区

西南区包括贵州、云南东部、四川东部以及重庆。西南区煤炭变质程度差别较大,云南 65%为褐煤,30%为焦煤和无烟煤;贵州 65%为无烟煤,30%左右为肥煤、焦煤、瘦煤和贫煤;四川东部 70%为贫瘦煤、贫煤和无烟煤。西南区煤炭探获资源储量 2126.02 亿 t,保有资源储量 2094.83 亿 t。煤炭勘查区勘探资源量 548.13 亿 t,设计可采储量 92.83 亿 t,生产煤矿保有资源量 173.5 亿 t。

5)新疆区

新疆区分为北疆区和南疆区。北疆区煤炭探获资源储量 2551.60 亿 t,保有资源储量 2533.30 亿 t。煤炭勘查区勘探资源量 517.71 亿 t,设计可采储量 232.93 亿 t,生产煤矿保有资源量 396.63 亿 t。

南疆区煤炭探获资源储量 75.85 亿 t,保有资源储量 73.63 亿 t。煤炭勘查区勘探资源量 12.41 亿 t,设计可采储量 6.5 亿 t,生产煤矿保有资源量 20.98 亿 t。

6)西藏区

西藏区主要为四川西部、云南西部及西藏地区。西藏区煤炭探获资源储量为 5.32 亿 t,保有资源储量为 5.29 亿 t。无生产煤矿。

4.3.2　碳中和目标下煤炭资源可用量影响因素分析

为保护生态环境、保障煤矿安全生产以及推进供给侧结构性改革,各级政府针对煤炭行业出台了一系列政策措施。碳中和目标强化了生态、安全、政策三大约束,对我国煤炭资源可用量产生了较大影响。

1. 生态约束

我国煤炭资源呈现"西多东少"的总体分布特征,西部煤炭资源量占全国煤炭资源总量的 70%以上,东部 1000m 以浅煤炭资源趋于枯竭。然而,西部煤炭资源富集区主要位于降雨量小、蒸发量大的西部沙漠、黄土广泛覆盖区,水资源匮乏,干旱少雨,生态环境脆弱,严重制约了西部煤炭资源的安全高效绿色开发[96]。

晋陕蒙(西)宁是我国煤炭的主产区,该地区资源性缺水和工程性缺水并存,水资源利用程度较高,部分区域依靠区外调水来满足社会发展的需要。以主要矿区所在地省级行政区的多年平均水资源可利用量、过境水资源的引水量以及现已开工建设的规划调水工程的调水量之和作为水资源供需平衡的基础,进行远期水平年(2035年及2050年)国民经济社会发展的水需求预测,在扣除居民生活需水量、其他工业需水量和农业需水量之后,得到可供煤炭开采的水资源量。然后,用定额法求出可用水量支撑的煤炭开采规模(即煤炭开采可供水量除以不同水平年的煤炭开采用水定额),综合矿区煤炭可采资源约束进行修正,得出2035年、2050年晋陕蒙(西)宁水资源约束下的合计煤炭开采规模为24亿～26亿 t[97]。其他地区水资源对煤炭产能影响不大,我国水资源约束下的煤炭产能为38.5亿 t。

除水、土地资源外,我国正在划定的生态红线,对煤炭资源的可用量也将产生影响,《关于划定并严守生态保护红线的若干意见》等文件明确规定煤炭开发应主动避让生态红线。特别是碳中和目标下,生态红线划设更加严格,进一步减少煤炭资源可用量。根据相关专家研判,划定后的生态红线将影响我国煤炭资源量的10%～20%。

2. 安全约束

从我国安全高效矿井建设的实践分析,我国煤炭资源赋存的地质条件相当复杂,影响煤矿安全、高效生产的因素较多,安全生产客观存在着一系列地质难题,由此而带来的安全生产隐患是我国煤炭工业可持续发展必须解决的一个重大难题。

煤矿安全开采技术条件的复杂性制约着煤炭的产能。煤炭保有资源储量中,煤矿安全开采技术条件好的资源储量8887亿 t,约占保有资源储量的60%;煤矿安全开采技术条件较好的资源储量5791亿 t,约占保有资源储量的39%;煤矿安全地质条件差的资源储量约占保有资源储量的1%。

煤炭科学产能内涵的丰富完善对煤矿安全开采技术条件的要求越来越高,符合煤矿安全开采技术条件的资源储量进一步减少,降低煤炭科学产能规模。特别是在安全约束条件下,一些地区已做出全域退出煤炭生产的相关计划。

(1)2017 年,湖北省政府工作报告释放煤炭去产能决心,湖北煤炭生产企业将全部关闭,全域退出煤炭生产行业。湖北探明煤炭储量近 6 亿 t,目前煤炭年产能约 1200 万 t,实际煤炭年产量约 530 万 t。湖北单体煤矿平均开采规模仅 7 万 t,俗称"鸡窝煤",开采成本是西北优质煤矿的数倍,且存在较大安全隐患。

(2)2020 年 1 月,重庆市人民政府正式下发《重庆市人民政府关于同意重庆能源集团淘汰煤炭落后产能关闭退出煤矿总体实施方案的批复》,宣布了重庆国有煤矿全部退出。1 月 23 日,重庆能源集团资产公司代管的两江芦塘煤矿 10 个井筒和最后一个出口封堵完工。

(3)"十三五"以来,北京能源结构加速优化,成为全国能源清洁转型典范城市。北京西部山区曾是产煤区,在"十三五"期间,大台煤矿等 5 座煤矿全部关停,600 万 t 煤炭产能全部退出,结束了北京千年采煤史。

随着多个地区已经或正在计划全部退出煤炭生产,煤炭资源可用量将大幅减少。截至 2020 年底,全国累计退出煤矿 5000 处左右,退出落后煤炭产能 10 亿 t/a 以上,关闭退出矿井赋存的剩余煤炭资源将无法开采。

根据对"十三五"期间关闭退出煤矿的调查统计,采用产能占比法,预计关闭煤矿退出的资源储量约为 186.22 亿 t。

安全约束趋紧将加快煤炭资源条件较差、生态环境脆弱的一些地方整体性退出煤炭生产,煤炭资源可用量将大幅减少,煤炭科学产能接续问题日趋凸显。

3. 政策约束

实现碳中和目标涉及面广、周期长,一些地方由于认识不足、统筹不周、跟风表态、盲目急进，可能出现盲目性退出、运动式"减碳"、片面性零碳等现象，在没有协调好能源安全性和经济性的前提下盲目关闭煤矿，对我国煤炭资源可用量产生一定影响。

4.3.3　碳中和目标下我国煤炭资源可供开发量预测

生产煤矿剩余可采储量、在建煤矿设计可采储量、勘查区勘探煤炭资源储量三者之和，为煤炭资源可供开发量。

全国生产煤矿、在建煤矿、关闭煤矿占用煤炭资源储量 4854.16 亿 t，其中生产煤矿占用煤炭资源储量 3052.75 亿 t，剩余设计可采煤炭储量 1811.10 亿 t；在建煤矿占用煤炭资源储量 1615.19 亿 t，设计可采煤炭储量 893.22 亿 t；关闭煤矿占用煤炭资源储量 186.22 亿 t。

全国煤炭勘查区探获煤炭资源储量为 5845.09 亿 t，其中勘探煤炭资源储量为 1915.9 亿 t；详查煤炭资源储量为 1224.23 亿 t；普查煤炭资源储量为 2464.89 亿 t；预查煤炭资源储量为 240.07 亿 t。

碳中和目标强化生态约束、安全约束和政策约束，煤炭资源可供开发量下降。

仅考虑生态约束和安全约束两大因素，煤炭资源可供开发量=生产煤矿剩余可采储量 + 在建煤矿设计可采储量+勘查区勘探煤炭资源储量 – 碳中和目标下生态约束量 – 碳中和目标下安全约束量=4654 亿 t，如图 4-4 所示。

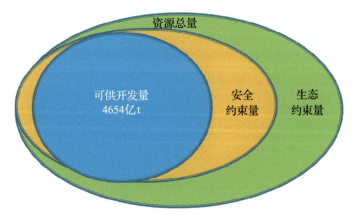

图 4-4　碳中和目标下煤炭资源可供开发量示意图

其中在产煤矿可供开发资源量约为 2442 亿 t。同时根据各区现有煤炭科学产能资源量占比系数测算,现有煤炭科学产能可供开发资源量约为 3258 亿 t,其中在产煤矿可供开发资源量约为 1710 亿 t。

4.4 碳中和目标下煤炭科学产能规模分析

4.4.1 黄河流域煤炭科学产能规模预测

现有煤炭科学产能 25.99 亿 t/a 中,黄河流域 8 省区的煤炭科学产能达到 22.01 亿 t/a,见表 4-13。按目前的技术水平,各省区现有煤炭科学产能规模短期内可维持,其中河南、山东两地由于部分科学产能矿井资源接近枯竭,未来 5～10 年将逐步关闭退出,导致已有科学产能规模小幅减少。对于新增煤炭科学产能,根据黄河流域各煤炭资源区的资源可用量估算结果,内蒙古、陕西和山西的资源开采潜力最大,且资源赋存条件相对简单,水资源和生态环境本底条件较好,有利于煤炭科学产能的形成,将成为主要的煤炭科学产能新增区域。预测黄河流域各省区 2025 年、2030 年、2035 年煤炭科学产能规模见表 4-9。

表 4-9 黄河流域各省区煤炭科学产能规模预测(亿 t/a)

省区	2019 年	2025 年	2030 年	2035 年
青海	0.01	0.16	0.08	0.04
甘肃	0.16	0.37	0.38	0.32
宁夏	0.56	0.63	0.59	0.62
内蒙古	6.74	9.31	9.14	8.87
陕西	3.46	5.16	4.66	4.12
山西	8.71	8.62	8.45	8.13
河南	1.03	0.59	0.53	0.28
山东	1.34	0.57	0.52	0.32
合计	22.01	25.41	24.35	22.70

按现有技术水平,到 2025 年预计黄河流域煤炭科学产能增至 25.41

亿 t，其中，河南、山东两地煤炭科学产能规模下降。随着产能的增长，除山西煤炭科学产能规模小幅减小，其余 5 省区煤炭科学产能规模均有不同程度的增加。到 2030 年，黄河流域煤炭科学产能为 24.35 亿 t/a；到 2035 年，随着煤炭需求总量的降低，煤炭总产能持续减少，黄河流域煤炭科学产能减小至 22.70 亿 t/a，其中，河南、山东两省资源持续萎缩，煤炭科学产能规模进一步减小，其余 6 省区煤炭科学产能规模变动不大，其增长主要来源于产能置换矿井。

4.4.2　其他区域煤炭科学产能规模预测

其他区域现有煤炭科学产能 3.98 亿 t/a。新疆、贵州两地资源潜力较大，未来产能提升空间较大，因此两地煤炭科学产能规模将进一步增长；由于服务年限和开采深度加深等，河北现有煤炭科学产能进一步萎缩。东南区、西南区、东北区等地区的大部分煤炭资源都已接近枯竭，到 2035 年煤炭科学产能规模均将进一步缩小。其他区域各省市区煤炭科学产能规模预测见表 4-10。

表 4-10　其他区域各省市区煤炭科学产能规模预测(亿 t/a)

省市区	2019 年	2025 年	2030 年	2035 年
北京	0.00	0.00	0.00	0.00
天津	0.00	0.00	0.00	0.00
河北	0.59	0.21	0.13	0.06
辽宁	0.13	0.08	0.04	0.03
吉林	0.10	0.07	0.04	0.02
黑龙江	0.28	0.15	0.12	0.06
江苏	0.16	0.09	0.08	0.06
安徽	1.20	0.59	0.58	0.46
福建	0.00	0.00	0.00	0.00
江西	0.00	0.00	0.00	0.00
湖北	0.00	0.00	0.00	0.00

续表

省市区	2019 年	2025 年	2030 年	2035 年
湖南	0.00	0.00	0.00	0.00
广西	0.00	0.00	0.00	0.00
重庆	0.00	0.00	0.00	0.00
四川	0.28	0.20	0.16	0.09
贵州	0.81	0.83	0.83	0.75
云南	0.28	0.16	0.16	0.15
新疆	0.16	1.62	1.99	2.52
合计	3.98	3.99	4.13	4.20

4.4.3　碳中和目标下煤炭科学产能规模预测

按现有技术水平，预测到 2025 年、2030 年、2035 年，我国煤炭科学产能规模分别达到 29.40 亿 t/a、28.48 亿 t/a、26.90 亿 t/a。碳中和目标下，满足不同阶段煤炭高质量供应对煤炭科学产能的需求，需强化煤炭科学产能的支撑能力，考虑技术进步加快提升煤炭科学产能等影响因素，煤炭科学产能规模较现有技术水平下的规模将有所提升。预测 2025 年、2030 年、2035 年我国煤炭科学产能规模分别为 32.00 亿 t/a、33.12 亿 t/a、31.92 亿 t/a，对我国煤炭需求的支撑能力分别达到约 80%、90%、95%。

4.5　碳中和目标下煤炭科学产能支撑能力分析

4.5.1　评估模型

根据煤炭资源采出率，结合地质资源相关数据，构建煤炭资源可供开发时间评估模型，计算公式如下：

$$T = \frac{BR_{\mathrm{s}}}{C}$$

式中：T 为可供开发时间，a；B 为可供开发资源量，亿 t；R_s 为煤炭资源采出率，%；C 为煤炭产量，亿 t/a。

4.5.2　数值选取

1. 碳中和目标下煤炭可供开发资源量取值

将煤炭资源可供开发时间评估模型中的可供开发资源量(B)取值为我国煤炭资源可供开发量预测值 4654 亿 t。根据 4.3 节的估算，现有煤炭科学产能可供开发资源量约为 3258 亿 t，其中在产煤矿可供开发资源量约为 1710 亿 t。

2. 煤炭产量取值

从我国历年煤炭生产情况来看，2002～2013 年我国煤炭产量增长率维持在 2%左右，2014～2016 年煤炭产量有所下降，2017 年以来煤炭产量重回上升趋势(图 4-5)。随着我国碳达峰碳中和目标的约束加强，未来煤炭消费量难有大规模增长空间，煤炭消费进入平台期，预计未来

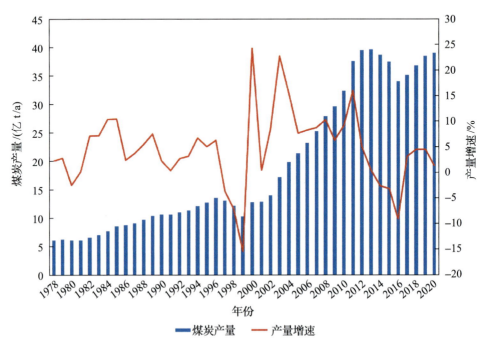

图 4-5　1978 年以来我国煤炭产量情况

相当长一段时间我国煤炭产量将在 35～42 亿 t/a，以满足经济社会发展用能需求。因此，将煤炭资源可供开发时间评估模型中的煤炭产量(C)按不同时段分别进行取值。其中科学产能水平的煤炭产量按科学产能发展规模进行取值。

4.5.3　测算结果

将煤炭资源采出率、煤炭可供开发资源量和煤炭产量等相关数据代入煤炭资源可供开发时间评估模型，得出现有技术水平下我国煤炭资源可供开发时间为 30 年。将碳中和目标下科学产能相关数据代入模型测算，得出未来我国煤炭科学产能可供开发时间为 35 年。

4.5.4　结论分析

结合可供开发资源量、资源平均采出率、年产量及可供开发时间等估算结果，对现有技术水平和科学产能水平下的煤炭需求评估，如图 4-6 所示。

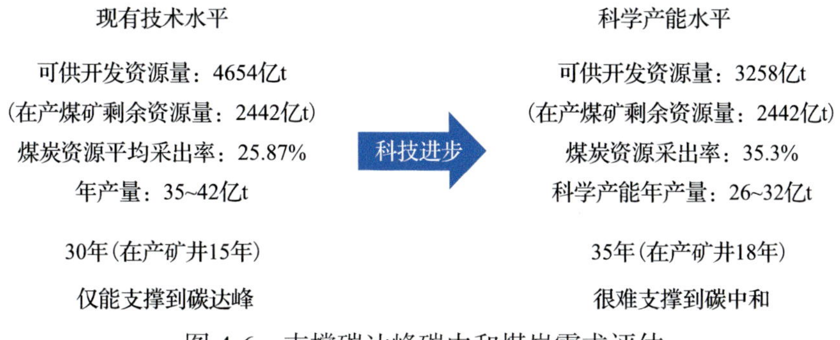

现有技术水平		科学产能水平
可供开发资源量：4654亿t		可供开发资源量：3258亿t
(在产煤矿剩余资源量：2442亿t)		(在产煤矿剩余资源量：2442亿t)
煤炭资源平均采出率：25.87%	科技进步	煤炭资源采出率：35.3%
年产量：35~42亿t		科学产能年产量：26~32亿t
30年(在产矿井15年)		35年(在产矿井18年)
仅能支撑到碳达峰		很难支撑到碳中和

图 4-6　支撑碳达峰碳中和煤炭需求评估

从测算结果可以看出，如果只考虑在产煤矿符合碳中和目标的剩余资源量，按照现有技术水平，可满足我国煤炭产量需求 15 年左右；通过提高科学产能水平，提高煤炭资源采出率等，可延长 3 年时间，达到 18 年，也仅能支撑到碳达峰时经济社会发展对煤炭的需要，难以支撑到碳中和。

因此，迫切需要加大符合科学产能要求的煤炭资源勘探力度，摸清煤炭科学产能的资源量。统筹考虑碳中和目标下煤炭资源量、赋存条件、生态红线等多种因素叠加的煤炭科学产能规模。以新疆、内蒙古、山西等为重点，谋划煤炭科学产能支撑基地布局。建立健全煤炭科学产能的战略储备、产能储备、产品储备体系和以煤炭科学产能为支撑的柔性供给能力。加大绿色开采关键技术攻关，以技术为抓手，提高煤炭科学产能保障能力，支撑煤炭碳中和目标实现。

第5章 碳中和目标下煤炭面临的挑战和机遇

我国曾多次出台政策措施减少煤炭消费，但效果均不明显。经济社会发展对煤炭的持续需求，推动了煤炭行业被动式超负荷运行。而碳达峰碳中和目标任务不同于以往政策措施，其周期更长、力度更大，将对煤炭行业产生超过以往的影响。正确认识和把握碳中和目标对煤炭的挑战和机遇，及早变革煤炭生产和消费方式，优化产业结构布局，推动煤炭真正担负起碳中和目标下构建清洁低碳安全高效能源体系的"稳定器"和"压舱石"作用。

5.1 碳中和目标下煤炭面临的挑战

5.1.1 煤炭消费减量导致煤炭行业发展空间受限

碳达峰碳中和目标要求逐步减少煤炭开发利用碳排放，直至实现零碳排放，甚至负碳排放。煤炭开发利用自身通过工艺优化、节能降耗等措施，虽然可在一定程度上减少碳排放系数，但是很难实现零碳排放，需要 CCS/CCUS 等技术实现碳减排。但 CCS/CCUS 的技术成本也将附加到煤炭消费上，影响煤炭消费的经济性[98]，导致煤炭消费减量。低成本 CCS/CCUS 技术大规模应用前，煤炭利用经济性随碳价格升高而降低，煤炭消费将由增量下降向存量减少转变[99]。

碳达峰碳中和目标任务正在由战略目标转化为指导经济产业发展的具体措施。可以预期，未来推动碳达峰碳中和将更加理性，会更多通过用能权交易、碳交易等市场化的手段，全国一盘棋循序渐进地推进，而不是针对某一具体行业或细分领域的"点穴式"行政措施强制产能退出。理性发展环境下，对煤炭行业的影响将是一个逐步加深的过程，煤炭消费减量也将是一个循序渐进的过程，但不会根本改变煤炭消费长期减量的发展格局。

煤炭行业是以煤炭开采、洗选为主的组织结构体系，聚焦于煤炭开发环节。煤炭开采、洗选因消耗煤炭、油品等化石能源，有少量的 CO_2 排放；因采动改变煤层压力，析出煤层中的甲烷(称为煤层气或瓦斯)，有一定量的甲烷排放。从煤炭开发利用全过程排放特征来看，煤炭开发环节碳排放量占煤炭开发利用碳排放量的不到 10%[100]，与电力、钢铁、建材、化工等煤炭利用行业相比，碳中和目标对煤炭行业的直接影响较小，更多的是通过影响煤炭的竞争力，影响煤炭消费量，进而影响煤炭行业的产能需求和生产规模[101]。煤炭消费逐步减量，也将导致煤炭行业发展空间受限。

5.1.2 新能源大比例接入要求提高煤炭供应柔性

碳中和目标下，风、光等可再生能源发电并网比例将逐步增高，而可再生能源本身具有不稳定性，电力调峰需求增加，带动煤炭需求波动加大。同时，油气对外依存度居高不下且地缘政治复杂多变，我国油气供应安全面临严峻挑战，要求煤炭充分发挥在平衡能源品种中的兜底保障作用，将进一步加大煤炭需求波动。

特别是随着经济进入中速增长阶段，经济发展对能源需求减弱，未来煤炭生产不是越多越好，而是需要时可快速启动生产，不需要时可低成本保持生产能力，实现柔性供应。产能可低成本宽负荷调节的柔性矿井将替代当前高产高效矿井成为未来煤矿建设的新形式[102]。国家部委和主要产煤省份正在大力推进煤矿智能化建设，云计算、大数据、物联网、移动互联网、人工智能等新一代信息技术在煤矿的应用，将逐步推动柔性矿井由概念、框架变为现实，实现煤炭订单式生产。

5.1.3 零碳排放要求颠覆现有煤炭利用方式

以燃烧为主的现有煤炭利用方式，不可避免地产生 CO_2，碳中和要求采用零碳/负碳的煤炭利用新方式，颠覆传统工艺技术不可避免产生 CO_2 的固有特性，实现煤炭利用的零碳排放。例如，固体氧化物燃料电池技术，在电池组内对 CO_2 催化、转化、矿化再能源化，实现循环利用、零碳排放[103]。然而，这些技术还处在原理验证、小规模实验阶段，短期内尚难以适应碳达峰碳中和的要求。应加大科技投入，加强科技资源整合，加快推进煤炭开发利用颠覆性技术攻关，探索节能低碳型煤炭开采方法、煤炭原料化材料化利用原理与机理、煤炭与新能源耦合利用原理、"清洁煤炭+CCUS"新原理等，研发废弃煤矿地下空间碳封存[104,105]、CO_2矿化发电[106-108]、CO_2制化工产品[109,110]、与矿区生态环保深度融合的碳吸收等新型用碳、固碳、吸碳技术与装备，破解煤炭行业低碳发展的"卡脖子"技术问题。

5.2　碳中和目标下煤炭面临的机遇

回顾煤炭行业的发展历程，经济社会发展带动能源消费快速上升，资金、技术、人力、政策等生产要素不断在煤炭行业积聚，推动煤炭行业长期负载运行，超负荷生产，低端粗放式发展。碳达峰碳中和目标促使煤炭消费减量，带动煤炭消费比重下降，给煤炭行业带来发展空间受限的严峻挑战，也为煤炭行业留出降低生产规模、提升发展质量的时间和空间，给煤炭行业带来转型升级的机遇。碳中和目标下，我国煤炭行业将迎来三大机遇[13]。

5.2.1　实现煤炭高质量发展的机遇

煤炭行业 70 年负载运行，超负荷生产，为经济社会发展贡献了 925 亿 t 煤炭产品，在支撑经济社会快速发展的同时，也带来了一系列严重的问题[111,112]。煤矿基本建设欠账较多，加上一些煤矿高负荷甚至超能力生产，安全生产事故时有发生。井下工程和采空区规模超出地质承载力，严重破坏了地下水系，造成大面积地表沉陷和植被破坏。

煤炭行业专家早在 20 世纪末就提出推进煤炭行业高质量发展的愿望，根据地质条件、技术水平建设科学产能，煤炭产量控制在合理规模。钱鸣高院士提出，如果在地质条件好的情况下同样产出 10 亿 t 煤，中美百万吨死亡率差不多[113]。但是油气、可再生能源上不来，我国的煤炭产能就必须扩大到 30 亿 t，必须开采地质条件不好的 20 亿 t，因此问题就出现了。为了满足高产能的要求，煤炭行业做出了巨大努力，1/3 依靠适应国情的新技术和世界一流的煤矿，1/3 依靠一般技术的煤矿，而另外 1/3 则依靠技术水平低、安全差的煤矿[114]。钱鸣高院士研究认为，按照目前煤炭行业的技术水平，我国煤炭产量在 25 亿～30 亿 t 比较合适。

煤炭行业管理部门早在 1998 年就提出以煤为基，重视开发新能源和可再生能源，改善能源结构[115]，并给出了具体路径：以电力为中心，以煤炭为基础，积极开发油气，调整能源结构，重视开发新能源和可再生能源，提高能源利用效率和节约能源，走优质、高效、洁净、低耗的能源可持续发展的道路；依靠科技进步，改善能源结构，促使资源利用优化是我国能源战略的核心问题，也是保证能源、经济与环境协调发展的基本途径。为保证煤炭行业高质量发展，钱鸣高院士等提出煤炭科学开采和绿色开采理念[116,117]；谢和平院士等提出煤炭科学产能的目标、内涵及定义以及评价指标体系，以识别和评价煤炭科学产能[99,100]。科学产能的理念已被广泛接受，但是建设步伐不及预期。

碳达峰碳中和目标下，煤炭行业可放下产量增长的包袱，回归到合理规模，走科学产能之路，走自己的高质量发展之路，为煤炭行业回归高端发展提供了难得机遇。煤炭行业需要尽快从扩大产能产量追求粗放性效益为第一目标的增量时代，迈向更加重视生产、加工、储运、消费全过程安全性、绿色性、低碳性、经济性的存量时代，快速提升发展质量。

5.2.2　煤炭升级高技术产业的机遇

2015 年以来，积极把握经济社会发展的态势，煤炭行业主动提出煤炭革命、自我革命。从思想上，重新认识自我、自我变革，主动适应国家经济高质量发展的趋势，主动满足人们对美好生活的环境要求，主动迎接世界能源发展变革的挑战，提出煤炭革命理念，即革煤炭粗放开发的命，革落后产能的命，革污染排放的命[118]。从理念上，推进煤炭开发利用一体化、矿井建设与地下空间利用一体化、煤基多元清洁能源协同开发和煤炭洁净低碳高效利用[119]。从目标和蓝图上，通过技术创新、理念创新实现零生态损害的绿色开采、零排放的低碳利用，建设多元协同的清洁能源基地[120]，实现采掘智能化、井下"无人化"、地面"无煤化"[121]，推进煤炭成为清洁能源，使开发是绿色的，利用是清洁的；煤矿成为集光、风、电、热、气多元协同的清洁能源基地；煤炭行业成为社会尊重、人才向往的高新技术行业[122,123]。从技术路线上，分智能化无人开采、流态化开采、地下空间开发利用、清洁低碳利用四大领域，提出升级与换代、拓展与变革、引领与颠覆三阶段、三层次的技术装备攻关清单[124]。从攻关重点上，提出煤炭资源深部原位流态化开采的定义、内涵、关键要素[125-127]，系统阐述了深部原位流态化开采构想、基础理论和关键技术体系，并给出了核心颠覆性技术构想[128-130]。

　　煤炭革命理念已获广泛认可，许多高校、科研院所已开始研究，一些研究团队取得了一定进展，但尚未取得重大突破。深圳大学提出了一种可适用于现场施工的固体资源流态化开采新方法——迴行开采结构及方法，进行深部煤炭资源流态化开采时只需布置一个水平大巷和一个流态化资源井下中转站，不需要建设用于煤炭提升、运输的井巷[131]。中国矿业大学提出了钻井式煤与瓦斯物理流态化同采方法，通过地面钻井对突出等煤层实施高压射流原位破煤，碎煤颗粒以流态形式输运至地面，同时涌出的瓦斯经钻井抽采利用，并将地面固废材料回填至采煤空穴，实现近零生态损害的煤与瓦斯协同开采，颠覆传统的煤炭井工开采模式[132]。碳达峰碳中和目标倒逼煤炭行业改变过去几十年引进-消化-吸收-再创新的路径延续式创新模式，煤炭行业将迎来实现颠覆性创新的机遇，可以集聚优势创新资源，轻装上阵主攻技术装备，早日成为高精尖技术产业。

5.2.3　煤炭与新能源融合发展的机遇

　　煤炭与可再生能源具有良好的互补性。煤炭的主要利用方式是发电，可再生能源的主要利用方式也是发电，燃煤发电与可再生能源发电优化组合，可充分利用燃煤发电的稳定性，为可再生能源平抑波动提供基底,规避可再生能源发电的不稳定性;利用可再生能源的碳中和能力,为燃煤发电提供碳减排途径,在很大程度上减轻单纯燃煤发电的碳减排压力。除了电力外,煤炭与可再生能源在燃烧和化学转化方面的耦合,也逐步形成模式,突破了一系列技术,为煤炭与可再生能源深度耦合提供了良好基础。

　　煤矿区具有发展可再生能源的先天优势。煤矿区除了丰富的煤炭资源,还有大量的土地、风、光等其他资源[133]。我国目前已有及未来预计新增的采煤沉陷区面积超过 6 万平方千米[134],可为燃煤发电和风、光发电深度耦合提供土地资源。煤矿井巷落差大,可用于抽水蓄能,为可再生能源调峰[135,136]。我国煤矿井巷和采空区形成的地下空间大,体积超过 156 亿 m^3,且有不少的残煤[137]。残余煤炭 CO_2 吸附能力强[138],有利于井下碳吸附、碳储存。此外,井下温度较高且稳定,可发展地热开发利用技术。过去很多年,煤炭企业发展新能源基础弱,也没有动力、决心,碳中和目标倒逼煤炭企业主动发展新能源,进入新能源主阵地。可以充分发挥煤矿区优势,以煤电为核心,与太阳能发电、风电协同发展,构建多能互补的清洁能源系统,将煤矿区建设成为地面-井下一体化的风、光、电、热、气多元协同的清洁能源基地。

第6章 煤炭碳中和战略与科技创新路径

煤炭既要坚定不移地承担国家能源安全稳定供应的兜底保障任务，又要坚定不移地落实碳达峰碳中和目标任务。煤炭相关基础研究和技术储备不足，短期内还未能展现碳减排碳中和的潜力。应在深刻理解碳达峰碳中和目标要求和准确把握我国能源消费需求的基础上，科学谋划、系统布局，提出符合实际、切实可行的煤炭碳中和发展目标、路线图、施工图，并重点推进碳中和"技术为王"的科技创新，加大加快煤炭开发利用减碳、用碳、固碳、零碳、负碳等技术研发应用，探索出全新的、可行的煤炭碳中和路径。

6.1 煤炭碳中和战略蓝图与发展战略

6.1.1 煤炭碳中和战略蓝图

综合碳中和目标、国家能源安全、经济运行应急三大要求，立足我国国情实际，坚持系统观念，统筹煤炭低碳发展和能源保供，准确把握减碳与发展、减碳与安全的关系，正确处理短期和中长期的关系，科学谋划"能源安全兜底、绿色低碳开发、清洁高效利用、煤与新能源多能互补"四大战略方向，实施"矿区风光火储用一体化发展""矿山光伏+第一产业协同发展""矿区新能源与煤炭清洁利用耦合发展""矿区地上地下能源开发利用立体化发展""矿区 CCUS 与碳中和+光氢储互补发展""矿区地上地下立体式碳汇规模化发展"六大发展路径，推进煤炭企业建成"煤炭+CCUS"与风光电多能互补的清洁能源生产基地，煤矿区成为井下-地上资源一体化开发、立体化利用、零碳排放的碳中和示范区，煤炭行业成为煤炭少碳开发、零碳利用、固碳负碳技术突破发源地，支撑能源高质量发展和经济社会发展全面绿色转型。

(1)煤炭企业成为"煤炭+CCUS"与风、光、电多能互补的清洁能源生产基地：按需灵活产出煤炭、电力、氢能以及碳材料等，并实现井下巷道储能，平抑可再生能源波动，"煤炭+CCUS"与可再生能源互补，稳定供应多元化清洁能源。

(2)煤矿区成为井下-地上资源一体化开发、立体化利用、零碳排放的碳中和示范区：地下空间碳固化、碳封存，就地处置煤炭利用产生的CO_2；地面可再生能源利用，零碳排放；矿区植被形成碳汇，负碳排放。

(3)煤炭行业成为煤炭少碳、零碳、固碳和负碳技术突破的发源地：突破煤矿智能化低碳绿色开采、井下无人开采、流态化开采关键技术，形成煤炭开发利用少碳用碳技术体系、煤炭+多能互补的零碳负碳技术体系。

6.1.2　煤炭碳中和战略目标

2025 年，煤炭科学产能支撑能力显著增强，煤与新能源耦合发展模式初步形成，突破煤矿智能化低碳绿色开采与煤炭清洁高效低碳利用关键技术，形成煤炭开发利用少碳用碳技术体系。建成煤矿区 CO_2 封存、清洁煤电+CCUS 等示范工程；煤炭柔性生产和兜底保障能力大幅度提升，煤炭开发利用碳减排效果明显。

2030 年，建成煤炭科学产能支撑基地，煤矿全部实现科学产能。突破井下无人开采、近零排放及流态化开采关键技术，形成煤矿区煤炭+多能互补的零碳技术体系。建成煤矿区清洁能源基地示范工程，建立煤矿区碳自平衡示范区；煤炭实现智能绿色的柔性生产，煤炭开发利用碳减排取得显著成效。

2060 年，形成煤炭开发颠覆性技术体系，实现煤炭资源原位流态化开采，建设"煤电+CCUS"与多能互补零碳负碳示范基地；煤炭开发利用实现近零碳排放，并为我国碳中和贡献原创特色技术，成为我国碳中和技术策源地。

6.1.3　煤炭碳中和发展战略

满足碳达峰碳中和不同阶段高质量供应煤炭的需求，全面支撑新能源为主体的新型电力系统建设，推动构建以清洁低碳能源为主体的能源供应体系，全面实施"能源安全兜底、绿色低碳开发、清洁高效利用、煤与新能源多能互补"四大战略，见图 6-1。

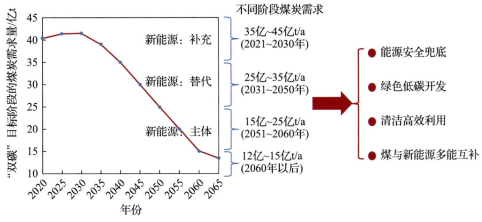

图 6-1　煤炭碳中和战略方向示意图

1. 能源安全兜底战略

相当长时间内，煤炭仍然是我国自主可控、具有自然优势的能源资源，是我国应对百年未有之大变局、确保能源安全稳定供应和国际能源市场话语权的根基，承担保障国家能源安全的重大责任。此外，全面支撑新能源为主体的新型电力系统建设，保障新能源受气候影响不稳定以及极端条件、特殊环境、突发事件下的煤炭需求，进一步要求强化煤炭兜住能源安全保障底线。要统筹全国煤炭供应保障与区域基本供应能力、短期保障供给与远期有序退出的关系，提高煤炭长期安全稳定供应能力。

一是加大晋陕蒙新地区煤炭资源以及东北、华东、中南等矿区深部煤炭资源勘查力度，提高资源勘探精度，为建设大型智能化煤矿提供基础。二是提高煤炭科学产能，实现由规模扩大的数量型增长向质量提升的效益型发展转变。三是建立煤炭产能柔性供给体系，建设一批应急保供煤矿。当水能、风能、太阳能等能源处于正常发电运行阶段，煤矿收缩产能、控制产量；当不能正常发电或能力不足时，煤矿释放产能、提高产量，发挥煤炭兜底保障作用。四是根据区域能源消费形势，准确把握煤矿关闭退出节奏，提高区域煤炭基本供应保障能力。

2. 绿色低碳开发战略

煤炭开发过程消耗的煤、油、气及电力、热力等产生的碳排放占煤炭开发利用碳排放总量的 10%左右。2020 年我国煤炭开发过程生产用能碳排放量 2.57 亿 tCO_2。多个煤炭企业生产实践表明，先进产能煤矿和煤矿智能化改造对生产用能碳减排效果明显。例如，山西某煤炭企业先进产能煤矿的煤炭开发环节碳排放因子为 $0.025tCO_2/t$ 左右，低于非先进产能的 $0.1tCO_2/t$；神东煤炭集团上湾煤矿建设的国内首个智能化选煤厂示范工程，生产效率提高 5%，年电力消耗减少 8%以上，年碳减排 $3000tCO_2$；山东能源集团转龙湾煤矿智能化改造后，每年可节能 1.48 万 tce，减少碳排放 4 万 tCO_2。在新能源替代方面，神东集团在各矿井建设太阳能浴水系统，以太阳能为主，空气源热泵和电锅炉为辅，保证浴水供应，年节能 8000tce；研发投用蓄电池无轨防爆胶轮车逐步替代柴油车，柴油年消耗量由 1.8 万 t 下降至 1.2 万 t。

2020 年煤炭开发过程煤矿瓦斯排放(碳排放)量占总排放量 56.7%。近年来，随着煤矿瓦斯抽采利用率提高，吨煤瓦斯排放量下降明显，未来煤矿瓦斯抽采利用是煤炭开发过程碳减排的核心内容。

我国煤炭开发过程碳减排潜力较大，亟需系统谋划，采取有效的措施。一是推广应用煤炭开发节能提效技术，实施余热、余压、节水、节材等综合利用节能项目，通过改善煤炭开发利用工艺、技术和系统性管理，提高煤炭开发过程的能源利用效率，减少能源用量。二是加快推进煤炭开发过程瓦斯排放控制与利用，研究煤矿煤层气(煤矿瓦斯)抽采全覆盖模式和关键技术，完善煤与煤层气共采关键技术体系，推广应用煤矿瓦斯抽采利用先进适用技术和装备，提高抽采和利用率。三是建设一批智能化煤矿和大型露天煤矿，提高先进产能，同时继续淘汰落后产能，形成以大型智能化煤矿为主体的煤炭生产结构。四是加快煤炭开发颠覆性技术创新，探索井下原位热解、流态化开采模式。

3. 清洁高效利用战略

2020 年煤炭在能源消费总量中的占比为 56.8%，煤电占总发电量 60%以上；煤炭利用碳排放占我国能源领域碳排放的 70%左右，占我国总碳排放量的 60%左右。煤炭清洁高效利用是实现碳达峰碳中和目标的关键领域。

研究开发和推广应用先进技术装备，促进煤炭全产业链清洁高效利用，有效降低煤炭消费碳排放强度。一是全面实施燃煤电厂节能及超低排放升级改造，建设超临界高效循环流化床机组和高参数百万千瓦超超临界机组，打造大容量、高参数、成本优、效益好的煤电一体化升级版，提高燃煤发电效率，减少煤炭用量。二是加大力度淘汰高煤耗的落后供热锅炉，推广应用高效煤粉工业锅炉，提高燃煤效率，最大限度降低煤耗；持续推动煤焦化、冶金、水泥、化工行业节能技术创新，最大限度降低用煤单耗。三是提高煤炭作为化工原料的综合利用效能，促进煤化工产业高端化、多元化、低碳化发展，积极发展煤基特种燃料、煤基生物可降解材料等。四是加快低阶煤分质分级利用，充分发挥低阶煤化学活性强的特性，获取油气资源，提高煤炭清洁高效利用附加值。

4. 煤与新能源多能互补战略

煤电通过超低排放改造、灵活性改造及合理规划，短中期可以在风、光等可再生能源规模比较小的情况下满足电力需求增长的需要；中长期大体量、高效率的燃煤发电机组可以在风电、光伏大规模接入后，成为电力系统备份、调峰和系统安全保障，以有效应对极端气候和紧急状况。

立足煤矿区自身特点和所在区位发展新能源的优势，基于煤炭与可再生能源的天然互补性，以煤电为核心，推进煤炭与可再生能源深度融合，构建多能互补的清洁能源系统，将煤矿区建设成为地面-井下一体化的风、光、电、热、气多元协同的清洁能源基地和零碳示范矿区。一是突破煤炭与可再生能源深度耦合发电、制氢、化工转化技术，充分利用煤炭的稳定性，为可再生能源平抑波动提供基底，规避可再生能源开发利用的不稳定性。二是利用可再生能源发电、制氢等，为燃煤发电、煤化工提供碳减排途径。三是在发展坑口清洁低碳煤电基础上，利用采煤沉陷区、排土场等条件协同开发光伏、风电、光热等可再生能源，打造"风光火储一体化""源网荷储一体化"开发模式，建设清洁能源示范基地。四是发展低成本的 CCS/CCUS 技术，研发和应用 CO_2 制甲醇等碳转化技术，以可再生能源电力支撑 CO_2 利用、固化、封存，为不能利用的 CO_2 提供最终解决途径。

6.2　煤炭碳中和重点任务

6.2.1　加大力度勘探符合煤炭科学产能要求的煤炭资源（资源保障）

探索应用国内外、行业内外先进勘探技术，进一步增强煤炭资源勘探手段和方法；明确重点勘探区域、精细勘探区域等，实施资源分类勘探，提高煤炭资源探明程度；加大新增符合科学产能条件的煤炭资源量勘查，提高煤炭科学产能资源接续能力。

6.2.2　建设煤炭科学产能全国支撑基地（产能保障）

统筹考虑煤炭资源量、赋存条件、生态红线划设等多重因素，建设山西、陕北、蒙东、蒙西、新疆五大煤炭科学产能支撑基地。统筹设计煤炭科学产能开发布局，一区一策制定超前对接战略，促进煤炭开发与区域经济社会协同发展。完善配套储运设施，提升煤炭储备和运输能力[107]，充分发挥煤炭科学产能支撑作用。

6.2.3　推进柔性煤炭科学产能建设（经济运行应急保障）

围绕煤炭产量需求波动幅度加大的新形势新要求，支持和鼓励云计算、大数据、物联网、移动互联网、人工智能等新一代信息技术在煤矿应用，推进可低成本宽负荷调节的无人柔性煤炭科学产能矿井建设，实现柔性生产，提高煤炭供应调节能力，为经济运行应急提供保障。

6.2.4　研究制定能源安全下的煤炭科学产能储备战略（国家能源安全保障）

科学研判可再生能源发展、地缘政治变化等复杂形势下，保障我国能源安全对煤炭科学产能的最大需求,研究制定能源安全下煤炭科学产能储备战略。统一规划支撑科学产能的煤炭资源调查评价、勘查和开发利用,建立安全可靠的资源储备、产能储备。着力布局一批煤炭科学产能国家级规划矿区,做好资源战略接续。按照煤炭资源-产能-产品三级储备最佳配比,逐步健全煤炭科学产能储备体系。

6.2.5　加快煤炭科学产能支撑力科技攻关(技术保障)

理清煤炭勘查、开发、利用碳减排相关技术的研究基础和攻关需求,筛选一批有自主知识产权、有较强产学研合作依托、有配套投入保障、有研发平台和人才队伍支撑的重点方向,集中资源予以立项支持。鼓励科研机构和企业联合开展绿色低碳开采各领域基础研究、前沿研究,提高煤炭科学产能关键核心技术攻关能力,支撑高水平的煤炭科学产能建设。

6.2.6　构建适应碳中和要求的多能互补的煤矿清洁能源系统(碳中和)

探索风能、太阳能等可再生能源制氢耦合煤清洁转化新路径,通过氢能从产业链上实现可再生能源与煤转化耦合,与煤化工的 CCS 集成,形成综合转化技术体系。探索聚光型太阳能发电与燃煤发电深度耦合,在保障太阳能发电效率的前提下尽量降低煤耗率、汽轮机热耗率、汽耗率,提升太阳能与燃煤互补效果。充分利用煤炭的稳定性和可再生能源的低碳/零碳排放优势,构建适应碳中和要求的多能互补的煤矿清洁能源系统。

6.3　煤炭碳中和科技创新路径

通过科技创新推进煤炭开发过程节能提效,提高煤矿瓦斯抽采利用率,探索低碳型煤炭开发颠覆性工艺技术,推动煤与新能源耦合发展,布局煤矿区 CO_2 捕集、利用与固化、封存技术,是煤炭实现碳中和的必然要求。

科技创新能够显著降低技术成本。以我国光伏发电为例,科技创新推动光伏组件更新换代速度不断加快，带动光伏发电成本快速下降。2007~2020 年，光伏发电度电成本累计下降 90%以上。当前煤电+CCUS、CO_2封存等技术成本高，通过持续的技术攻关与创新，未来技术成本有望大幅下降，实现经济可行。

6.3.1　煤炭保障能源供给安全的技术路径

1. 提高煤炭科学产能资源勘查精度

运用"空天地一体"的多种勘查技术，协同配合，相互验证，综合分析，推广应用遥感技术、快速精准钻探技术、高精度地球物理勘探技术、地质大数据技术等，研发透明地质保障技术与装备，提高煤炭科学产能所需的资源勘查精度。

2. 提高煤炭科学产能

充分运用物联网、大数据、区块链等新一代信息技术，推进煤矿智能化建设，研发智能化开拓规划与工作面设计、智能化巷道快速掘进成套技术、智能化综采工作面成套技术、智能化主/辅运输系统技术等，解决煤矿智能化技术"瓶颈"问题。研发采空区精准高效充填治理技术、煤与共伴生资源协同开发技术、矿井下"采、选、充"一体化开发技术等，防止或尽可能减轻采煤对地质环境和生态环境的不良影响，实现煤炭开采与生态环境保护的协调发展[139]。以智能化开采技术创新、绿色开采技术创新，支撑煤炭产能建设成为科学产能。

6.3.2　煤炭开发利用少碳用碳的技术路径

1. 研发推广煤炭开发节能提效技术

推广基于节能降碳的煤炭开采优化设计技术，在确保安全的条件下，严格按生产规模优化配置装备和能力，减少"大马拉小车"的能力浪费和能源消耗；研发应用智能变频永磁驱动等技术，提高掘进机、采煤机等大型矿用设备能源利用效率，减少能源用量；加快研发应用煤矿智能化和矿山物联网技术，攻克自适应割煤、煤岩识别、超前支护自动化、智能放煤、装备智能定位及路径规划等技术难题，减少不必要的功率损失和能源消耗；全面应用余热、余压、节水、节材等综合利用技术，使能源和材料再利用，间接减少能源消耗等。

2. 攻关煤矿瓦斯抽采利用技术

持续攻关低渗煤层抽采关键工艺技术，提高低渗煤层的煤层气渗出效率，解决煤炭生产过程中抽掘采在时间和空间上的匹配问题，推进煤矿区煤层气应抽尽抽；突破低浓度瓦斯提纯和利用的关键工艺技术，提高甲烷利用率和利用量，推进煤矿区煤层气(煤矿瓦斯)应用尽用，实现甲烷零排放；攻克废弃(关闭)矿井煤层气资源评价和抽采技术，推进关闭矿井甲烷高效抽采利用，减少甲烷通过煤矿巷道和地层裂缝向大气中逸散；加强大气级、场地级和设备级甲烷排放监测、统计、校验、模拟等基础技术研究，为煤矿甲烷排放监督和管理提供基础手段。

3. 加快探索煤炭低碳高效开发颠覆性工艺技术

当前的煤炭开采工艺和方法，从原理上不可避免地消耗能源和引起甲烷排空，必须加大探索颠覆性开采方法和技术，从原理上减少煤炭开采过程中的能源消耗和瓦斯排空，支撑煤炭开采节能降耗和低碳化。加快探索煤炭深部原位流态化开采理论和技术，攻克煤炭资源流态化迴行开采工艺、煤炭资源原位物理流态化工艺和技术、煤炭资源原位气化工艺和技术、煤炭资源原位液化工艺和技术等，推进煤炭资源以液体、气体及电能的方式从地下输出，实现煤炭资源的清洁低碳安全高效开发利用；突破煤与瓦斯物理流态化同采方法和技术，通过井巷工程共用、复用，降低单一煤炭或煤层气开采的能源消耗，推进低碳、低生态损害的煤与瓦斯协同开采。

4. 煤矿区 CO_2 捕集、利用与固化、封存技术

探索煤矿深部原位 CO_2 与甲烷制氢新原理和技术，将 CO_2 与甲烷转化为无碳的氢能；攻克 CO_2 矿化发电新理论与技术，在煤矿区实现 CO_2 能源化再利用和固碳；突破高效 CO_2 电化学捕集新原理新技术，实

现煤矿区煤炭利用低成本高效碳捕集;研究采空区 CO_2 封存原理与控制技术、煤炭开采与采空区 CO_2 充填协同方法,推进在适宜的煤矿区进行大规模 CO_2 封存。

6.3.3　煤与新能源多能互补的技术路径

1. 研发煤矿区煤与新能源耦合利用技术

通过化学转化、电力、热力等多种方式,可实现煤炭与太阳能、风能、水能、生物能、核能等新能源深度耦合发展。研发煤矿区地下水库电力调峰技术、煤矿区煤与太阳能光热耦合发电技术、煤矿区煤与风能耦合发电技术、煤矿区煤与地热能耦合发电/供热技术、煤矿区风能/太阳能制氢与煤清洁转化耦合技术、煤电+CCUS 与多能互补技术等,支撑煤与新能源融合发展。

2. 研究矿井地热资源再利用技术

地热能资源与煤炭资源赋存深度接近,煤炭行业向地热能资源开发拓展具有良好的基础。适应碳达峰碳中和目标,顺应国家能源结构调整趋势,把握煤炭行业向地热资源开发拓展的重要机遇期,以煤炭行业已有技术装备为支撑,开展矿井地热资源潜力评价、矿井多热源综合开采技术与装备、动态监测及智能调控技术与装备等地热关键技术攻关与装备研发,规划、改造、再利用新建矿井、生产矿井及废弃矿井,建成一批煤炭与地热资源多元开发利用示范工程。

3. 研发废弃矿井再利用技术

充分利用废弃矿井中的能源及空间资源,可建设分布式抽水蓄能电站,发展地下空间工业旅游,建设地下油气储存库;充分利用资源枯竭深大露天矿空间资源,可发展可再生能源利用,开展生态修复与接续产业培育等。研究遗留煤层气资源运移与动态聚积规律,攻克废弃矿井能源资源协同利用安全与风险评价技术、地下储库(储水、储油、储气等)库容探测与防渗技术等,开展废弃矿井遗留煤炭资源及可再生能源利用示范试点，支撑废弃矿井再利用。

6.3.4　煤矿区生态碳汇技术路径

充分发挥生态系统碳固定与碳蓄积功能，利用植被、土壤和水体碳汇主体，采取土壤碳库增汇、植被碳库增汇、地表塌陷修复增汇等措施，可将 CO_2 吸收并存储于煤矿区生态碳库中。研发碳汇功能提升、风险管控关键技术，以高效和新型的技术方法来充分挖掘煤矿区的生态碳汇潜能，提升土壤和植被碳汇储量的稳定性。攻克煤矿区生态碳汇管理关键技术，推进煤矿区碳汇工程和减排增汇，支撑建设煤炭开发零碳示范区。

第7章　煤炭开发利用碳中和技术体系

正在开展的和短期内预期开展的碳利用碳封存技术，很难实现煤炭开发利用中 CO_2 的完全处理处置。煤炭碳中和核心是从煤炭开发利用自身出发，围绕保障供应和碳中和双重目标，突破煤炭精准保供以及煤炭开发利用少碳、用碳、减碳关键核心技术，构建煤炭特色的碳中和技术体系，在保障煤炭稳定供给的同时，实现煤炭开发利用全过程碳减排。

7.1　煤炭精准保供技术

7.1.1　资源勘查与地质保障技术

煤炭资源勘查与地质保障作为贯穿整个煤炭产业开发全过程的基础性与重要性地质工作，是支撑煤炭安全高效、智能绿色开采和清洁低碳、高值转化利用的基础保障。我国煤炭赋存条件差、地质构造复杂、矿井灾害源类型多，影响煤矿智能绿色安全生产的地质因素众多。一些地质因素尺度小，具有隐蔽性、时变性、脆弱性等特点，精细探测和预警难度大，制约着煤炭的智能绿色开发。碳中和目标下煤炭精准保供对煤炭地质保障提出了更高要求，需要推进煤炭资源勘查与地质保障技术颠覆性创新和跨越式发展，为煤炭资源智能开采、绿色开采、深部开采及伴生资源协调开采提供精准支撑。

1. 煤炭绿色勘查技术

煤炭资源勘查是为矿区总体规划和煤矿建设而开展的资源勘探工作。绿色勘查是指以绿色发展理念为指导，通过运用高效、环保的方法、技术、设备等，在地质勘查各方面和全过程中避免、减少或控制对生态环境的影响，实现地质勘查和生态环境保护协同共进的新勘查模式[140]。

绿色勘查是一项系统工程，需要集成理论创新、综合采用多项技术来实现。煤炭绿色勘查技术涵盖煤炭绿色勘查理论、煤炭绿色勘查工程技术、煤炭绿色勘查标准体系、煤炭绿色勘查评价技术、煤炭绿色勘查恢复技术等，具体见图 7-1[141]。

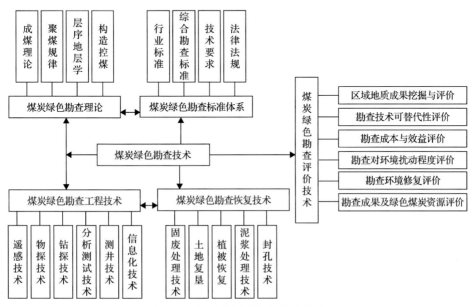

图 7-1　煤炭绿色勘查技术框架

绿色勘查技术是相对概念，并非狭义的运用高新技术，而是运用先进、成熟、经济、合理的勘查技术，综合运用"空天地一体"的多种勘查方法，协同配合，相互验证，综合分析，在勘查过程中注重环境保护，将环境影响降到最低。绿色勘查关键技术包括遥感技术、快速精准钻探技术、高精度地球物理勘探技术、地质大数据和生态地质保护与修复技术等[142]。未来通过运用大数据、互联网+等信息技术进行的"数据勘查""智慧勘查"将成为煤炭地质勘查重要发展方向。

2. 煤炭智能开采地质保障技术

煤炭智能开采是我国煤炭工业在新一轮科技革命下的战略选择，是实现煤炭安全高效绿色开发的必由之路。地质保障技术可有效探查隐蔽致灾地质因素,为煤炭智能开采提供准确可靠的地质数据支撑,保障煤炭精准智能安全开采。

我国煤炭地质保障技术取得了长足的进步,但相对于快速发展的智能化开采需求,仍存在地质探测精度不足、动态信息监测困难、信息融合不够等问题,需要在以往煤炭地质保障技术研究的基础上,突破高精度综合探测、一体化智能在线监测、工作面地质透明化、地质保障云平台等主要关键技术,逐步实现数据、信息、知识三层架构下的全息透明[143]。

高精度综合探测技术是煤炭智能开采地质保障的基础性技术,主要包括高密度全数字三维地震探测技术、井下槽波地震探测技术、定向钻探技术和孔中物探技术等。基于高精度综合探测技术,利用智能化仪器设备,采用多层级、递进式探测方法,通过地面勘探、井下探测、采掘揭露等手段逐级实现地质透明化[144]。一体化智能在线监测主要采用微震监测、电法监测、随采随掘智能超前探测等技术手段,依托光纤光栅传感器、高精度三维激光雷达等先进的动态监测技术及材料工艺,对各类致灾因素进行实时监测,对工作面内的空间环境状态进行获取。工作面地质透明化是一个不断深化和更新的过程,综合利用上述各种技术在煤矿生产各个阶段产生并收集到的多源数据,提取出可支撑煤炭智能开采的地质信息,逐步实现工作面地质透明化。工作面地质透明化技术流程,见图7-2。

随着煤炭智能开采对地质环境的透明精准需求,需要突破地层结构精细探测和灾害自动感知及预警等关键技术,开发高精度地球物理探测及多场反演成像技术、随采随掘精细探测技术、多场实时地质建模技术、动力灾害监测技术,研制随掘随采地震监测系统、雷达波岩层结构自动感知测量系统、多源场动力灾害智能预警系统等,形成适于不同地质条件的煤炭智能开采高效精准地质保障关键技术体系,实现煤炭智能开采智慧地质的目标。

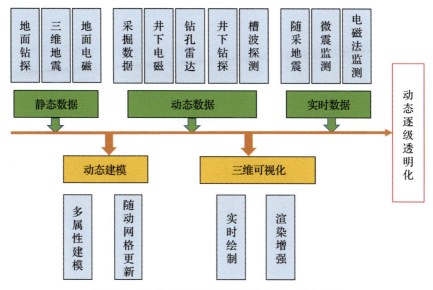

图 7-2　工作面地质透明化技术流程示意图

3. 深部矿井精准地质探测技术

随着新能源、新材料产业的快速发展，对三稀资源(稀土金属、稀有金属、稀散金属)、锂矿等需求大幅上升，浅表层矿产资源逐步减少，迫切需要将目标转向深部资源[145]。早在 2009 年中国科学院《创新 2050：科学技术与中国的未来》报告中提出"中国地下四千米透明计划"[146]。2016 年习近平主席在全国科技创新大会上指出"向地球深部进军是我们必须解决的战略科技问题"。浅部煤炭资源逐渐枯竭，中远期煤炭保供需要开发深部煤炭资源。深部资源精准地质探测是实现煤炭深部原位流态化开采技术革命的重要支撑。

深部煤炭资源勘探模式与浅层差异较大，技术难度进一步增大。浅层煤炭资源勘探以地面钻探为主，辅以地面物探等方法。深部煤炭资源勘探需要面对深部更复杂的环境、更多的目标参数，对深部资源采用钻探为主的勘探模式并不现实，需要从高精度的地震勘探、电磁法勘探、CT 扫描等新型勘探方法入手，逐步解决相关技术的应用，探索并建立一套深层煤炭资源综合探测的技术体系[147]。

在深部煤炭资源勘探的同时，还需要开展深井空间原位应力真值、地温梯度、渗透系数等参数的测量，了解区域应力场、地温场、渗流场、湿度场的规律，同时需要详细掌握地层局部的微观应力场、地温场、渗流场的规律，弄清它们的演化历史和形成机制，在此基础上建立以煤田、煤矿区和煤矿床为中心的深部原位应力场、地温场、渗流场、湿度场模型，为灾害预测、减灾、避免或防治灾害发生提供基础保障。

4. 煤系伴生资源勘探技术

近年来，煤系伴生资源的综合勘探备受重视。煤与多矿种资源伴生赋存，改变以往资源勘探目标单一的模式，需要研发多矿种资源协调勘探新技术，加强矿产资源综合勘查[148]。重点研发煤系多能源资源协同勘查技术、煤系气成藏条件与共探共采技术、西北地区煤炭资源与水资源协同勘查与评价技术、战略性新兴产业矿产勘查与评价技术等。

煤系多能源资源协同勘查技术。揭示煤-煤层气-稀有稀土金属-铀等煤系多矿种共伴生成因机制，探明煤系多矿种资源共伴生时空配置关系与赋存展布，建立我国煤系多矿种资源共伴生地质理论，查明煤-煤层气-稀有稀土金属-铀等煤系多矿种资源共伴生地质规律；实施综合勘查技术研发和先导示范工程，形成煤系多矿种资源协同勘查技术，建立典型盆地煤系多矿种资源综合勘查示范区。

煤系气成藏条件与共探共采技术。研究浅部薄互层及深部煤系气富集成藏规律，揭示煤系气富集的关键地质控制因素，建立具有普适性的成藏模式和资源潜力评价方法；形成煤系气甜点区段优选和多层合采优化技术，突破复合储层增渗改造技术；在揭示合采产层层间干扰机理的基础上，构建产能劈分技术，提出煤系气合层排采工作制度优化理论和方法；集合形成中国特色的煤系气共生-共探-共采基础理论和技术体系。

西北地区煤炭资源与水资源协同勘查与评价技术。查明西北大型煤田区域生态地质环境类型、浅表层-松散层及煤系地层结构和岩性特征，分析地表水与浅层地下水循环和水资源分布规律、地下水类型，构建典型煤田生态-水-煤系地层空间赋存结构模型；开展浅表层水系统水循环运移机理与水资源分布研究，建立区域浅表层水系统循环数值模型，揭示西北煤田区域浅表层水系统循环机理与水资源赋存规律；形成保水采煤理论、勘探技术和工程技术综合体系。

战略性新兴产业矿产勘查与评价技术。分析三稀资源供需状况、发展趋势；总结三稀资源金属成矿规律和共伴生赋存规律，明确三稀资源战略勘查及综合评价的重点矿种和重点地区；开展重要煤矿区稀有、稀土和稀散金属矿产远景调查和评价，圈定一批找矿靶区，发现一批新的矿产地，提供一批稀有、稀土、稀散金属矿产后备勘查和综合评价基地。

7.1.2　智能无人开采成套技术装备

煤矿智能化是煤炭工业高质量发展的核心支撑，智能化、无人化开采是建设煤炭智能柔性供给体系的战略方向[149,150]，是支撑煤炭开发减碳变革性技术取得突破进展的重要基础领域。

德国、美国、日本、澳大利亚等国家，基于在信息技术发展中的领先优势，超前部署煤炭数字化智能化技术，在矿山建设、生产管理、智能开采、工业互联网平台等领域发展很快[151]。近年来，我国加速推进煤矿智能化建设，截至 2021 年底，全国智能化采掘工作面达 687 个，其中采煤工作面 431 个，掘进工作面 256 个，并有 26 种煤矿机器人在煤矿现场实现不同程度的应用。但煤炭行业智能化发展水平整体仍处于示范培育阶段，在智能开采基础理论、智能地质保障、智能快掘、大型设备联动控制、智能感知与决策等领域存在技术短板，煤炭开发与物联网、云计算、5G 通信等新一代信息技术融合也亟须加强[152]。

智能无人开采需要突破精准地质探测、井下精确定位与数据高效连续传输、智能快速掘进、复杂条件智能综采、连续化辅助运输、露天开采无人化连续作业、重大危险源智能感知与预警、煤矿机器人及井下数码电子雷管等技术与装备，建立煤矿智能化技术规范与标准体系，形成煤矿开拓、采掘(剥)、运输、通风、洗选、安全保障、经营管理等过程智能化运行的成套技术装备。需要重点攻关采煤机自适应割煤和自主感知防碰撞系统、基于煤流量智能感知的协同联动系统、工作综机装备与超前支架联动系统等。研发综采设备的精准定位与导航技术、薄煤层和9m 以上超大采高可靠性采煤装备、综采设备群智能自适应协同推进技术与装备。

1. 危险源智能感知与预警技术

针对井下重大危险源智能监测与预警技术瓶颈,加强研发井下低功耗、高精度、多功能环境监测传感器,大力推进水、火、瓦斯、粉尘、顶板等灾害发生机理与防治技术攻关,有效提高围岩环境监测信息的可靠性及灾害预警的准确性。特别是加强对井下冲击地压、岩爆等围岩动力灾害发生机理的研究,研发智能灾害预警技术,实现井下灾害的智能监测、预警与防治系统的智能联动。

2. 智能化综采工作面成套技术

针对煤矿智能化存在的井下综采设备的实时精准定位与导航、采煤机自适应智能调高、煤壁片帮冒顶自适应智能控制、刮板输送机智能调斜、煤流量智能监测与协同控制等技术瓶颈,研发综采工作面三维扫描与地图构建技术,采煤机、液压支架、刮板输送机等综采设备的三维空间位置高精度检测和姿态精准感知技术,采煤机姿态感知技术与装置,综采工作面分布式多机协同控制技术与系统等。

3. 智能快速掘进关键技术

针对煤矿智能掘进面临的掘进单机装备完备性、可靠性和能力不足、掘进工序高效协同和掘进装备群的智能化协作技术欠缺等难题,重点研发掘进设备可靠性、巷道围岩状态在线感知、巷道围岩时效控制、低比能耗高效截割等智能掘进保障技术,攻克掘锚(探)一体化、自动截割、智能支护、掘进导航、远程集控等关键技术,建立涵盖边缘感知、平台决策、设备执行、远程运维 4 个维度的基于掘支运一体化技术的智能快掘系统。

4. 智能化主/辅运输技术

针对深部矿区的立井主提升系统存在自动化程度低、作业劳动强度大等问题，应用图像识别、永磁驱动、变频控制等技术，推进研发立井主提升系统的自动化、智能化技术与装备，实现井上下全煤流运输的无人值守与经济协同运行，大幅减少主运输系统作业人员数量、降低运输能耗。

5. 智能化洗选系统

目前已经将信息传感、视频监控等技术与洗选技术进行了初步融合，但洗选设备与工艺流程尚未实现智能化，需要加快推进洗选设备与工艺流程的智能化进程，实现重介质选煤装备的智能化、加药系统的无人化及洗选设备综合管理的少人化。

6. 智慧煤矿智能综合管理与应用平台

针对智慧煤矿建设的一体化感知、分析、决策、集中控制、展示等需求，加快构建开放、安全、数据易于获取和处理的智慧煤矿智能综合管理与应用平台，满足对煤矿底层子系统、传感器、智能设备等数据信息的无缝接入与深度融合处理，同时为上层应用业务模块提供数据共享与系统联动控制支撑。

7.1.3　低损绿色开采关键技术

1. 生态脆弱矿区煤层开采源头控制失水技术

研究工作面与疏水钻孔失水量精细动态预测技术，开发安全绿色精细控制疏水技术；分析煤层采动覆岩"永久/临时损伤区""地下水导水通道分布"，开发柔性遇水膨胀型注浆减渗材料，研发基于煤层顶板超前区域注浆的保水关键层修复与再造关键技术；开发基于地下连续墙、防渗膜的强富水强补给含水层的帷幕保护技术。

2. 采煤塌陷地裂缝减缓与顶板水疏放优化技术

研究煤炭开采全过程煤层覆岩、松散层、地表土壤结构变形破坏以及地下水和土壤含水率的变化特征；研究不同结构类型的表土替代材料的力学性能、保水特性及固沙性能；分析综采工作面的长度、宽度、推进速度、煤层厚度等因素与导水裂缝带发育高度的关系；开发塌陷地裂缝填埋、毁损地整治装备及工艺；基于孔组和单孔疏放水量、残余水头、影响半径等要素，构建疏放水效果定量化评价指标和判别准则，结合地下水优化管理模型给出顶板水疏放的优化技术和模式。

3. 采空区精准高效充填治理技术

研究采空区变形精确控制的基本原理，开发采空区参数化设计方法和程序；研究充填材料在输送端、充填端的细观与宏观运动规律，提炼其运动的控制因子，并反向优化全过程控制工艺，形成采空区精准高效充填治理技术与配套设备及工艺。

4. 星-空-地-井一体化的矿区生态环境监测系统

针对煤矿区地表环境类型多样、损伤动态、尺度跨度大的难题，研发星-空-地-井（卫星-无人机-地面-井下）"四位一体"监测手段，明确不同地表环境损伤因子、不同监测尺度的最优监测手段，突出地下采矿信息的先导作用，实现井上下立体全过程监测。

7.2 煤炭开发少碳用碳技术

7.2.1 煤炭开发节能提效技术

我国粗放的煤炭开发方式还没有发生根本性转变，与发达国家相比，我国吨煤生产能耗处于较高水平，约为发达国家的 4 倍，节能空间巨大。2020 年煤炭开发造成的碳排放量为 5.93 亿 tCO_2，其中生产用能碳排放量为 2.57 亿 tCO_2，占比达到 43.3%，见图 7-3。发展煤炭开发节能提效技术，能够大幅降低碳排放。煤炭开发节能要从工艺、技术、物资循环利用等方向达到全过程优化节能、全进程技术节能、全物资利用节能的目的，实现节能降耗目标[153,154]。

1. 推进先进适用的开拓布局和开采工艺

精确确定采煤区域，合理安排开采布局，尽可能简约采煤工序，消除或降低因安全、技术、经济和环境等制约因素造成的高耗能现象。合理选择井筒形式及布置，优选平硐开拓或斜井开拓。推广先进适用开采工艺，推广"一矿一水平一面"建设，简化煤矿生产系统。结合煤矿地质条件，大力推广"小(无)煤柱"开采工艺及沿空掘(留)巷技术，提高煤炭资源回收率。持续推进停采线优化、顶煤回收率提升技术应用。推进煤矿绿色开采技术应用，开展采充留一体化开采技术示范，试点建设充填开采系统。

图 7-3　煤炭生产过程碳排放特征

2. 煤矿智能化节能和矿山物联网技术

发展煤矿智能化节能和矿山物联网技术，推进煤炭开发系统性节能技术研究。重点攻克自适应割煤、煤岩识别、超前支护自动化、智能放煤、装备智能定位及路径规划等技术，在采煤机、掘进机、皮带机、刮板输送机、煤层气抽气机等设备中采用智能变频驱动等高效节能装备，减少不必要的功率损失和能源消耗。基于大数据、物联网、软件系统等矿山物联网技术，建立煤矿系统性智慧管控平台，实现对各种用电指标数据实时监控，并对耗能情况进行分析、统计和预测，实现自动、及时、准确、完整、安全地耗电量采集、存储和应用，提升能源利用效率，减少能源消费总量。

3. 低品位热能利用关键技术

煤矿井下开采环境特殊，在井下空气和水中储存了丰富的低温能源，一年四季其温度基本保持恒定，形成了储量巨大的可再生低温热源[155]，如矿井水余热、空压机余热、回风余热、瓦斯发电余热等。当前矿区低品位热能利用率较低，造成了巨大的能源浪费。未来伴随低品位热能分布式利用技术的突破，可逐步实现规模化发展。低品位热源发电是未来可选择的重要方向之一，包括有机朗肯循环（organic Rankine cycle，ORC）发电、卡琳娜循环发电、温差发电、热声发电等技术，需要重点攻关循环工质及关键单元设备、综合供能技术与系统装备等。

4. 构建矿区循环经济园区

循环经济（cyclic economy）是把清洁生产和废弃物的综合利用融为一体，以资源的高效利用和循环利用为目标，以"减量化、再利用、资源化"为原则，以物质闭路循环和能量梯次使用为特征，按照自然生态系统物质循环和能量流动方式精确运行的一种经济模式。

矿区循环经济园区建设可从煤矿层面、矿区层面和社会层面实现不同层次的循环，通过增环补链，构建起能量、物料的逐层减量利用，实现不同产业链条的闭路循环。我国煤炭系统的第一个循环经济园区——塔山循环经济园区，通过构建煤-电-热、煤-化工纵向产业链，以及煤矸石、粉煤灰、污水等资源利用横向产业链，形成了纵横交错的产业链网状结构，实现了产业共生和资源利用的最大化，见图7-4[156]。

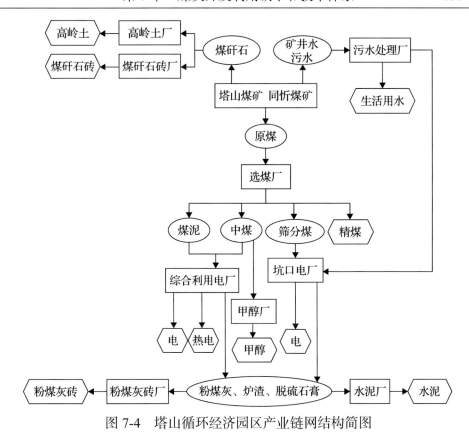

图 7-4　塔山循环经济园区产业链网结构简图

7.2.2　煤矿瓦斯抽采利用关键技术

减少甲烷排放是应对气候变化的重要途径之一。近年来，我国煤矿瓦斯(甲烷)抽采利用率不断提高，但抽采瓦斯直接排空的比例依然高达 50%。因此，持续加强煤矿瓦斯抽采利用技术的研发和应用，进一步提高煤矿瓦斯抽采率和利用率，是降低煤炭开发过程碳排放量的必由之路。

近年来，我国煤矿瓦斯抽采量显著提高，2020 年瓦斯抽采量达到 128 亿 m³，利用了 57 亿 m³，为保障煤矿安全生产、提高资源利用效率、减少温室气体排放做出了重要贡献。经过 60 余年的瓦斯抽采实践，我国煤炭企业陆续总结出一系列瓦斯抽采模式和技术，可概括为三种模式以及多种技术，见表 7-1[157]。

表 7-1　我国瓦斯抽采模式与主要技术

抽采模式	具体技术	适用条件	较早应用矿区	实施效果
先抽后采(未卸压瓦斯抽采)	巷道抽采	本层抽采	抚顺龙凤矿(1952 年)	我国早期的瓦斯抽采,现在很少使用
	顺层钻孔抽采(交叉钻孔)	本层抽采	抚顺(1954 年)、阳泉、天府、北票等	全国推广,但抽采量不稳定
	巷道穿层钻孔抽采	各类煤层及煤层群	阳泉(1957 年)、北票等	较好,在全国推广
	压裂抽采	高透气性煤层	抚顺(地面井,1976 年)、鹤壁(地下钻孔,20 世纪 70 年代)、晋城等	近年发展迅速,较好
随采随抽(卸压瓦斯抽采)	保护层开采的瓦斯抽采	煤层群、单一特厚高瓦斯煤层	中梁山(20 世纪 60 年代初)、抚顺、松藻、淮南、淮北等	好,全国推广
	高抽巷抽采	邻近层抽采	阳泉(20 世纪 70~80 年代)、盘江	好,但巷道工程量大
	顶板走向穿层(顺层)钻孔	采空区抽采	淮南(20 世纪 90 年代后期)、淮北、平顶山等	较好,全国推广
	巷道穿层钻孔抽采	各类煤层及煤层群	阳泉(1957 年)	较好,全国推广
	采空区埋管抽采	采空区抽采	高瓦斯矿井多有采用	部分较好
先采后抽(卸压瓦斯抽采)	地面钻井采空区抽采	新采空区或封闭较好的老采空区	铁法、晋煤、淮北、淮南、焦作、阳泉	较好
	采空区埋管抽采	采空区抽采	高瓦斯矿井多有采用	部分较好

　　当前煤矿瓦斯抽采利用的技术难点是生产矿井低浓度瓦斯快速分离与分布式高效利用、关闭退出矿井地面井抽采等[158]。其中,低浓度瓦斯快速分离技术重点研究高分离系数、低成本的新型膜材料,开发多属性复合膜法提浓技术及装备,研究高效能的吸收液以及溶液吸收分离

技术及装备等。分布式高效利用技术重点攻关甲烷富集器、预热催化氧化技术、催化逆流氧化技术、乏风瓦斯催化氧化燃烧燃气轮机、增碳燃气轮机、贫燃催化燃烧微型燃气轮机、混合燃料燃气轮机和辅燃燃气轮机等；以及关闭矿井煤层气资源评价及"甜点"优选技术和关闭矿井煤层气探测、开发技术及装备。

7.2.3　煤层 CO_2 安全封存关键技术

煤炭是 CO_2 的天然吸附剂,对 CO_2 的吸附能力约为甲烷的 2 倍[159,160],且煤层封存 CO_2 的同时可实现煤层气的高效采收,具有明显的经济优势。我国 1000m 以深的煤炭资源储量约占总储量的 53%,其中包含大量灾害严重煤层和不可采煤层,而且每年均有大量煤矿关闭退出,可为煤层碳封存提供源源不断的天然场所。据估算,我国埋深 300~1500m 以内煤层 CO_2 储存潜力约为 120 亿 t,因此煤层 CO_2 封存或将成为我国碳封存的主要途径之一。

自 20 世纪 90 年代初,世界各国陆续开展煤层 CO_2 封存探索,其中美国、加拿大先后于 1995 年、1997 年实施了煤层注入 CO_2 试验,验证了煤层大量储存 CO_2 的可行性[161,162]。我国也在 2002 年与加拿大合作在山西沁水盆地的 TL-003 井进行了注 CO_2 提高煤层气采收的微型先导性试验[163]。目前煤层 CO_2 封存仍处于探索示范阶段,商业化、规模化推广尚未开展。

CO_2 注入煤层会引起应力场的变化,进而可能引发井筒破裂、储层煤岩破裂、盖层破坏以及断层滑动等风险事故,煤层封存 CO_2 的安全风险不容忽视[164]。煤层 CO_2 封存安全影响因素见图 7-5[165]。

针对煤层 CO_2 封存安全问题,一方面需要深入研发地上-地下一体化的先进监测技术,同时针对煤层封存 CO_2 后地质体自身安全性,需要重点攻关煤层安全储碳机理与主控因素、煤层碳封存风险探测与安全评价方法、煤层碳封存全生命周期安全监测预警技术、煤层碳封存风险应对与应急处置规范等,争取早日实现煤层 CO_2 封存的规模化、商业化。

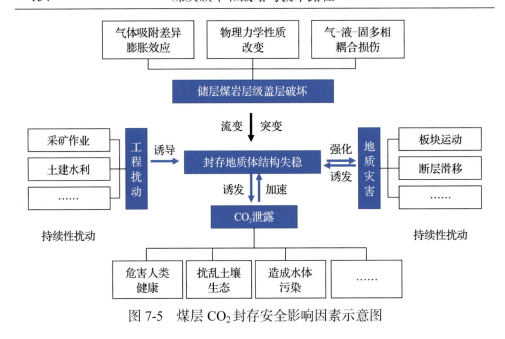

图 7-5 煤层 CO_2 封存安全影响因素示意图

7.2.4 煤炭开采扰动空间 CO_2 封存关键技术

常见的 CO_2 地下封存方式包括利用沉积盆地内深部咸水层封存、利用油气田封存、利用不可开采深部煤层封存等方式。与其他 CO_2 封存方式相比，煤矿采空区封存具有密闭空间巨大、工程量较小、封存工艺相对简单等优势；而且其他 CO_2 封存多以超临界状态处理为前提，普遍对地质特征及埋深条件要求高，而且侧重于用最少的 CO_2 注入量获取最大的油气水采出率，决定了其无法进行大规模的 CO_2 封存，因此利用煤炭开采扰动空间进行 CO_2 封存是一种重要的人工碳汇方式，也是未来实现矿区转型的有效途径。

煤炭开采扰动空间 CO_2 封存需要对地质盖层和封存载体进行研究，重点攻克地质盖层禀赋条件评价、封存载体物性特征研究、功能性封存空间构建等关键技术[166]，实现煤炭开采扰动空间 CO_2 的地下安全封存。

地质盖层禀赋条件评价技术。重点对中浅煤层扰动空间上覆地质盖层的完整性和气密性进行评价，结合采动裂隙带扰动影响范围分析，判识与评价煤矿采空区 CO_2 封存地质盖层的可行性与封存效果，进而通过储层空间再造、开采方式优化等手段创造良好的 "储+盖" 组合条件，实现煤矿开采扰动空间 CO_2 规模化封存。煤层扰动空间 CO_2 封存地质要素，见图 7-6。

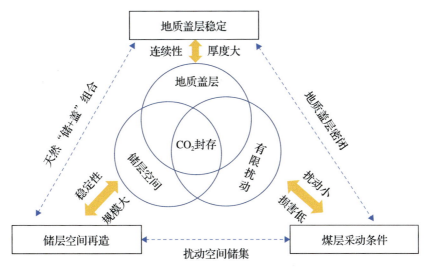

图 7-6　煤层扰动空间 CO_2 封存地质要素

封存载体物性特征研究。典型的 CO_2 封存载体主要有碎裂岩体、气化灰渣和多孔半焦层。通过将 CO_2 注入封存载体后发生物理、化学作用，以实现稳定封存 CO_2，见图 7-7。针对煤炭开采、地下气化及原位热解过程中形成的扰动空间特点，重点研究在煤层采空区碎裂岩体、气化灰渣及碎裂岩体、多孔半焦层进行 CO_2 封存技术实现路径。

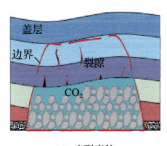 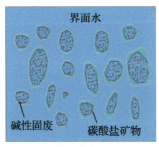 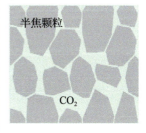

(a) 碎裂岩体　　　　(b) 气化灰渣及碎裂岩体　　　　(c) 多孔半焦层

图 7-7　煤层扰动空间的典型 CO_2 封存载体

封存空间构建技术。结合现阶段采煤工艺，探索采用开采-充填工艺沿工作面构筑强度大、韧性大、耐高温、密闭性强的"回"形功能性充填体，形成井工式煤热解/气化工作面或无煤柱回采工作面，为 CO_2 封存创造相对封闭的独立单元。

7.3　煤炭利用少碳用碳技术

7.3.1　先进灵活超超临界发电技术

火力发电技术一直以提升机组容量和蒸汽参数，进而提高机组热效率、降低污染物排放为目标。超超临界发电技术是指燃煤电厂将蒸汽压力、温度提高到超临界参数以上，实现大幅提高机组热效率、降低煤耗和污染物排放的技术。先进超超临界发电技术的核心优势在于高效、清洁以及技术的继承性，研发先进超超临界发电技术对我国在以煤为主的能源结构背景下如期顺利实现碳中和目标具有重要意义[167]。

美国是发展超临界火电机组最早的国家，目前拥有 9 台世界上最大的超临界机组，单机容量为 1300MW，正在进行用于新一代（760℃）超超临界参数机组的锅炉材料研究；欧盟也在积极开展 700℃超超临界发电、大容量超超临界循环流化床发电等技术研究。我国在更高参数的超超临界发电技术上起步较晚，在国家科技项目持续支持下，经过十余年的引进、消化和再创新，实现了超超临界发电技术的跨越式发展，整体上达到国际先进水平。

先进超超临界发电技术主要包括二次再热超超临界发电技术、大容量超超临界循环流化床燃烧发电技术、超超临界机组灵活性改造技术等。

1. 二次再热超超临界发电技术

二次再热超超临界发电是在一次再热机组的基础上重新加热高温蒸汽，即在超高压缸和高压缸设置二次再热回路，将出口蒸汽再次送入锅炉内高、低压再热器进行加热，提升蒸汽整个做功过程的平均吸热温度，提高发电效率。

德国、日本、美国是目前世界上投产二次再热机组最多的 3 个国家，我国在"十二五"期间，将二次再热超超临界发电技术确定为重点研究和开发项目，"十三五"期间相继在安源、泰州、莱芜、蚌埠、宿迁、句容投产运行 6 个二次再热机组。一般而言，主蒸汽温度提高 10℃，机组循环热效率提升 0.22%～0.25%；二次再热蒸汽温度提高 10℃，机组循环热效率提升 0.14%～0.17%。目前国内同样蒸汽参数的机组运行数据显示，二次再热机组的热效率比一次再热机组高 2%～3%。表 7-2 为超超临界机组主要参数对比情况。

表 7-2　不同水平机组主要参数对比情况

机组种类	蒸汽参数		设计热效率/%	设计发电煤耗/[g/(kW·h)]	设计供电煤耗/[g/(kW·h)]
	温度/℃	压力/MPa			
超临界 600MW	566/566	24.2	43.6	282	316
超超临界 600MW	600/600	25.0	45.4	271	288
超超临界 1000MW	600/600	27.0	45.7	269	284
二次再热超超临界 1000MW	600/620/620	31.0	48.0	256	266

2. 大容量超超临界循环流化床燃烧发电技术

循环流化床燃烧发电技术具有煤种适应性广、环保效益好、资源综合利用率高等优势，能够充分利用低热值煤资源、高硫无烟煤、煤矸石等劣质燃料，是理想的先进低碳发电技术之一。目前，我国已成为世界上循环流化床锅炉装机容量最多的国家[168]。2013 年，四川白马电厂超临界 600MW 循环流化床机组投产，蒸汽参数为 25.4MPa/571℃/569℃，该机组主要运行指标均达到国际先进水平。2019 年，贵州威赫和陕西彬长两台超超临界 660MW 循环流化床机组正式开建，将成为先进低碳发电技术示范项目之一。

近年来，为提高机组热效率，减少机组污染排放，国内已开展超超临界循环流化床锅炉科技攻关，参数设置分别为 26.25MPa/605℃/603℃和

29.4MPa/605℃/623℃。相对于超临界机组，超超临界循环流化床机组的主蒸汽流量、温度和压力均升高，由此引发的热力系统布置优化问题、水动力安全性问题、高温受热面壁温安全性问题以及低负荷再热蒸汽温度问题仍在探索之中。

随着"双碳"目标的提出，循环流化床燃烧发电技术将作为先进低碳发电技术之一，在我国逐步实现碳中和目标中发挥重要作用。大型化、高参数、燃料适应性广的高效超超临界循环流化床机组是未来发展方向，但仍需要解决燃料掺烧灵活性、机组深度灵活调峰及副产品综合利用等关键问题。

3. 超超临界机组灵活性改造技术

煤电机组的灵活性改造是缓解当前电力系统调峰能力严重不足、提升可再生能源消纳的关键途径，同时也是我国构建新型电力系统的必然要求。机组灵活性通常指适应出力大幅波动、快速响应各类变化的能力，主要指标包括调峰幅度、爬坡速率及启停时间等，其中降低最小出力，即增加调峰能力是目前最为广泛和主要的改造目标。丹麦、德国是欧洲火电灵活性改造的主要国家，满足不同出力比例下的改造技术情况(图7-8)，可实现的灵活性指标见表 7-3[169]。

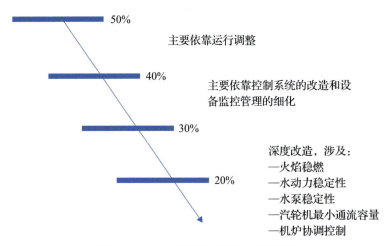

图 7-8　火电灵活性改造技术情况

表 7-3　德国、丹麦火电灵活性指标

电厂类型	爬坡率/(%/min)	最小出力/%	热态启动时间/h	冷态启动时间/h
硬煤火电	1.5/4/6	40/25/20	3/2.5/2	10/5/4
褐煤火电	1/2.5/4	60/50/40	6/4/2	10/8/6
燃气联合循环	2/4/8	50/40/30	1.5/1/0.5	4/3/2
燃气单循环	8/12/15	50/40/30	<0.1	<0.1

煤电机组的灵活性改造从技术层面说，需要在锅炉侧、汽轮机侧及控制和监测等方面进行技术改造优化，包括锅炉低负荷稳燃、宽负荷脱硝、供热机组热电解耦、控制与监测等关键技术。但当前制约机组灵活性改造的因素除技术外，电力辅助市场的不完善也是重要的制约因素。

7.3.2　新一代煤气化技术

新一代煤气化技术是煤炭洁净利用的关键技术之一，发挥煤炭气化龙头作用，利用气化产生的 CO_2 浓度高、温度高、压力大等特征，无须进行浓缩就可利用或封存，有利于实现低成本碳减排。

近年来，我国的煤气化技术逐步实现了自主化，涌现了一批先进适用的煤气化技术，极大地推动了我国煤炭的清洁高效利用和煤化工产业的发展，但是我国现有的煤气化技术和装备与国际先进技术相比仍有差距，仍需大力攻关新一代煤气化技术，如催化气化、加氢气化等关键技术[170]，并进一步在大型化、降低投资和运行成本等方面取得突破。

1. 煤催化气化技术

煤催化气化是在煤气化过程中添加催化剂调节气化反应性能和产物组成的气化工艺过程，主要目的是通过添加碱金属或过渡金属催化剂来降低气化温度、提高碳转化率。催化气化生成的合成气可缩短甲烷合成工艺流程，提高工业生产的经济性。随着我国大规模推进煤制天然气项目，煤催化气化技术越来越受到业界关注。

当前煤催化气化技术主要有美国埃克森美孚公司(Exxon Mobil Corporation)公司的流化床工艺，加拿大不列颠哥伦比亚大学的加压喷动床工艺、韩国科学技术院的导流管内循环流化床工艺、中国福州大学的溢流流化床工艺等。新奥集团自主创新研发了催化气化(一步法)煤制天然气技术，该技术将催化热解、催化气化、残渣气化燃烧三段反应器整合在一个多段流化床气化反应器内使用，如图7-9所示。该装置采用K_2CO_3作为催化剂，催化剂的回收率可达95%以上[171-173]。

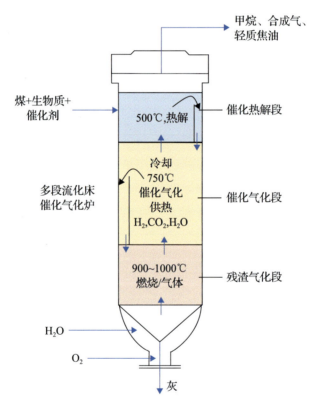

图 7-9　催化气化煤制天然气技术反应器示意图

当前，煤催化气化主要存在催化剂损失与补充的成本高、含碱灰渣灰环境风险、碱金属对气化炉有腐蚀性、反应器处理量小、催化气化的流化床操作稳定性需要进一步工业验证、气体分离的投资和操作成本高等问题，需要针对性开展原理和技术攻关。

2. 煤加氢气化技术

煤加氢气化技术是一定温度(800～1000℃)和压力(3～10MPa)条件下，依靠氢气对煤炭热解阶段释放自由基的稳定作用和气化阶段与半焦中活性的碳反应得到富含甲烷的煤气,同时富产高附加值的 BTX(苯、甲苯和二甲苯)和 PCX(苯酚、甲酚和二甲酚)的技术，一般用于直接生产天然气。与传统的煤先气化再合成天然气的两步法相比，煤加氢气化技术直接合成天然气具有流程短、投资成本低且热效率高(提高近 20 个百分点)等特点。

气流床加氢气化使用喷嘴将煤、氧气和氢气的混合物喷入气化反应器，需要预燃烧部分氢气供热，部分工艺采用气体循环的方式维持反应温度，因此气流床加氢气化主要需要解决的问题在于如何实现氧气与氢气混合、换热和循环。气流床加氢气化的工程难度非常高，还需继续深入研究。

3. 煤化学链气化技术

化学链气化(chemical looping gasification, CLG)指的是将传统的燃料与空气直接接触反应燃烧，借助载氧剂(一般为金属氧化物)的作用分解为两个串联反应，燃料与空气无须接触，由载氧剂将空气中的氧传递到燃料中，同时使金属回到初始状态完成化学链反应，反应通过控制晶格氧和燃料比率来获得目标产物 CO 和 H_2。与传统气化相比，节省了高昂的氧气制取成本，气化过程载氧体循环使用，具有催化作用以及更易于获取高品质产物等优势。

煤化学链气化系统通常设有煤反应器、氢气反应器和燃烧反应器三大部分，如图 7-10 所示，Fe 在三个反应器之间循环完成化学链传递的氧化还原反应，使碳的氧化和氢的还原在不同的反应器内发生，提高效率。目前煤的直接化学链气化尚处于实验室研究和验证以及工程模拟试验阶段，尚无工业化的实例。未来需要重点研发具有高载氧率、高转化率以及高循环利用率等特点的载氧剂，攻克可工业化、低成本推广应用的大型煤炭化学链气化关键装备等。

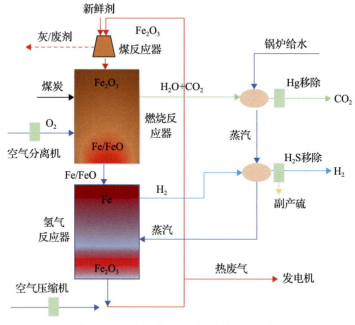

图 7-10　煤的化学链气化系统示意图

7.3.3　煤经合成气一步法制化学品关键技术

经典的合成气转化技术是20世纪20年代由两位德国科学家Fischer和 Tropsch 发明的，发展至今已经成为天然气制油(gas to liquid，GTL)、煤制油(coal to liquid，CTL)的关键技术，现可拓展至低碳烯烃、蜡等碳氢化合物及含氧化合物的合成中。然而，传统金属或金属碳化物催化的费-托过程受表面链增长反应的限制，产物碳数分布宽，如具有高附加值的低碳烯烃(乙烯、丙烯和丁烯)选择性低于 58%，汽油馏分选择性低于 48%，也不能直接合成芳烃[174]。煤经合成气一步法转化液体燃料和高值化学品技术，可突破传统过程的极限，实现煤气化合成气不需水煤气变换，一步高选择性合成目标化学品，可大幅减少水耗和能耗，降低 CO_2 排放，是煤炭高效利用的关键。

煤经合成气一步法转化液体燃料和高值化学品技术最具挑战性的核心是碳—碳偶联的精准调控，高性能催化剂(双功能催化剂)开发是目前的研究重点，在实验室已开发出多种高性能的双功能催化剂。中国科学院大连化学物理研究所提出的"纳米限域催化"新技术，借助微至"毫末"的纳米尺度的空间以及界面限域效应对催化体系电子能态进行调变，实现催化性能的精准调控，取得了"合成气转化高选择性制低碳烯烃"原创性基础研究成果。与陕西延长石油(集团)有限责任公司合作，在陕西榆林进行了煤经合成气直接制低碳烯烃技术的工业中试试验，世界上首套基于该项创新成果的千吨级规模的煤经合成气直接制低碳烯烃工业试验装置取得成功，实现 CO 单程转化率超过 50%，低碳烯烃(乙烯、丙烯和丁烯)选择性优于 75%[175]。

当前煤经合成气一步法制取高品质汽油、芳烃和含氧化合物的研究工作取得了重要成果。未来仍需持续开展新型功能催化剂的机理研究与制备，研发与催化剂具有最佳协同作用的反应工艺和反应器，推动煤经合成气一步法制低碳烯烃工业化。

7.3.4　整体煤气化燃料电池联合循环发电技术

整体煤气化燃料电池联合循环(integrated gasification on fuel cell-combined cycle，IGFC-CC)发电技术集成了整体煤气化联合循环技术和燃料电池先进技术，被视为具有颠覆性的煤炭清洁利用技术，可实现 CO_2 和污染物近零排放的清洁利用，供电效率有望达到 60%以上[176]。在《能源技术革命创新行动计划(2016—2030)》中将 IGFC-CC 发电技术列为探索性煤电技术，中国工程院、中国科学院等研究机构将 IGFC-CC 发电技术列为我国面向 2035 年最主要的洁净煤前沿技术之一。

目前，IGFC-CC 发电技术受到各国重视，以固体氧化物燃料电池为代表的高温燃料电池技术快速发展，美国和日本燃料电池产业的商业化应用走在世界前列。我国重视高温燃料电池技术发展，在国家级重大科研项目的支持下，开展了高温燃料电池电堆、发电系统和相关基础问题研究。2020 年 10 月，国内首套 20kW 级联合煤气化燃料电池在宁夏煤业实验基地试车成功。目前，IGFC-CC 发电技术处于起步阶段，煤气净化提纯技术、高温燃料电池技术、系统耦合控制技术等相关技术研究正逐步开展。

7.3.5　零碳排放的直接煤燃料电池发电新技术

直接煤燃料电池在煤的电化学氧化发电过程中会释放大量的 CO_2，当前技术没有对 CO_2 进行有效处理，而且发电效率仅有 40%～50%。零碳排放的直接煤燃料电池发电新技术能够将发电过程产生的 CO_2 转化为甲酸和 CO，实现 CO_2 的能源化利用，而且理论能源转换效率高达 70% 以上，是碳中和目标下迫切需求突破的一项清洁、高效、零碳排放的煤炭发电技术。

零碳排放的直接煤燃料电池发电系统包括利用含碳燃料发电的直接煤燃料电池组和将 CO_2 转化为甲酸和 CO 的金属-CO_2 电池。核心技术原理为直接煤燃料电池在阳极使用煤作为燃料，不需要燃烧，通过透氧膜实现与氧离子的直接结合，释放电子产生电能，同时在该高温系统内，将 CO_2 直接矿化、催化、转化，再能源化利用，实现零碳排放发电。反应原理公式如式(7-1)～式(7-3)所示，原理如图 7-11 所示。

$$O_2+4e^- \longrightarrow 2O^{2-} \tag{7-1}$$

$$C+2O^{2-} \longrightarrow CO_2+4e^- \tag{7-2}$$

$$Zn+3OH^-+CO_2+H^++2H_2O \longrightarrow Zn(OH)_4^{2-}+CH_3OH \tag{7-3}$$

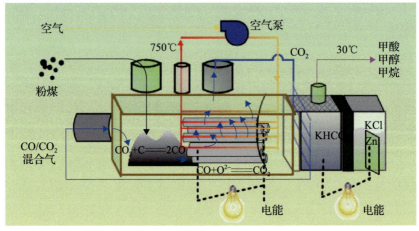

图 7-11　近零碳排放的直接煤燃料电池系统原理示意图[105]

零碳排放的直接煤燃料电池发电系统需要突破煤原位活化技术与纳米颗粒催化技术、直接煤燃料电池实验室测试系统、新型高效 CO_2 还原催化剂等关键技术。

该技术由谢和平院士团队创新性提出，并自主研发煤原位活化技术与纳米颗粒催化技术，探索并自主研发直接煤固体燃料电池实验室测试系统和相对应的规模化发电装置，实现高效直接煤电化学发电利用。

7.3.6　先进煤基碳材料制备技术

"双碳"目标下，拓展煤炭原料化、材料化路径，发挥煤炭价格低廉、含碳量高的特点，煤炭可作为先进碳素材料的前驱体，制备煤基石墨化结构材料(高性能石墨、石墨烯、纳米碳管、富勒烯)、煤基储能材料(多孔碳、硅碳负极材料)、新能源发电材料(硅烷、碳化硅)等，使煤炭向储能、煤基新能源新材料领域发展，实现煤炭转化固碳和高价值利用。

1. 煤基石墨烯制备技术

石墨烯材料以优异的强度和导热性等备受追捧，而碳含量高的煤炭制备石墨烯具有先天优势。煤基石墨烯制备过程通常要经过煤的纯化、石墨化或热解，制备石墨烯原料，然后通过氧化还原法、化学气相沉积法等制取石墨烯[177]。仍需对煤基石墨烯制备技术的传热机理进行深入研究，进一步改进去杂质技术、降低热处理的难度等。

2. 煤基碳纳米管制备技术

碳纳米管是由石墨层片卷成管状物结构的一种新型纳米材料，因其独特的物理化学、电学、热学和机械性能，拥有十分诱人的应用前景[178]。碳纳米管市场需求增长，但其价格高。因此，开发低成本制备碳纳米管技术已成为碳纳米材料领域最具挑战性的方向之一[179]。

煤基碳纳米管制备方法分为煤基直接制备和煤基间接制备两种方法，均受到原料种类、催化剂及反应条件的影响，制备过程复杂、条件苛刻。亟须开发新型、高效的煤基碳纳米管催化剂制备技术，开展煤基碳纳米管制备机理研究，建立新的碳纳米管生长模型，进一步丰富和完善碳纳米管生长模型体系。

3. 煤基电极材料制备技术

能源低碳转型使得能量的储存和高效使用成为研究的核心之一。用价格低廉、资源丰富的煤炭制备锂离子电池负极材料，具有巨大的市场潜力，可通过煤炭炭化、石墨化及掺杂改性等方式制得可逆容量、首次效率和循环性能等电学性质优异的负极材料[180]。同时，煤炭作为宝贵的含碳资源，炭收率高、价格低廉、资源丰富，是优秀的硬炭材料前体，有利于发挥钠离子电池的低成本优势，而且可实现煤炭的清洁高值利用。

7.4　煤炭开发利用减碳变革性技术

随着浅部煤炭资源逐渐枯竭，千米级深部矿井开采成为常态，围绕向深地进军、向深地要资源的国家战略目标，谢和平院士自 2012 年开始研究煤炭资源开发颠覆性理论和技术。原位流态化开采与转化一体化技术，颠覆了传统固体资源的开采模式，能够实现深地矿产资源清洁高效、生态友好开发，实现"地上无煤、井下无人"的绿色环保开采。煤炭深部原位流态化开采可将煤矿建设成为多元智能型清洁能源基地(图 7-12)，

图 7-12　煤炭深部原位流态化开采与多元智能型清洁能源基地示意图

极大拓展矿山低碳绿色开发新模式与经济增长新空间,是碳中和目标下煤炭资源集约低碳开采的战略方向。

煤炭深部原位流态化开采技术涵盖深部流态化采动岩体力学理论、流态化开采的"三场"可视化理论、原位转化多物理场耦合理论、开采设计转化与输运理论、地质保障技术、精准探测与导航技术、智能开拓布局技术、深部原位智能化洗选技术、采选充电气热一体化的流态化开采技术、深部原位无人化智能输送与提升技术、深部原位能量诱导物理破碎流态化开采技术、深部原位化学转化流态化开采技术、深部原位生物降解流态化开采技术、深部原位煤粉爆燃发电技术等相关理论和关键技术[124,181]。

7.4.1　深部煤与瓦斯物理流态化共采技术

我国煤与瓦斯共采的工程实践取得了快速发展,但由于我国煤层赋存条件的复杂性,尤其深部煤炭瓦斯抽采受深部围岩应力影响,普通抽采方式难以为继。针对深部煤与瓦斯共采技术难题,谢和平院士团队提出"钻井式煤与瓦斯物理流态化同采方法",见图 7-13,通过地面钻井对突出等煤层实施高压射流原位破煤,碎煤颗粒以流态形式输运至地面,同时涌出的瓦斯经钻井抽采利用,并将地面固废材料回填至采煤空穴,实现近零生态损害的煤与瓦斯协同开采,颠覆传统的煤炭井工开采模式,从源头上根本减少瓦斯排放。

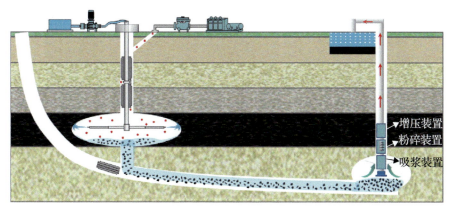

图 7-13　钻井式煤与瓦斯物理流态化同采示意图

7.4.2 深部煤炭原位化学流态化开采技术

深部煤炭原位化学流态化开采是指在煤层中人为诱导化学反应,进而提取原煤中的有用化学成分的无人化、智能化开采方法。

1. 深部原位化学气化技术

基于现有的煤炭地下气化技术,使用定向钻井、可控气化、岩层控制及生态恢复等一系列技术手段来实现深地资源流态化绿色开采。中国、俄罗斯、英国、澳大利亚、南非、加拿大、美国等建成了 50 多个煤炭地下气化工程试验项目,探索煤炭清洁能源化利用。进入 21 世纪以来,国外煤炭地下气化试验掀起新热潮,并且把地下气化紧密融合于清洁发电、燃油转化、CO_2 埋藏等低排放目标,我国也先后进行了 20 多个煤炭地下气化工程。地下气化关键技术包括盾构-气化协同工艺及装备(图 7-14)、地下气化衍生污染物防控技术、地下气化产气稳控技术、地下气化发电与 CO_2 封存技术等[182]。利用深部原位化学气化技术可以有效开发我国广泛发育的极低渗储层煤层气资源[183]。

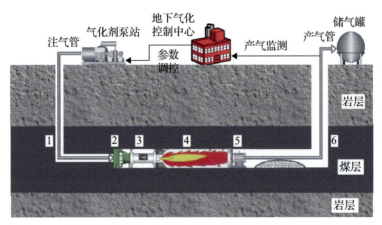

图 7-14　煤炭地下盾构-气化协同工艺及智能控制原理示意图

1. 预钻孔; 2. 自导盾构机; 3. 等离子气化机; 4. 地下气化炉; 5. 自移式密封支护机;
6. 二次扩孔气化道

2. 深部原位化学液化——直接温和液化技术

在深部原位将加氢溶剂与催化剂注入井道煤层中,在低压、低温、低煤浆浓度的温和条件下进行直接液化反应,从而制得石脑油以及柴油馏分。

3. 深部原位化学液化——煤氧化制化学品技术

在深部原位将氧化剂注入井道中与煤层充分接触,在一定温度条件下经充分反应,然后对氧化后产物进行分离得到脂肪酸、芳香羧酸等化学品。

4. 深部原位化学液化——溶解煤+煤制油技术

在深部原位将石油醚、甲醇、二硫化碳等有机溶剂注入井道中,用流体冲力使煤层分散并使两者充分接触,依托地下高温条件进行热溶,形成的煤浆或悬浮液用泵抽出,经预处理后在地面就地直接液化从而生成燃料油或化学品。

7.4.3　深部煤炭原位生物降解流态化开采技术

深部煤炭原位生物降解流态化开采技术是利用微生物可以对煤炭基质和煤层气进行降解的性质,用微生物将深部煤炭资源原位转化为气体和液体燃料或者原料的一种流态化开采技术,分为深部煤炭原位生物液化和深部煤炭原位生物气化两种形式,见图 7-15。

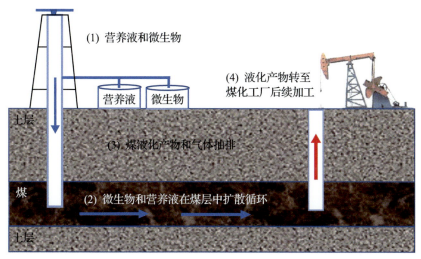

图 7-15　深部煤炭原位生物液化和气化技术构想示意图

首先将营养液和微生物培养液带压注入煤层，并扩散循环，煤炭将与这些微生物持续反应，通过水解发酵菌、产酸细菌、产氢产乙酸细菌和产甲烷菌联合作用，生产甲烷和 CO_2，如图 7-16 所示，最后由抽采钻井传输。其关键技术在于深部原位外源高效菌种的培育以及土著菌的激活技术、菌液煤层多分枝注入与压裂扩散技术、菌液转化反应控制技术、转化气液产物抽采技术、地下环境污染控制技术等。

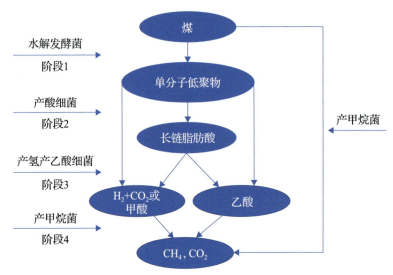

图 7-16　深部煤炭原位生物液化和气化反应机理图

第8章 "煤炭+"多能互补零碳负碳技术体系

实现碳达峰碳中和的长期过程中，煤炭与新能源长期共存。从煤炭和煤矿区优势出发，"煤炭+"多能互补是保障能源供应安全、提升用能经济性、支撑能源绿色低碳转型的必由之路。开发"煤炭+"多能互补零碳负碳技术，可推动煤炭与新能源优化组合，保障我国在更短时间实现零碳负碳能源供给。

8.1 "煤炭+"多能互补零碳技术体系

8.1.1 清洁煤电+CCUS 技术

我国已建成全球最大的清洁煤电供应体系，构建清洁煤电+CCUS技术体系，是实现清洁煤电零碳排放、保障电力安全供应和碳中和目标如期实现的核心所在。CCUS 技术的部署有助于充分利用现有燃煤发电机组，适当保留煤电产能，避免一部分煤电资产提前退役而导致资源浪费。

火电行业是 CCUS 示范的重点，现役先进燃煤发电机组结合 CCUS技术实现低碳化利用改造是我国电力行业实现零碳排放的重要途径。燃煤电厂加装 CCUS 可以捕集 90%的碳排放量,使其变为一种相对低碳的发电技术。不考虑颠覆性技术出现，仅以当前可展望的技术应用，预计到 2025 年,煤电 CCUS 减排量将达到 600 万 tCO_2/a,2040 年达到 2 亿～5 亿 tCO_2/a[184]。煤电、部分重点行业 CCUS 碳减排需求, 见图 8-1。清洁煤电+CCUS 的技术核心是高效低成本的 CCUS 技术。

1. 电厂 CO_2 捕集技术

电厂 CO_2 捕集主要分为燃烧前捕集、燃烧后捕集、富氧燃烧和化学链捕集，各种捕集方式的技术路线，见图 8-2。CO_2 捕集领域需要突破低能耗捕集关键材料与工艺，研发低能耗 CO_2 吸收(附)剂、合成气的高效变换技术和净化技术、碳捕集与富氢气体燃烧技术以及大容量富氧燃烧锅炉关键技术等。

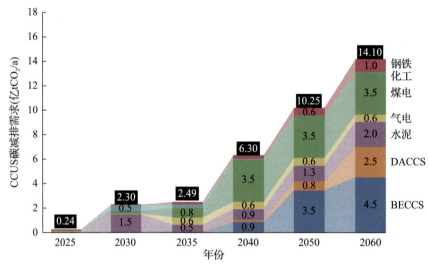

图 8-1　我国重点行业 CCUS 碳减排需求

DACCS 为直接空气碳捕集与封存；BECCS 为生物质能碳捕集与封存

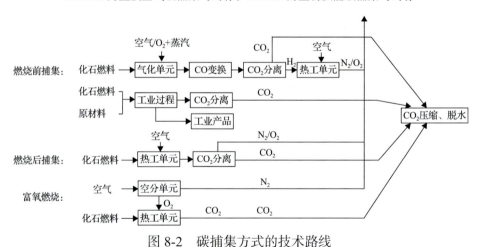

图 8-2　碳捕集方式的技术路线

据不完全统计，我国火电行业有 10 个燃煤电厂碳捕集示范项目，见表 8-1，包括 7 个常规电厂燃烧后捕集项目、2 个 IGCC 电厂燃烧前捕集项目以及 1 个富氧燃烧项目。CO_2 分离均采用化学吸收法，以醇胺吸收法为主。

表 8-1　部分燃煤电厂 CCUS 项目信息

项目名称	地点	捕集技术	运输	封存利用	规模/(万 t/a)	投运年份	运行状态
华能北京热电有限责任公司碳捕集项目	北京	燃烧后（化学吸收）	—	未利用	0.3	2008	运行中
华能集团天津绿色煤电 IGCC 电厂碳捕集、利用和封存项目	天津	燃烧前（化学吸收）	罐车	放空	10	2015	运行中
国电集团天津北塘热电厂 CCUS 项目	天津	燃烧后（化学吸收）	罐车	食品应用	2	2012	运行中
连云港清洁煤能源动力系统研究设施	连云港	燃烧前	无	放空	3	2012	运行中
华能集团上海石洞口捕集示范项目	上海	燃烧后（化学吸收）	罐车	工业利用与食品	12	2009	间歇式运行
中国石油天然气集团有限公司胜利油田强化采油 EOR 项目	东营	燃烧后（化学吸收）	罐车	强化采油（EOR）	4	2010	运行中
国家电力投资集团有限公司投重庆合川双槐电厂碳捕集示范项目	重庆	燃烧后（化学吸收）		电厂发电机氢冷置换	1	2010	运行中
华中科技大学 35MW 富氧燃烧碳捕集示范项目	武汉	富氧燃烧		工业应用	10	2014	间歇式运行
华润电力海丰碳捕集测试平台	海丰	燃烧后			2	2019	运行中
山西清洁碳经济产业研究院烟气碳捕集及转化碳纳米管示范项目	大同	燃烧后	就地转化	碳纳米管	0.1	2020	运行中

2. CO_2 封存与利用技术

捕集的 CO_2 具有多种利用途径，包括化工利用、富碳农业利用、高附加值碳基新材料利用、人工生物合成等。具体来说，电厂捕集的 CO_2

可结合实际需求，压缩后作为能量储存的介质，具有储能密度高、应用灵活、经济环保、转换效率高等优点，在风电和太阳能存储调峰领域具备很好的应用前景；利用太阳能、风能、水力发电及地热等可再生能源进行 CO_2 的光催化转化和电化学催化转换，真正实现碳元素的循环使用；利用捕集的 CO_2 开采油气、咸水、地热等，例如将超临界 CO_2 作为携热介质开采地热、超临界 CO_2 驱替地下热水等[185]。

8.1.2　燃煤与太阳能耦合发电+CCUS 技术

燃煤与太阳能耦合发电能够利用燃煤发电机组易于调节，以及抗干扰能力较强的水系统吸收太阳辐射能，可以很好地解决辐射强度不稳定对太阳能发电系统的影响[186]，这也是从原料侧降低煤耗、减少污染物排放和碳排放的有效途径[187]，叠加 CCUS 技术，可实现发电零碳排放，是碳中和目标下理想发电方式之一。

燃煤与太阳能耦合发电技术路线：一是将太阳能作为燃煤发电机组回热系统的热源，全部或部分替代汽轮机抽汽，以燃煤电站庞大的热力系统的汽水特性来吸纳不稳定的可再生能源资源[188,189]；二是把太阳能发电引入厂用电系统，降低机组自身的厂用电率，实现燃煤发电机组和可再生能源发电共同发展。当前主要采用聚光型太阳能发电与燃煤发电进行耦合，太阳能作为辅助，在保障太阳能发电效率的前提下尽量降低煤耗率、汽轮机热耗率、汽耗率。主要分为槽式太阳能-燃煤发电耦合系统和塔式太阳能-燃煤发电耦合系统[190]。塔式太阳能-燃煤发电耦合系统在热源部分耦合优势明显，熔融盐工质的工作温度可达 575℃，空气循环更是可达 900℃，耦合潜力相比槽式更大。

2010 年，美国科罗拉多州 Xcel 电站建成了世界上第一座太阳能集热与燃煤集成互补电站，设置了 8 列 150m 的槽式太阳能集热系统与 1 台 49MW 燃煤发电机组进行集成。澳大利亚于 2011 年也启动了一项光煤互补示范工程对 750MW 燃煤电站进行改造，该工程采用线性菲涅尔式太阳能聚光集热器直接加热水，产生 270~500℃高压蒸汽，进入原燃煤发电机组的汽轮机做功，从而为其扩容。除了前述两座典型的光煤互补示范项目，国际上还有多座已建成或已启动的光煤互补项目，如美国亚利桑那州 Tucson 公司的 Sundt 燃煤电站互补项目，澳大利亚新南威尔士州麦格理电力 Liddell 燃煤电站互补项目[191]。

国内尚无示范电站运行，目前仍处于理论探索和试验研究阶段。华北电力大学、中国科学院工程热物理研究所、华中科技大学以及浙江大学等国内科研院所从互补发电系统的能量迁移和能耗规律、系统集成优化设计以及性能评价等方面开展了大量研究。研究结果显示，600MW 燃煤发电机组吸纳最大容量太阳能热量时，耦合系统的最大节煤量为 $8 \sim 14 \mathrm{g} /(\mathrm{kW \cdot h})$ [192,193]。

近年来，燃煤与太阳能耦合发电在系统集成、耦合技术等方面均有较大进展，正在制定燃煤与太阳能耦合发电方面的国家标准，已建成国际首套 100kW 太阳能热化学发电中试系统，正在开展 500kW 太阳能与燃料热化学互补热电联产系统工程示范。目前，在燃煤与太阳能光热耦合运行条件下机组动态响应规律、耦合发电的关键技术和系统集成技术、获得太阳能光热的高比例耦合原理及设计方法等领域尚不成熟，仍需进一步攻关。

8.1.3　煤与生物质协同利用+CCUS 技术

生物质是指利用大气、水、土地等通过光合作用而产生的各种有机体，即一切有生命的可以生长的有机物质通称为生物质，具有可再生、低污染、广泛分布、资源丰富及碳中性等特点。通常指各类有机废弃物，主要包括秸秆、农产品加工剩余物、林业剩余物、生活垃圾等物质，是全球公认的零碳可再生能源和目前成本较低的减排方式，燃煤与生物质协同利用+CCUS 技术，不仅可充分发挥两者的优势互补协同效应，还可实现负碳排放(如 BECCS)，未来在助力能源低碳转型和"双碳"目标实现中将会发挥重要作用。

1. 煤与生物质共发电关键技术

煤与生物质共发电不仅具有良好的经济效益，而且具有显著的生态效益，降低污染物和 CO_2 的排放。在燃煤发电机组转型过程中，耦合生物质发电是机组在燃料侧灵活性改造的重要方向,是我国电力部门低碳转型中不可或缺的关键减排技术选择[194]。

国外尤其是英国、丹麦、荷兰等已实现燃煤与生物质自由比例(0~100%)的耦合发电,正朝着更加精细化、智能化方向发展。我国在"十三五"期间大力推动"煤电+生物质""煤电+污泥""煤电+垃圾""煤电+光热"四大耦合发电技术,2018 年批准 84 个燃煤电厂生物质耦合发电试点项目,2019 年我国首台 660MW 超临界燃煤发电机组耦合20MW 生物质发电示范工程项目(大唐长山热电厂)试运行,燃煤发电机组度电 CO_2 排放量减少约 6%[103]。

煤与生物质共发电依照生物质燃烧形式分为:①直接掺烧生物质(直接耦合燃烧);②间接掺烧生物质(间接耦合燃烧);③独立运行的生物质锅炉(并联耦合燃烧)。不同耦合燃烧方案的成本对比见表 8-2[195]。间接耦合燃烧和并联耦合燃烧可避免生物质燃料带来的积灰、腐蚀等问题,燃料适应性更广,但由于新增设施多,建设和运维成本远高于直接耦合燃烧方式。直接耦合燃烧是目前效率最高的一种耦合燃烧方式[196,197]。

表 8-2　不同耦合燃烧方案的成本对比

技术方案	建设成本/(美元/kW)	每年运维成本
直接耦合燃烧	430~550	建设成本的 2.5%~3.5%
间接耦合燃烧	3000~4000	建设成本的 5%
并联耦合燃烧	1600~2500	建设成本的 4%

1)直接掺烧生物质发电技术

该技术也称为燃煤发电机组耦合生物质直燃发电。该技术的初始投资和维护成本较低,技术成熟度高。我国早期开展的生物质耦合发电以直接掺烧为主,投资成本较低,已有多个生物质直接掺烧示范项目。目前欧洲 150 多个生物质耦合项目中,绝大部分采用直接掺烧生物质发电技术[198]。

根据生物质与煤耦合位置的不同,直接掺烧生物质发电技术主要分为磨煤机耦合、送粉管道耦合、煤粉燃烧器耦合、独立生物质燃烧器炉内耦合等方案，耦合方案如图 8-3 所示。不同的直接掺烧生物质发电方案适用的生物质掺烧比例不同，掺烧比例较高时，燃煤发电机组相应的改造成本和运行成本增大。不同方案对比见表 8-3。

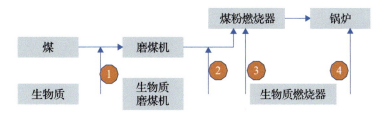

图 8-3 煤粉锅炉电站直接掺烧生物质发电方案示意图

表 8-3 不同直接掺烧生物质发电技术方案对比

参数	磨煤机耦合	送粉管道耦合	煤粉燃烧器耦合	独立生物质燃烧器炉内耦合
技术特点	共用磨煤机	共用煤粉管道	共用燃烧器	生物质专用燃烧器
安全性	较差	较好	较好	较好
投资成本	最低	低	中	高
耦合比例	0～3%	0～50%	0～50%	0～100%
典型工程	英国 Fiddle's Ferry；芬兰 Fortum；陕西某电厂	英国 Drax；荷兰 Amer；荷兰 Gelderland	丹麦 Studstrup 1	英国 Drax；山东某电厂

煤与生物质直燃耦合领域仍亟须开展生物质破碎系统研究，提高系统适用性；攻关高比例生物质直燃耦合燃烧发电关键技术和燃烧器装置、先进控制系统等。

2)间接掺烧生物质发电技术

间接掺烧生物质发电技术也称为燃煤与生物质气化耦合发电，依托大型燃煤发电机组耦合生物质气化发电技术，是生物质能最高效、最洁净的利用方法之一[199]。2018 年批准的 84 个燃煤电厂生物质耦合发电试点项目中有 55 个采用生物质气化耦合燃煤发电机组发电。

燃煤与生物质气化耦合发电具有诸多优势。一是充分利用了现役燃煤发电机组的高效发电系统和环保集中治理平台，大大降低了建设资金，缩短了建设周期，对提高生物质发电规模意义重大。二是气化装置产生的燃气具有热值稳定、燃烧性稳定、温度较高等特点，送入锅炉与煤粉混烧后，有促进煤粉充分燃烧的作用，对燃煤电厂锅炉运行无不利影响。同时，对降低电厂锅炉 NO_x 排放也有额外益处。生产过程具有热转化效率高、损失小、CO_2 零排放、无污染物废弃物产生等诸多优点。三是具有良好的应用推广前景，可适用于许多领域，如为以天然气、重油、煤炭等燃料生产的加工企业配套提供燃气、电力、蒸汽；同时可利用稻壳灰废弃物提炼高附加值的白炭黑和活性炭，实现生物质废料的"吃干榨净"，进一步提升经济价值。

未来需要重点突破高温燃气的输送与焦油的处理、高温燃气入炉技术、运行控制等关键技术。同时还需要摸清我国生物质资源现状、利用技术和前景，建设生物质燃料的全国性产业顶层设计。

2. 煤与生物质共转化关键技术

煤与生物质共转化基础工艺是气化和热解，生物质是富氢物质，富余的氢可用于煤炭转化，以及发挥增强催化、脱除污染物等多重协同效应，提高煤的利用效率，实现煤炭资源的洁净高效利用。当前煤与生物质共转化的研究热点主要围绕共转化机理、协同影响因素分析、共转化装置开发及稳定性运行控制等方面。下面重点介绍煤与生物质化学链共气化技术和煤与生物质共热解技术。

1）煤与生物质化学链共气化技术

化学链气化技术是在化学链燃烧（chemical looping combustion，CLC）技术的基础上发展而来的。相较于常规气化技术，化学链气化技术中氧气不直接与固体燃料接触，而是通过作为载氧体的金属或非金属氧化物为固体燃料提供晶格氧，使燃料部分氧化以产生高品质合成气。化学链气化技术被认为是一项可以有效分离和捕集 CO_2、降低能量损失并减少 NO_x 等有害气体排放的新型气化技术[200-202]。

煤与生物质化学链共气化技术作为一项新技术，当前仍处于实验室研发阶段，该技术具有良好的发展潜力与应用前景，但也面临许多亟待解决的问题。需重点攻关成本和性能兼顾的载氧体，包括人工合成载氧体、天然矿物载氧体、修饰矿物载氧体等；研发连续稳定运行的工业化示范装置，以及解决高效去除焦油、净化天然气等关键问题。

2) 煤与生物质共热解技术

煤与生物质共热解是实现煤炭高效清洁利用的重要途径之一。生物质作为世界上最主要且最具潜力的可再生能源之一，储量丰富，具有 H/C 值和 O/C 值高的特点，将其与煤共同热解可以有效提高煤热解转化率和焦油品质。共热解不仅能够改善煤炭单独热解产生的污染问题和生物质单独利用时能源密度低、季节性供应不平衡的问题，而且能提高煤炭转化效率，获得更高品质的油品[203]。

煤和生物质共热解是指煤和生物质混合后在隔绝空气或氧气的条件下发生一系列物理、化学反应，生成半焦、气体、焦油等产物的过程[204]。生物质氮、硫含量低（含氮量 0.5%～3%，含硫量 0.1%～1.5%）、灰分低（0.1%～3%）、氢含量高，可作为煤热解的供氢原料。

煤与生物质共热解的过程较为复杂，当前对共热解过程中二者产生的挥发分组成、半焦性质，以及中间产物之间的相互作用机制认识并不清楚，还需要在热解反应器的设计和优化等方面重点攻关。

8.1.4 绿氢与煤炭转化融合+CCUS 技术

绿氢、绿电与煤炭转化相结合，可替代煤化工原有制氢路线，降低转化过程煤炭消耗，大幅削减碳排放。同时集成煤化工与 CCUS，捕集煤炭转化过程产生的高压、高浓度 CO_2，进一步与氢反应制成甲醇等产品，形成碳的循环转化利用，推动煤炭转化过程零碳排放。

当前绿氢与煤炭转化融合尚处于示范阶段，除成本、商业模式等问题外，亟待突破新能源大规模低成本快速制氢关键技术，开发新一代融合转化高效催化剂等。

1. 绿氢、绿电与煤化工耦合技术路线

充分发挥煤炭资源富含碳的原料优势，将可再生能源制氢与之结合，不仅省去了煤化工过程中水煤气变换反应，而且不会排放由于水煤气变换反应产生的大量 CO_2，使碳资源得到充分利用，实现生产侧 CO_2 零排放，系统能源利用效率和经济效益都将得到全面提升。图 8-4 展示了可再生能源制氢与煤化工耦合制取化学品工艺流程。例如，聚对苯二甲酸乙二酯可广泛应用于纤维、胶片、薄膜、树脂和饮料等食用品包装的生产。

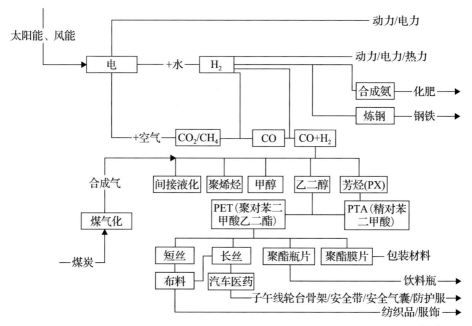

图 8-4　可再生能源制氢与煤化工耦合制取化学品工艺流程示意图[205]

当前多个化工基地正在布局绿氢产业，为现代煤化工的清洁转型探索新的途径。如宁东能源化工基地宝丰能源集团建设了全球单厂规模最大的太阳能电解水制氢项目，采用单台产能 $1000Nm^3/h$ 碱性电解槽制取绿氢，制氢成本控制在 0.7 元/Nm^3 左右，与化石能源制氢成本相当，年产量达 2 亿 Nm^3。一期 $6000Nm^3/h$ 绿氢制取项目已投产，用于耦合煤制烯烃生产。

绿氢、绿电与煤化工耦合未来关注重点：一是较低成本大规模的制氢技术；二是提高耦合过程系统的运行效率和稳定性；三是煤转化技术创新和模式创新，如 CO_2 与 H_2 制甲醇、乙醇等多烃液体燃料，以及研发新型催化剂实现短流程节能化学反应等。

2. 制氢技术经济性分析

氢气制备主要有热化学制氢和电解水制氢，其中热化学制氢主要有化石能源制氢及化工原料制氢。现有较为成熟的制氢技术路线有 3 种，即使用煤炭、天然气等化石能源重整制氢，以醇类裂解制氢技术为代表的化工原料高温分解重整制氢，以及电解水制氢。光解水和生物质气化制氢等技术路线仍处于实验和开发阶段，相关技术难以突破，尚未达到规模化制氢的需求，如图 8-5 所示。典型制氢工艺中各类能量转换效率与碳排放量，见表 8-4[206]。

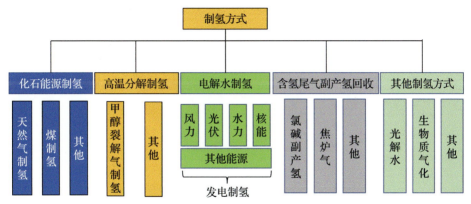

图 8-5   目前主要制氢方式

表 8-4   主要制氢方式能量转换效率与碳排放量对比

制氢工艺	原料	能源	能源密度 /(MW/km²)	能量转换效率/%	碳排放量/kg CO₂
天然气制氢	烃类	天然气	750	76	69
煤制氢	煤炭	煤炭	750	59	193
		核能	500	28	17
		水力	5	70	15
电解水制氢	水	潮汐	1	70	20
		风能	4	70	18
		太阳能	120	10.5	27
光催化	水	太阳能	120	4	

图 8-6 给出了目前全球制氢原料占比和主流制氢方法的经济性对比。全球制氢技术的主流选择是化石能源制氢和化工原料制氢，这主要是由于化石能源制氢和化工原料制氢的成本较低[图 8-6(b)]。此外，由于清洁性好、效率高、成本低，采用天然气制氢具有较大利润空间，采用电解水制氢是当前制氢环节的研究热点，技术也较为成熟，其他新型制氢法尚未应用于大规模制氢。

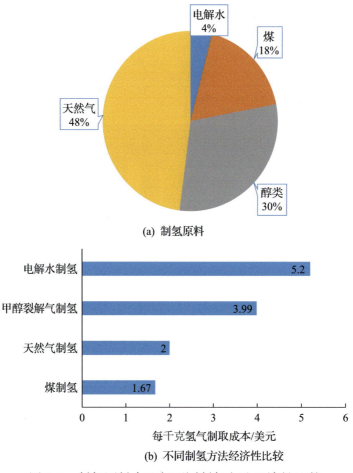

(a) 制氢原料

(b) 不同制氢方法经济性比较

图 8-6 制氢原料占比与不同制氢方法经济性比较

从上述分析可知，一方面从制氢原料占比来看，我国仍将主要采用化石能源制氢和工业副产氢+CCUS 技术，助力化石能源制氢降低碳排放。另一方面随着我国可再生能源装机容量不断增大，如果将弃风弃光所发电力用于电解水制氢,经济性非常可观。因此,长远来看,随着碳达峰碳中和工作的推进,利用可再生能源电解水制氢将成为氢能制备的主流选择。

8.1.5 矿区风光储热一体化发展模式与关键技术

风光储热一体化发展是煤矿区建设成为多元清洁能源基地的重要路径。一方面依托矿区排土场、沉陷区等土地资源以及资金、人员等优势,推动风光、地热等可再生能源大力发展;另一方面利用巨大的矿井空间建设抽水蓄能电站、压缩空气蓄能电站等储能设施,支撑风光发电调节,推动矿区低碳转型,将矿区建设成为多元清洁能源基地。

1. 矿区地面风电/光伏电站

1)矿区生态修复+大型地面光伏电站(产业)

针对煤矿开采后形成的采煤沉陷区、排土场等,以推进绿色转型,补齐生态短板为首要任务,大力开展生态修复再造,按照"宜农则农、宜林则林、宜工则工"的原则,大力实施村庄异地搬迁、基本农田整理、采煤塌陷地复垦、生态环境修复等。通过盘活利用矿区排土场、采煤沉陷区等退出煤矿废弃土地,建设集综合生态治理、光伏/风能发电等一体的产业基地,实现太阳能/风能资源利用和闲置土地资源利用,实现生态修复和可再生能源发电的有机结合。

典型案例:2016 年大同建成全国首个光伏"领跑者"基地。

作为典型煤炭资源型地区,山西省大同市因长时间、大规模、高强度、粗放式的煤炭开采造成严重的地表沉陷,良好的光照资源、大量的闲置土地以及完善的电网接入设施,使得该地区具备发展光伏产业的条件。2013 年,大同市提出了在采煤沉陷区建设大型光伏发电基地的设想。2015 年 6 月,全国首个光伏"领跑者"基地——"大同采煤沉陷区国家先进技术光伏示范基地"项目获批,开启了光伏全产业链建设的先河,项目总建设规模为 300 万 kW,并于 2016 年 6 月全部并网,2017年通过验收。据大同市 2021 年政府工作报告,大同市新能源电力总装机容量达到 628 万 kW,占全市电力装机总容量的 42%(图 8-7)。

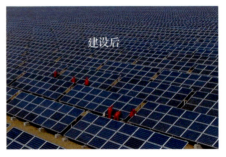

图 8-7　　大同采煤沉陷区生态修复+光伏建设模式

2) 矿区光伏+农林牧渔产业

根据新能源赋存特点和矿区(沉陷区、采空区、排土场)的地理环境特性，开展农光、林光、渔光、牧光等多种模式的应用。对于土地资源较好且较为平坦的矿区，可以建设光伏+农业等，全面推进"矿区土地光伏+农业种植""矿区光伏+温室大棚"等开发利用模式。对于沉降严重、地势低洼的矿区，由于填埋成本过高，则可以考虑储水，采用漂浮式安装方式建设水上光伏电站，实施"矿区光伏+水产养殖"模式，淮南、济宁等地区采用这种模式建设了多座光伏电站[207]。

典型案例 1：淮南采煤沉陷区"渔光一体"光伏产业，全球最大水面漂浮式光伏电站。

2016 年 9 月，淮南水面漂浮光伏项目正式开工建设，该项目建设在淮南市潘集采煤沉陷区 6000 亩①水面上，是全国也是全球最大的水面漂浮式光伏电站，装机量 150MW，每年可为电网提供 4800 万 kW·h 电量，可连续发电 25 年(图 8-8)。充分利用闲置的采煤沉陷区水面，把荒芜的沉陷区建成绿色光伏能源基地，通过在沉陷区水面上方架设光伏板阵列、下方水域进行渔产养殖，综合利用采煤沉陷区，高效利用水面空间资源。淮南采煤沉陷区"渔光一体"光伏发电项目分为普通地面光伏电站、光伏发电领跑者技术基地、光伏扶贫电站和屋顶分布式光伏发电等四类，形成了完整的水面光伏电站建设产业链和光伏产业格局。

_____

①1 亩≈666.7m²。

图 8-8　淮南采煤沉陷区"渔光一体"光伏项目建设模式

典型案例 2：伊金霍洛旗"采煤沉陷区生态修复+光伏+农林牧渔"综合业态模式。

伊金霍洛旗"采煤沉陷区生态修复+光伏"项目规划平价光伏基地总装机容量 100 万 kW，占地总面积约 6.9 万亩。项目分两期实施，一期天骄绿能 50 万 kW 项目在乌兰木伦镇巴图塔采煤沉陷区建设，总面积 4.2 万亩，由国家能源集团圣圆能源 25 万 kW、东方日升天骄绿能 15 万 kW、国家电投天骄绿能 10 万 kW 采煤沉陷区生态治理光伏发电示范单体项目组成；二期 50 万 kW "+氢"项目在纳林陶亥镇煤矿复垦区建设，总面积 2.7 万亩。

该项目按照"政府组织、银行支持、企业实施和担保、村集体入股、农牧民参与"的发展模式，以项目建设驱动生态建设、光伏精准扶贫、产业融合、乡村振兴、资源循环利用的多位一体循环平衡发展。项目在生态修复完成后实施"光伏+"项目，综合布局多种新型"光伏+农林牧渔"业态模式，配套发展农业观光、特色果蔬等旅游产业，推动风、光、储、氢一体化发展，吸引村集体经济参与项目，以农业观光产业为切入点对沉陷区土地进行改良，将浅层塌陷区恢复耕种，采用挖渠筑塘、种植经果林等方式进行绿化，提高生物复垦率、植被覆盖度，实现废弃土地再利用，具有较好的经济价值，具体见表 8-5。

表 8-5　伊金霍洛旗"采煤沉陷区生态修复+光伏"项目经济林情况

经济林类型	饲草	饲料	经济灌木	经济乔木
种植面积/亩	18495	1965	2850	1950
单位产量/[kg/(亩·年)]	539	250	160	600
单位产值/[元/(亩·年)]	1079	1000	960	2400
总产值/(万元/年)	1996	197	274	468

2. 井下空间建设储能电站

1）井下抽水蓄能电站

在东北、华北、内蒙古和新疆等地分布着许多大中型煤矿以及废弃煤矿，如能将一些条件合适的煤矿或废弃煤矿改建成抽水蓄能电站，既能为风能和太阳能的大力发展提供必备条件，又利用了已存在的地下空间，经过改良后的地下空间在增加稳定性的同时，又避免了以往封井后可能出现的地表大面积沉降和坍塌，以及后续引起的水污染和大气污染问题，达到"一举多得"的效果。

20 世纪 80 年代，荷兰代尔夫特理工大学就开展了利用废弃煤矿地下空间建造抽水蓄能电站的可行性研究，虽然最终研究成果表明，在当时的技术与经济条件下，还不具备利用废弃煤矿建造地下抽水蓄能电站的可行性，但是该研究为后继相关研究指明了方向，开拓了思路。美国于 1993 年在新泽西州建成霍普山抽水蓄能电站，电站水库利用的是地下约 760m 深处已废弃的矿洞（非煤矿山），其有效库容为 620 万 m^3，装机容量为 204 万 kW。德国相关研究机构较早开展了利用金属矿山和煤矿地下空间建造抽水蓄能电站的有益尝试，下萨克森州能源研究中心利用废弃的金属矿巷道建立全地下的抽水蓄能电站，见图 8-9。它的优势在于金属矿巷道已经存在且比较稳定，建造和改造费用较低，且不需要重新开挖隧道。

我国尚无在废弃煤矿建设抽水蓄能电站的工程案例，但已经开始进行前期探索，如国家能源集团神东矿区累计建成煤矿地下水库 35 座，储水量达 3100 万 m^3，为抽水蓄能电站建设奠定了很好的前期基础；

中煤集团正在研究利用露天矿废弃矿坑建设抽水蓄能电站;谢和平院士等专家对煤矿井下建设抽水蓄能电站的技术原理、关键技术等进行了前瞻性研究;在工程建设方面,中国电力科学研究院、中国矿业大学(北京)、中国电建集团北京勘测设计研究院有限公司、水电水利规划设计总院等研究机构先后开展地下抽水蓄能电站研究。

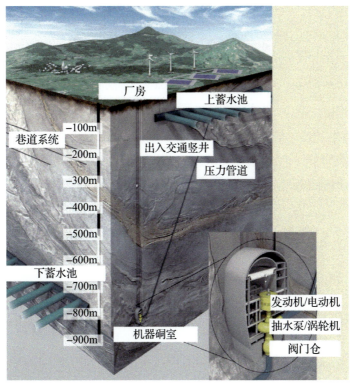

图 8-9　下萨克森州能源研究中心全地下抽水蓄能电站示意图[208]

煤矿井下抽水蓄能电站建设需要针对煤矿围岩条件,攻关围岩适应性评价、改造相关关键技术,如在长期蓄水和循环抽放水(循环加卸载)条件下,围岩的流固耦合行为及矿井和巷道等储水库的长期稳定性、安全性和密闭性影响因素和保持技术。

2) 井下压缩空气储能电站

利用废弃矿井建设压缩空气储能电站通常要求具有较高的结构强度、大体积和低渗透率,如存储在地下直接开挖的硬岩硐室、盐层中溶浸开采的洞穴、枯竭的油气藏储层和含水层等。而关闭退出煤矿可作为压缩空气储能的地下空间主要有两类：一类是矿井的开拓巷道和准备巷道，另一类是采场老空区。

例如，1978年德国建造的290MW的Huntorf电站和1991年在美国亚拉巴马州建造的110MW的Mclntosh电站，两个电站的储气库都建在盐岩地层的地下洞穴中。盐岩洞穴因其极低的渗透率和良好的蠕变特性等被认为是最适合压缩空气储存的场地。另外，日本、韩国及瑞士等国家进行了不同形式的洞穴或隧道储存压缩空气的尝试。

我国对压缩空气储能系统的研究开发比较晚，矿井空间空气储能还处于实验阶段，尚未进入产业化应用，所以在现阶段还以生产性试验示范为主。对压缩空气储能开展研究的大学和科研机构主要有中国科学院工程热物理研究所、华北电力大学、西安交通大学、清华大学、华中科技大学和中国科学院广州能源研究所等，重点研究了地下压缩空气储能电站场址评价及选择、空间加固、电站运行控制等关键技术。

2020年8月16日，全球首个基于煤矿巷道压缩空气储能电站在晋能控股煤业集团云冈矿北大巷废弃巷道开工，建设首期60MW、总规模100MW的压缩空气储能电站。利用煤矿废弃巷道建设压缩空气储能电站，可以有效促进新能源的消纳，提高新能源利用效率，同时为资源枯竭矿井闯出一条资产效益最大化的可持续发展之路。

3) 井下电化学储能电站

电化学储能是储能的重要形式之一。伴随全国新能源发电规模增加，建设电化学储能电站的需求快速增加，其用地需求也在快速增长。未来煤矿区作为综合能源基地，也有较大的储能电站配套建设需求，可利用煤矿废弃地下空间作为电化学储能电站的建设场地，一方面满足用地需求；另一方面在地下建设大规模电化学储能电站也更加安全，同时可利用井下恒温条件，降低电站运行能耗。

8.1.6　矿区中低温地热发电未来技术

矿区有丰富的地热资源，充分利用矿区地下工程和煤炭行业技术装备优势，由煤炭开采向地热开发利用延伸是重要的战略方向。推进矿区地热开发利用，核心是突破中低温地热发电未来技术。

现有的中低温地热发电与火力发电的原理相同，先将热能转变为机械能，再转化为电能，因能量二次转化造成发电效能较低。根据可利用地热资源的特点以及采用的技术方案不同，地热发电可分为图 8-10 中的类型[209,210]，而且现有中低温地热发电系统尚存在一些环境问题，如发电有机工质或氨水混合物污染、地热水化学物质处置、地面沉降等。中低温地热发电是国家大力支持的重要发展方向，亟待寻找一种高效率、低成本、环境友好的地热发电新技术。

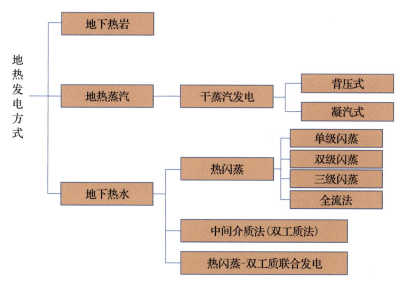

图 8-10　地热发电方式类型

除了将地热能转化为机械能再转化成电能这一技术外，也可利用温差热电效应，直接将地热能转化为电能，即热电发电技术。温差热电效应，也被称为赛贝克(Seebeck)效应，自 1825 年该效应被发现后，关于热电材料的研究获得了蓬勃的发展。国内外在太空、极地、医学器件等领域进行了深入探索，其核心在于高性能热电材料与器件研发。鉴于热电发电技术具有运行简单、无机械能损耗、体积小、原地发电、生态环境影响小等优势，若能突破现有的热电材料和热电器件，将热电发电技术与地热开发相结合，形成基于热电材料、具有高热电转化效率的地热发电技术，可为我国丰富的中低温地热资源开发提供科学可靠的技术支撑。

谢和平院士团队提出基于热伏材料的中低温地热发电原理和技术构想，重点提出了涵盖大尺寸高性能单晶热伏材料的制备技术、长寿命多模块热伏器件协同发电技术两项关键技术，以及包括单晶热伏材料中低温地热发电相关理论的实验测试技术、热伏材料发电装置成套技术、热伏材料地热发电精准对接技术等多项工程化构想和路线图，如图 8-11 所示。

8.2　"煤炭+"多能互补负碳技术体系

8.2.1　矿区咸水层 CO_2 封存技术

CO_2 强化咸水开采（CO_2 Enhanced Water Recovery，CO_2-EWR）技术可以实现大规模的 CO_2 深度减排，理论封存容量高达 24170 亿 $t^{[184]}$。我国适合 CO_2-EWR 的盆地分布面积大，封存潜力巨大。准噶尔盆地、塔里木盆地、柴达木盆地、松辽盆地和鄂尔多斯盆地是最适合进行 CO_2-EWR 的区域。2010 年神华集团在鄂尔多斯盆地开展 CCS 示范工程，是亚洲第一个也是当时最大的全流程 CCS 咸水层封存工程。松辽盆地深部咸水层具有良好的储盖层性质，是我国未来大规模 CO_2 封存的一个潜在场所。

我国咸水层的理论封存容量占 CCS 容量的 95%以上，目前我国该技术已趋于成熟，但是尚无大规模工业示范项目，未来在西北富煤乏水地区具有良好的早期示范机会和广泛应用前景[211]。一方面扩大 CO_2 在地层中的封存规模，另一方面采出的咸水及盐矿副产品经处理后可用于工农业生产和生活饮用，解决水资源短缺的问题，特别是对于我国西部水资源缺乏地区具有深远的战略意义。

煤矿区地下深部分布有大量的含卤水地层，这些含卤水地层大多没

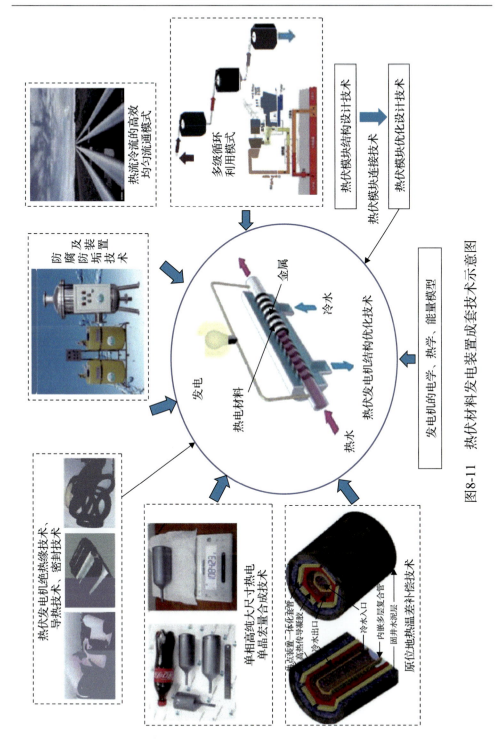

图8-11 热伏材料发电装置成套技术示意图

有经济利用价值，但可以用来储存 CO_2。注入深部地层的 CO_2 在多孔介质中扩散，驱替地层水，在发生一系列物理和化学作用后被封存于地下，封存机制包括构造圈闭储存、束缚空间储存、溶解储存以及矿化储存[212]。此外，即使上述机制无法捕集 CO_2，地层内流体的流速较低，CO_2 流体运移到地表也需要上百万年。未来仍需要系统开展卤水层 CO_2 封存流体动力捕集机制研究、煤矿区深部卤水层 CO_2 储存潜力评估研究，以及超临界 CO_2 深部卤水层封存关键技术研究。

8.2.2　煤矿原位 CO_2 与甲烷重整制氢技术

氢能被视为 21 世纪最具发展潜力的清洁能源。氢不仅在化工、炼油等领域应用广泛，也是一种重要的新型能源载体，被看作是未来替代石油的理想能源。目前氢气主要是通过煤炭制取，虽然工艺成熟，但其能耗高，且排放 CO_2。相比之下，采用井下甲烷、CO_2 原位重整制氢不仅可大幅降低能耗，更能将煤层中的甲烷与 CO_2 这两种温室气体加以利用，具有环境与经济的双重效益。

基于 CO_2 矿化电池（CO_2 mineralization cell，CMC）电化学原理，谢和平院士提出深部原位 CO_2 与甲烷重整制氢技术。深部原位流态化开采产生的 CO_2 与深部煤层瓦斯直接综合利用形成氢能和氢燃料电池，如图 8-12 所示。

图 8-12　深部原位 CO_2 与甲烷重整制氢示意图

煤矿原位 CO_2 与甲烷重整制氢技术未来需要突破的关键技术如下。

(1)井下甲烷、CO_2 原位制氢技术低温化研究。基于 CMC 电化学原理,对阳极气体室催化剂进行改性,甲烷代替氢气完成质子传递,进一步提高经济效益,以实现重整、制氢、产碱、制酸、发电的一体化技术。

(2)井下甲烷、CO_2 原位重整制氢技术高温化研究。由质子传导的高温固体氧化物燃料电池是当前世界研究的热点,但目前该燃料电池的阴极侧均暴露在空气中,致使阳极产生的 H^+ 在空气中被氧化,造成极大的能源浪费。通过开发一种新型燃料电池,对此电池阴极侧进行利用,消耗 CO_2 的同时制取由 H_2、CO 组成的合成气体,从而极大地提高该能源的利用效率。

8.2.3 CO_2 矿化发电颠覆性技术

当前 CCUS 技术普遍面临着低效率、高能耗、高成本的技术难题,限制了该技术的大规模应用与推广。近年来,随着可再生电能的不断发展,CO_2 减排与能源体系耦合的电池技术、储能技术应运而生,这类 CO_2 能源化利用技术有望解决当前 CCUS 技术高能耗、高成本的技术难题,同时有利于新能源的周期性消纳。

谢和平院士团队根据 CO_2 矿化反应(或碳酸化)吉布斯自由能降低这一特征($\Delta G < 0$),将 CO_2 作为一种潜在的能源和资源,于 2014 年提出了一种 CO_2 矿化发电的原理和技术路线,并已开发出三代 CO_2 矿化燃料电池(CO_2 mineralization fuel-cell,CMFC)系统。该系统充分利用 CO_2 自身的能量变化实现 CO_2 的直接能源化利用,实现了将 CO_2 矿化反应的化学能直接转化为电能,探索出一条 CO_2 减排新途径。

CO_2 矿化燃料电池本质上是酸性气体 CO_2 和碱性固废形成的 H^+ 浓差电池,见图 8-13。在早期的电池体系中,通过循环 H_2 作为氧化还原反应介质,采用析氢电极和氢气扩散电极分别在正负两极形成 H_2–H^+ 氧化还原电对,将 H^+ 浓差(即 ΔpH)转化为电势差($E = 0.059 \times \Delta pH$),从而将 CO_2 矿化反应中的化学能转为电能输出[式(8-1)~式(8-3)]。

正极区:

$$2CO_2 + 2H_2O + 2e^- + 2Na^+ \Longrightarrow 2NaHCO_3 + H_2 \qquad (8\text{-}1)$$

负极区:

$$Ca(OH)_2 + H_2 + 2Cl^- \Longrightarrow CaCl_2 + 2H_2O + 2e^- \qquad (8\text{-}2)$$

总反应:

$$Ca(OH)_2 + 2NaCl + 2CO_2 \Longrightarrow 2NaHCO_3 + CaCl_2 \qquad (8\text{-}3)$$

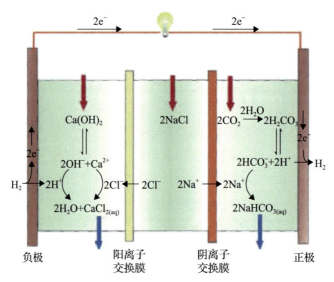

(a) 第一代CO$_2$矿化燃料电池原理

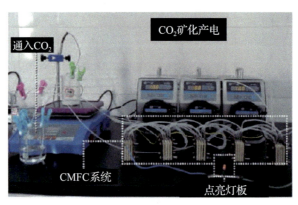

(b) 第一代CO$_2$矿化燃料电池产电实物

图 8-13　第一代 CO$_2$ 矿化燃料电池

第一代 CO_2 矿化燃料电池首次提出了电化学法处理工业碱性矿渣并矿化 CO_2 发电产碱的技术路线，功率密度 $5.5W/m^2$，接近生物燃料电池功率密度。

2017 年谢和平院士团队开发了第二代 CO_2 矿化燃料电池（CMFC-2），如图 8-14 所示。其设计思路是将芒硝（Na_2SO_4）作为反应介质代替 NaCl 电解质，以增强 CO_2 矿化产电性能。Ca^{2+} 与 SO_4^{2-} 在电池外反应并形成 $CaSO_4$ 沉淀，增加了负极电解室中进料流碱度。此外，电池内部的两层隔膜被替换为单层隔膜，简化了电池结构，改善了传质过程，显著降低了电池内阻，使电池最大功率密度从 $5.5W/m^2$ 提升至 $34.5W/m^2$，并可实现接近 5h 的稳定产电过程。

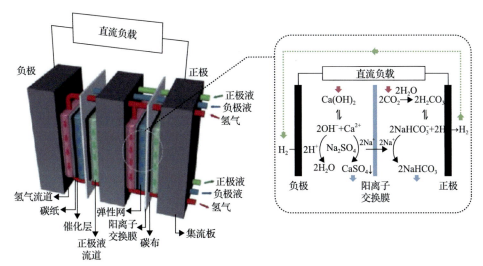

图 8-14 第二代 CO_2 矿化燃料电池结构及原理

为克服氢气循环贵金属催化导致的高成本和气体扩散电极在 CO_2 矿化燃料电池体系中三相反应界面失效的技术难题，谢和平院士团队受自然界生物体内高效质子耦合电子转移反应（proton cycled electron transfer，PCET）的启发，创新采用仿生质子耦合电子转移的水相反应来代替氢气的循环反应，实现质子传导和电子回路构建。还开发了以 PCET 反应驱动的第三代 CO_2 矿化燃料电池发电技术，原理如图 8-15 所示。

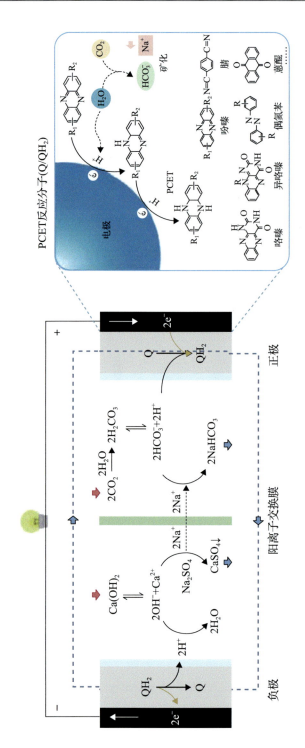

图8-15 第三代CO₂矿化燃料电池技术原理

第三代 CO_2 矿化燃料电池利用有机质电耦合剂取代贵金属催化反应，将其功率密度提升至 $96.75W/m^2$，取得了极大突破，远高于微生物电池功率密度，接近现有光伏电池功率密度（$120\sim150W/m^2$）。近期，谢和平院士团队自主设计并搭建了千瓦级 CO_2 矿化利用中试研究平台，可日处理 CO_2 100kg、发电 14kW，产出高纯碳酸盐 160kg，见图 8-16。

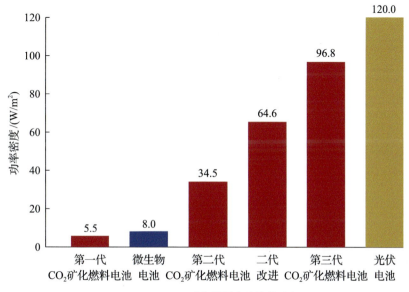

(a) CO_2 矿化燃料电池性能对比

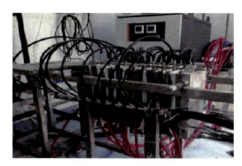

(b) 百瓦级 CO_2 矿化燃料电池组

(c) CO_2 矿化燃料电池发电测试工业扩试平台

图 8-16 CO_2 矿化燃料电池发电技术与工业扩试平台（从基础研究到工业扩试）[105]

CO_2 矿化发电技术为 CO_2 能源与资源的双效转化利用提供一种前

景可期的 CO_2 利用新思路。据理论计算，我国每年排出的碱性固废可矿化 CO_2 约 1.6 亿 t，并对外输出约 200 亿 $kW·h$ 电能。将 CO_2 矿化发电技术与碱性固废处理相结合，具有广阔的工业应用前景与经济效益。

8.2.4　煤矿区 CO_2 驱替煤层气技术

CO_2 驱替煤层气技术是利用竞争吸附原理向煤层中注入 CO_2 驱替置换煤层裂隙或孔隙中赋存的煤层气，可以在封存 CO_2 的同时辅助采集煤层气，而开采煤层气产生的经济效益可以在一定程度上降低 CO_2 的封存成本。目前 CO_2 驱替煤层气技术尚未成熟，部分技术问题有待进一步研究解决。需开展 CO_2 对煤层渗透性影响机理研究，研发支持强化煤层气开采过程中甲烷脱附与 CO_2 吸附的机理和相关助剂，开展煤岩层封存碳的泄露影响与应对措施，以及碳泄露扩散速度及对植被、土壤等生态环境的污染等影响研究，制定碳封存泄露防控与应对措施。

CO_2 驱气技术是将 CO_2 注入地下，利用地质条件生产或强化能源、资源开采的过程。相对于地质封存，不仅可减少 CO_2 排放，还可以强化煤层气开采、页岩气开采等。我国非常规油气清洁开采要求的提高，将为 CO_2 驱气技术提供更大发展空间。

目前强化煤层气开采技术在沁水盆地开展了多次现场试验；强化天然气开采、强化页岩气开采技术处于基础研究阶段，存在较大不确定性，亟待有效解决。未来应开展安全风险管控、储层精细描述、驱气效率提高、项目全生命周期经济评价等配套研究；研发支持强化煤层气开采过程中甲烷脱附与 CO_2 吸附的机理和相关助剂；开展 CO_2-轻烃-岩石系统的组分传质，以及相关组分在固体介质表面的吸附与解析等基础研究，奠定强化天然气开采和强化页岩气开采技术基础。

8.2.5　CO_2 能源化资源化利用催化转化技术

发展 CO_2 的综合利用相较于直接填埋封存，不仅能够利用宝贵的碳质资源，而且可以生产多种化学品，产生较好的经济效益。在众多 CO_2

利用技术中，CO_2 通过催化方法还原生产多种高价值的基础化学品，受到广泛关注。该技术路线采用还原剂，以光、电、热等作为能量供给，在催化剂的作用下将 CO_2 中高氧化态的碳还原为可再利用的含碳资源化产品，循环利用碳质资源实现"零碳排放"。

根据 CO_2 还原的方式，可分为光催化还原、电催化还原和热催化还原。根据已有的研究结果，虽然光催化还原、电催化还原等具有设备简单、能耗低等优点，但在催化剂的催化活性、选择性和稳定性等方面仍面临较大挑战，且相较于 CO_2 热催化还原，距离工业实施尚存在较长距离[213]。短期内化石能源制氢仍具有成本与规模优势，随着可再生能源及制氢技术的不断发展，CO_2 催化加氢在减少 CO_2 排放、氢能储存以及制备化学品方面越来越具有吸引力。

CO_2 热催化还原主要是通过加氢过程将 CO_2 转化为碳氢化合物和CO。目前正在开展的 CO_2 催化加氢技术按产物分类，主要有 CO_2 加氢制 CO、CO_2 加氢制甲烷、CO_2 加氢制甲醇、CO_2 加氢制多碳有机化合物等技术，如图 8-17 所示。

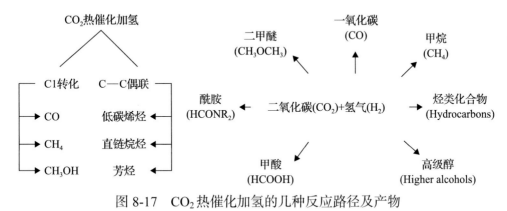

图 8-17　CO_2 热催化加氢的几种反应路径及产物

1. CO_2 加氢制 CO 技术

CO_2 加氢制 CO 的过程又被称为逆水煤气转换(reverse water-gas shift, RWGS)反应，该反应在很多化学反应过程中均会发生，是一个重要的工业过程，是当前具有实际应用潜力的 CO_2 转化技术之一。RWGS

反应面临的主要问题在于实现 CO_2 的高转化率和 CO 的高选择性，探索采用钙钛矿与贵金属组分复合的方法，有效提高反应效率。

2. CO_2 催化加氢转化技术

我国在 CO_2 制 CO、甲烷、甲醇、乙烯等领域已实现技术突破或工业化应用，未来有望实现产业化。当前 CO_2 催化加氢转化技术仍存在产物成分与工艺复杂，贵金属催化剂带来的高成本，催化剂催化在 CO_2 加氢体系中存在活性与选择性相互制约，高温高压反应条件产生碳排放等问题。同时氢气的价格也制约着 CO_2 催化加氢转化技术的大规模应用。亟须针对反应中催化剂的活性成分稳定性、利用效率和反应效率的提升，催化剂活性中心的优化和常温常压下 CO_2 加氢转化等开展研究[209]。

3. "液态阳光" 甲醇制取技术

"液态阳光" 甲醇制取技术是利用太阳能(阳光)将 CO_2 转化为液态甲醇。该技术的核心是催化剂。传统合成气制甲醇的铜基催化剂直接用于 CO_2 加氢制甲醇，不仅甲醇的选择性低(一般只有 50%～60%)，而且反应生成的水会加速铜基催化剂失活。另外，铜基催化剂对合成气中的硫杂质十分敏感，要求合成气中的硫含量不得超过 0.05%，否则催化剂就会中毒失活。这些问题极大地限制了传统催化剂在 CO_2 加氢制甲醇中的应用。

针对上述难题，李灿院士团队研发了全新的氧化锌-二氧化锆(ZnO-ZrO_2)双金属固溶体氧化物催化剂，不仅大幅提升了 CO_2 的单程转化率，还将甲醇单程选择性提高至 90%左右，固定床连续循环反应选择性接近 99%。与此同时，相比传统铜基催化剂，此催化剂抗硫能力更强。2020 年 10 月 15 日，由中国科学院大连化学物理研究所、兰州新区石化产业投资集团有限公司和华陆工程科技有限责任公司联合开发的千吨级 "液态太阳燃料合成示范项目"("液态阳光")顺利通过成果鉴定会，作为全球首套千吨级 "液态太阳燃料合成示范项目"，为可再生能源到绿色液体燃料甲醇生产提供了一条全新途径，是一项将间歇分散的太阳能等可再生能源收集储存的大规模低成本储能技术，是解决 CO_2 排放的关键途径之一。

4. CO_2 制绿色航煤新技术

绿色航煤是指从非化石资源而来的 C8~C15 液体烃类燃料，是目前世界航空运输业公认的降低 CO_2 排放的可行路线。截至 2020 年底，共有 65 个国家执行了绿色航煤强制掺混指令。欧盟《可再生能源指令》要求绿色航煤的添加比例在 2030 年不低于 5%，2050 年不低于 63%。目前,绿色航煤主要由生物油脂的裂化-精制路线获得,售价高达2700～3100 美元/t，是石油基航煤的 4 倍。因此，高选择性、低成本定向获得绿色航煤成为国际学术热点和产业痛点。CO_2 制绿色航煤被认为是具有前景的新方向。

清华大学研究团队采用纳米 $ZnCr_2O_4$ 尖晶石和短 b 轴 H-ZSM-5 分子筛在高压加氢环境下制备酸碱异质结耦合的新型催化剂结构,实现了超 80%选择性的 CO_2/CO 到含有 C_8—C_{12} 芳烃的航煤馏分。

未来还需要在新型高性能催化剂、反应系统内气固相调控等领域开展研究，实现稳定、经济的规模化绿色航煤制备。

5. CO_2 电化学利用新技术

近年来出现的熔盐电解转化 CO_2 为碳基材料,被认为是一种新的绿色 CO_2 利用途径。在 450～800℃的熔盐体系下，通过调控 CO_2 反应途径和采用不同电极材料和催化剂,将 CO_2 电化学转化为高附加值的碳纳米材料，实现碳纳米管、石墨烯及高容量 N/S 掺杂的多层次多孔碳材料的制备。2020 年底，世界首套从煤电厂烟气捕集 CO_2 并转化为碳纳米管的百吨级工业化系统，由山西清洁碳经济产业研究院在山西大同大唐云冈热电厂建成并运行。

8.2.6 CO_2 捕集革新技术

1. CO_2 电化学捕集技术

发展 CCUS 的关键是降低成本和能耗，当前 CO_2 捕集成本与能耗过高是限制 CCUS 技术推广的主要障碍之一。第一代捕集技术成本高达 300～450 元/tCO_2，能耗约为 3.0GJ/tCO_2，第二代捕集技术尚处于研发阶段，但能耗也高达 2.0～2.5GJ/tCO_2，亟须探索新一代低成本、低能耗的 CO_2 捕集技术。

谢和平院士团队创新开发了一种低能耗的 CO_2 电化学捕集技术，原理如图 8-18 所示。其主要原理是以仿生异咯嗪衍生物作为质-电耦合剂，利用其可逆质子耦合电子转移电化学反应打破碱性环境下 CO_2 吸收-解吸平衡，避免了传统水电解过程中析氢和析氧反应的发生，实现了低能耗下循环捕集 CO_2 的电化学过程。该技术耗能仅 67(kW·h)/tCO_2，是传统化学吸收法的 1/5～1/9，成本约为 9.4 美元/tCO_2，为传统化学吸收法的 1/4，使 CO_2 捕集过程迈向了低能耗的新阶段。不同捕集技术对比见表 8-6。该方法可通过更换质-电耦合剂进行改进，表现出巨大的应用潜力，有望在推动 CO_2 大规模经济性捕集中产生更重要的影响。

未来需要重点研究提升有机电解液抗氧中毒能力，规模化制备有机电解液工艺，开发高电流密度捕集器件。

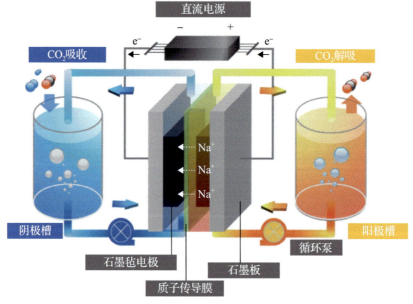

图 8-18　CO_2 电化学捕集系统原理示意图

表 8-6 不同 CO_2 捕集技术对比

工艺	气体/%CO_2	能耗/(GJ/tCO_2)
传统 MEA 吸收法	10～15	3.0～4.5
溶剂优化的 MEA 吸收法	12	1.3～1.8
改进型 MEA 吸收法	10.7	2.2
斯特林制冷分离法	13%	3.4
单机制冷法	11～30	2.5～12
冷却胺吸收法	15	1.16
电化学胺吸收法	15	2.27
电化学捕集法	15	0.49

2. 直接空气捕集技术

直接空气捕集(direct air capture,DAC)是一种回收利用分布源排放 CO_2 的技术,可以处理交通、农林、建筑行业等分布源排放的 CO_2,作为新兴的负碳排放技术,是实现"双碳"目标的托底技术保障。不同于常规 CCUS 技术针对工业固定源排放的 CO_2 进行捕集处置,DAC 对小型化石燃料燃烧装置以及交通工具等分布源排放的 CO_2(占 CO_2 总排放接近 50%)进行捕集处理,并有效降低大气中的 CO_2 浓度[214]。

2013～2014 年,联合国政府间气候变化专门委员会(Intergovernmental Panel on Climate Change,IPCC)发布第五次气候变化评估报告,提出如果不考虑生物质能源利用、CCS 和 BECCS 等技术手段,到 21 世纪末全球温升控制在 2 ℃ 以内的目标将很难实现。《IPCC 全球升温 1.5℃特别报告》着重介绍了 DAC 和 BECCS 这两种负排放技术。我国发布的《第四次气候变化国家评估报告》进一步丰富了 CCUS 的技术内涵,明确其包含 BECCS 和 DAC 等负排放技术。在第 26 届联合国气候变化大会期间,中美达成强化气候行动联合宣言,特别提及了部署 DAC 领域的有关合作。2021 年 11 月,美国能源部宣布一项新计划,通过启动一项新的"碳负增长"倡议,使 CO_2 去除(carbon dioxide removal,

CDR）技术更具成本效益和可扩展性。该计划的目标是从空气中去除 10 亿 t 级规模的 CO_2，并将捕集和储存 CO_2 的成本降至低于 100 美元/t。

目前，DAC 工艺一般由空气捕集模块、吸收剂或吸附剂再生模块、CO_2 储存模块 3 部分组成。空气捕集模块大多先通过引风机等设备对空气中的 CO_2 进行捕集，再通过固体吸附材料或液体吸收材料吸收 CO_2。吸收剂或吸附剂再生模块主要通过高温脱附等方法对材料进行再生。CO_2 储存模块主要通过压缩机将收集的 CO_2 送入储罐中贮存。现有 DAC 工艺流程见表 8-7，DAC 系统技术流程如图 8-19 所示。

表 8-7　当前 DAC 工艺流程对比

公司	吸附剂类型	吸附剂再生方式	能耗/[(kW·h)/t]	工艺优点	工艺缺点
Carbon Engineering	碱性溶液	高温煅烧	1824	可大规模应用运行稳定	耗能较大，装置占地多，不能灵活布置
Climeworks	胺类吸附剂	加热到 100℃脱附	1700～2300	吸附效果较好	总体处理量较小，耗能较大
Globol Thermostat	胺类吸附剂	低温蒸汽（85～100℃）脱附	1320～1670	装置占地少可大范围布置	吸附效果较差

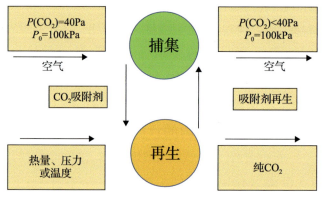

图 8-19　DAC 系统技术流程

总体而言，DAC 在工业领域的发展还处于初步阶段。限制 DAC 发展的主要因素之一为成本过高，其与部分文献的传统碳捕集技术成本比较见表 8-8。

表 8-8 CO_2 捕集成本对比

CO_2 来源	捕集技术	捕集成本/(美元/t)
石油产业	CCS	121.8
钢铁产业	CCS	78.5
水泥产业	CCS	40.6
燃煤电厂	CCS	25~37
空气/移动源	DAC	94~232

DAC 技术的核心在于高效低成本吸收/吸附材料、装置的设计开发。当前 DAC 工艺相关材料的研究集中在碱性溶液、分子筛及金属有机框架、胺类吸附材料等。氢氧化钙[$Ca(OH)_2$]由于高吸附性以及丰富的储量和低廉的成本被认为是有潜力实现大规模 DAC 的吸收材料。传统方法中，基于 $Ca(OH)_2$ 体系进行 DAC 要克服的主要障碍包括两个方面：一是 $Ca(OH)_2$ 对 CO_2 的吸收在动力学上速率较慢；二是将 $CaCO_3$ 高温分解重新制备原料的过程能耗巨大。直接空气捕集的能耗为 19~21kJ/mol，是煤和天然气燃烧捕集能耗的 2~4 倍，进一步开发低成本、高通量、高选择性的 DAC 吸附/吸收材料，需要探索胺类等新型吸附剂对低浓度 CO_2 的吸附能力，开展 DAC 吸附/吸收材料稳定性、寿命及循环性能长周期测试，为后续 DAC 技术规模化应用奠定基础。

目前世界最大的直接空气捕集工厂于 2021 年 9 月在冰岛开工，每年可以从空气中捕集 4000tCO_2(相当于 790 辆汽车一年的排放量)，并将其注入地下深处进行矿化。国际能源署称，目前全球有 15 座直接从空气中捕集 CO_2 的工厂在运行，每年捕集超过 9000tCO_2。

国内最新的进展是山西清洁碳经济产业研究院正在进行一种氢键有机框架材料(hydrogen-bonded organic frameworks，HOF)的固体吸附材料的产业化开发。该材料的最大特点是在常压常温(25℃)下，能够从空气中直接捕集 CO_2，且具有永久的孔隙，孔道尺寸为 6.8Å×4.5Å[①]，对

---

① 1Å=0.1nm。

CO_2 吸附的选择性高，吨吸附剂能够吸附 113kg CO_2。当前最大的问题在于成本过于昂贵，未来大幅度降低吸附剂的成本是工业化生产的关键。

未来需要研发能够快速装载和卸载吸附剂的 DAC 相关设备，提出适用于 DAC 工艺的过程强化技术，并开发基于不同吸附剂的高效工艺，对工艺系统进行整合和优化，并构建出成本低廉、装置简易的 DAC 工艺系统。

第9章 煤矿区碳汇技术体系

碳中和目标下，充分发挥煤矿区土地资源优势开发碳汇源，对加快实现煤矿区碳自平衡具有重要意义。构建煤矿区碳汇技术体系，通过土壤重构、植被重建、减损开采、碳汇监测计量、碳汇交易等具体工程技术手段，有效利用煤矿区植被、土壤和水体等的固碳作用，提升煤矿区生态碳汇能力，是如期实现碳达峰碳中和目标的重要途径。

9.1 煤矿区生态碳汇扩容技术体系

9.1.1 土壤碳库重构与碳汇功能提升技术

土壤碳库是碳库与碳循环的重要组成部分，陆地土壤是地球表面最大的碳库，为植被碳库的 3~4 倍、大气碳库的 2~3 倍[215]。由于土壤生态系统的复杂性，目前对于土壤碳汇方面的研究相对薄弱，提升土壤碳汇功能是实现煤矿区生态碳汇扩容的重要途径[216]。土壤碳库重构与碳汇功能提升技术是以总碳含量提升、有机碳汇提升、稳定有机碳汇提升为途径，从土壤处理和植物处理两大方面提升碳汇能力的技术[217]。需开展不同矿区条件下土壤碳汇机制研究，研究不同生态系统、不同土地利用方式的土壤碳汇源转化的影响因素、作用机理、过程机制及固碳效应，重点加强土地利用生命周期过程的土壤碳排放和碳汇核算及其效率变化的机制研究，探讨土地覆盖变化与生态系统碳循环过程的定量关系[218]。开展矿区土壤固碳潜力测算方法优化研究，加强可靠的土壤调查数据源建设，提高潜力估算结果的精确度和可信度。开展土壤碳库稳定提升技术研究，研究风化煤等煤基材料腐殖化制备改良剂技术和农林有机材料炭化制备生物炭技术等。开展植被对矿区土壤碳汇功能的影响机制研究，研究不同植被类型、植物种类和植被配置模式对矿区土壤碳汇功能的影响效果。通过以上研究明确土壤碳汇机理，实现土壤固碳能力提升，建设高效和稳定的煤矿区土壤碳库。

9.1.2　植被碳库重建与碳汇功能提升技术

　　植被可通过光合作用吸收 CO_2 合成有机物实现碳汇功能，在煤矿区生态碳库中发挥重要作用（图 9-1）。目前，植物碳汇方面已开展不同造林方式、不同林龄和不同管理措施等条件下的植物生物量（地上和地下）等方面的研究[219,220]，为矿区植被重建与固碳效果提升提供了重要参考。植被碳库重建与碳汇功能提升技术是采取多种措施重构植被碳库，充分挖掘矿区植被的生物量潜力，显著提高矿区生态植被的地上、地下生物量和地表枯落物量的技术。需开展不同植被类型碳汇效果影响研究，比较矿区林地、草地和耕地等植被的固碳效率。开展不同植物种类碳汇效果影响研究，依据 IPCC 提出的碳汇计算标准制定测算方法，提供适用于国家温室气体计算的植被固碳性能估算方式，对比花槐、油松、新疆杨、紫穗槐、油松等不同种类植被的固碳能力，选择优势固碳植被。开展矿区复垦植被配置模式研究，比较不同混交林复垦模式下的整体固碳效果。最终建立适合不同矿区条件下的最优植被碳库，实现矿区植被碳汇功能的恢复与提升。

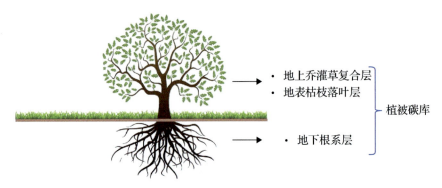

　　地上乔灌草复合层
　　地表枯枝落叶层　　　}植被碳库

　　地下根系层

图 9-1　植被碳库组成示意图

9.1.3　立体空间碳汇技术

　　立体空间碳汇技术指充分利用不同的立地条件，选择攀缘植物及其他碳汇植物栽植，并依附或铺贴于各种构筑物及其他空间结构上，通过空间植被量的增加实现矿区碳汇扩容的技术 (图 9-2) [221]。立体空间碳汇一般作为改善城市生态环境、丰富城市绿化景观的一种重要且有效的方式,应用于煤矿区可提高植被量并增加 CO_2 吸收量,实现碳汇扩容。传统立体空间碳汇价格高昂,维护成本较高,仅在城市范围内作为绿化设施,目前针对矿区生态环境的立体空间碳汇相关技术研究较少。需开展复合基质生态修复技术研究,针对矿区高陡坡度、硬地表面等不适于植被生长的环境,研究以成本低廉的柔性轻量材料作为植被生长基质和灌溉系统。开展多层复合植物群落构建技术研究,研究阔叶或针阔叶混交乔木搭配针阔叶混交灌木层等不同植物竖向配置方式碳汇效果。开展煤矿区建筑物立体绿化设计研究,研究屋顶绿化、墙体绿化等垂直绿化方式,提升整体植物量增加碳汇效益。

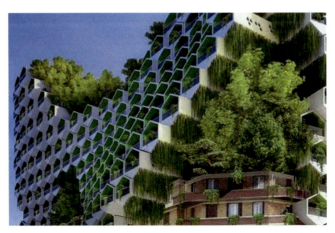

图 9-2　立体空间碳汇示意图

9.1.4　水体碳汇功能提升技术

水库可从集水区和库区内积累有机物从而实现碳埋藏,并且有研究表明水库比天然湖泊埋藏碳的速率更高。据统计,全球范围内水库中有机碳 (OC) 的埋藏率超过了水库中碳的排放率。煤矿地下水库是将煤炭开发产生的大量矿井水,利用采空区垮落岩体间的空隙进行储存的巨大储水设施。利用煤矿地下水库可理论实现矿区 CO_2 封存。需开展针对碳封存的煤矿地下水库建设关键技术研究，包括水源预测、水库选址、库容设计、坝体构建、安全运行和水质保障等技术；开展 CO_2 水体溶解机理研究、盐水反应固碳机理(图 9-3)研究。通过研究增加矿区水体 CO_2 捕集量，实现矿区水体的碳汇扩容。

图 9-3　溶解储存机理示意图[222]

9.1.5　地表塌陷修复治理碳汇恢复技术

采矿活动的剧烈扰动导致矿区大量土地损毁，地表塌陷破坏，造成土壤理化性质改变、煤层气逸散等，致使生态系统碳循环过程发生改变，煤矿区碳固存能力下降甚至丧失。需开展地表变形损伤机理和沉陷区自我修复能力和机制研究。开展基于水资源保护的地表塌陷破坏治理研究，以矿区煤矸石、风积沙和黄土为研究对象，研究不同土(岩)层组合条件下的保水特性，包括筛选合适的土(岩)结构及配合比例，研发"上层保水下层截污"的覆土结构，形成干旱矿区塌陷地裂缝的充填复垦组合模式。开展采煤塌陷地裂缝减缓技术研究，开发塌陷地裂缝填埋、毁损地整治装备及工艺等。研发矿区生态修复效果监测平台，构建矿区生态多样性及土地利用时空变化多源精准监测与评价技术体系。通过地表塌陷修复治理，提升"土壤-植被"碳库的稳定性，助力矿业生产低碳循环与绿色发展。

9.2 煤矿区生态碳汇防损技术体系

9.2.1 碳库构建碳泄露风险防控技术

煤矿区生态碳汇构建过程中容易引起边界之外可测量温室气体源的排放增加，包括复垦地表扰动引起的内部泄漏风险和碳汇建设材料供应引发的外延泄漏风险，还有生态植被建植成活率、群落结构稳定性、土壤质量退化和水土流失等不稳定因素，是矿区碳汇泄露的重要风险来源[223]。需开展生态复垦工程低碳化建设研究，研究建设过程能量和材料消耗最小化。开展植被碳库构建初期稳定性研究，研究构建基于乡土植物资源的混交、复合和近自然的稳定植被群落。开展矿区土地平整和地貌重塑水土保持措施研究，研究不同地貌重塑种类与方法的水土保持效应与管控措施。

9.2.2 碳库维护碳泄露风险防控技术

煤矿区碳库后期维护过程中可能会因采伐、毁林、病虫害、气象灾害和地质灾害等人为或自然的原因而再次释放 CO_2 进入大气，导致矿区碳汇效益发生逆转。需开展碳库灾害监测研究，研究建立碳库灾害监测预警体系，长期监测复垦后的矿区生态系统，防止灾害导致的碳泄露。开展碳库灾害处理与应对措施研究，研究大规模病、虫、鼠、兔灾害和地质灾害等影响下矿区碳库的生态稳定性变化与应对措施。开展矿区残余煤炭和矸石山自燃防治与利用研究，研究自燃引起的地表和地表浅层土壤碳排放防治措施、煤基固废的高效土壤改良应用。

9.2.3 地表生态碳汇减损技术

地表生态碳汇减损技术具有降低开采损害、利用矿区固废改善生态以及增加碳汇等重要作用。当前应大力开展采动岩层损害与地表沉陷机理、充填开采岩层移动规律与控制理论研究，具体研究地表塌陷裂缝发育规律、岩层移动与地表变形时空关系、塌陷盆地边缘裂缝产生的应力特征及其定量分析、边缘裂缝带宽度及其产生机理等；开发地表生态碳汇减损的开采工艺、高效智能减量化充填、采空沉陷区精细治理与安全高效利用、矿山生态健康预警等关键技术；开展减损开采地表沉陷实时预警技术研究，研究基于空天地监测数据的地表沉陷信息分析与提取技术、基于多源空间数据融合的沉陷区变形监测技术（图 9-4）、基于海量数据高速传输的地表沉陷智能实时预警技术等，减少因地表生态破坏引起的碳汇功能下降等问题。

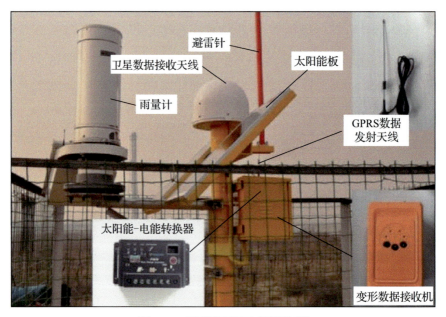

图 9-4　采煤沉陷区变形监测

9.3　煤矿区碳汇管理技术体系

9.3.1　煤矿区碳汇监测技术

煤矿区碳汇监测指通过综合观测、数值模拟、统计分析等手段获取土壤、植被等碳库碳汇现状与变化趋势，服务于矿区碳汇管理工作的过程，是辅助核算体系的重要支撑。需开展生态地面监测技术研究，研究监测样地布设方法，研发生物量、植物群落物种组成、结构与功能变化的监测技术与设备。开展煤矿区土地生态类型变化监测技术研究,开发卫星遥感辅助地面校验技术,实现煤矿区土地利用变化动态监测。

9.3.2　煤矿区碳汇计量评估技术

煤矿区碳汇形成过程的复杂性决定了碳汇计量评估的难度[224],煤矿区碳汇计量评估标准体系亟待建立与完善。需开展碳汇基准线调查测算研究,以煤矿区的立地条件、植被概况等为基础,设计方法测算碳汇基准线,为煤矿区碳汇估算及碳交易奠定基础。开展煤矿区碳汇计量评估技术研发,完善碳储量评估、潜力分析等方面的碳计量方法和手段,建立包含采动、水文、地质、植被、土壤等多因素的煤矿区碳汇综合评价方法,定量评估煤矿区全口径全生命周期碳汇情况。开发煤矿区全过程全要素碳汇管理平台,具备浏览、查询、录入、管理碳汇数据的功能,涵盖煤矿区基本生态信息、植物功能性状、植被灾害情况,以及植被、枯落物和土壤数据等信息,可实现对碳储量及其相关参数的自动测算。

9.3.3　煤矿区碳汇交易管理技术

煤矿区碳汇交易指通过复垦造林等方式增加碳汇并出售碳排放指标的交易。目前,我国林业碳汇交易均属于项目层面的核证减排量交易,主要包括清洁发展机制(clean development mechanism, CDM)下的林业碳汇项目、国家核证自愿减排(Chinese certified emission reduction, CCER)机制下的林业碳汇项目和其他自愿类项目三种项目类型。我国煤矿区虽然进行了大量的复垦造林活动,但在碳汇交易方面基础几乎为零。需开展煤矿区碳汇交易相关政策技术研究,研究制定针对煤矿区的碳汇组织管理体系、政策法规体系、技术标准体系、计量监测体系等[225],积极推进煤矿区复垦造林等碳汇项目纳入全国碳汇交易项目。

参 考 文 献

[1] 谢和平, 任世华, 谢亚辰, 等. 碳中和目标下煤炭行业发展机遇[J]. 煤炭学报, 2021, 46(7): 2197-2211.

[2] 任世华, 谢亚辰, 焦小森, 等. 煤炭开发过程碳排放特征及碳中和发展的技术途径[J]. 工程科学与技术, 2022, 54(1): 60-68.

[3] 金雅宁, 倪正, 田喆, 等. 碳中和愿景目标对油气行业的挑战与机遇[J]. 石油化工技术与经济, 2021, 37(1): 1-6.

[4] 杨春平. 建立健全绿色低碳循环发展经济体系是建设现代化强国的必然选择[J]. 中国经贸导刊, 2021, (5): 65-68.

[5] 谢和平, 吴立新, 郑德志. 2025年中国能源消费及煤炭需求预测[J]. 煤炭学报, 2019, 44(7): 1949-1960.

[6] 杜祥琬. 加快能源转型 促进减污降碳协同[J]. 科学新闻, 2021, 23(6): 10-12.

[7] 杜祥琬. 构建清洁低碳新体系[J]. 中国战略新兴产业, 2017, (25): 95.

[8] 杜祥琬. "十四五", 能源革命迈出坚实一步[J]. 中国石油石化, 2020, (16): 12-15.

[9] 杜祥琬. 走出传统资源禀赋认识误区[J]. 中国石油企业, 2020, (3): 14-16, 110.

[10] 谢克昌. 能源革命要与区域发展战略结合[J]. 电力设备管理, 2020, (9): 1.

[11] Wang F J, Xie Y C, Xu J P. Reliable-economical equilibrium based short-term scheduling towards hybrid hydro-photovoltaic generation systems: Case study from China[J]. Applied Energy, 2019, (253): 113559.

[12] 谢克昌. 煤炭要革命, 但不是革煤炭的命[J]. 中国石油企业, 2019, (11): 13-15.

[13] 谢克昌. 推动能源生产消费革命[J]. 国企管理, 2017, (2): 18-19.

[14] 白泉. 建设"碳中和"的现代化强国始终要把节能增效放在突出位置[J]. 中国能源, 2021, 43(1): 7-11, 16.

[15] 谢克昌. 节能提效才是减碳第一优选[N]. 中国能源报, 2021-05-17(3).

[16] 何传启, 刘雷, 赵西君. 世界现代化指标体系研究[J]. 中国科学院院刊, 2020, 35(11): 1373-1383.

[17] 赵敬敏, 崔永丽, 王树堂. 美国低碳发展经验值得借鉴[N]. 中国环境报, 2021-05-06(3).

[18] 陆如泉. 美国"能源新现实主义"深刻影响全球能源政经格局[N]. 中国能源报, 2018-04-23(7).

[19] 张晓涛, 易云锋. 美国能源新政对全球能源格局的影响与中国应对策略[J]. 中国流通经济, 2019, (8): 72-79.

[20] 周敏. 美国《2005年能源政策法案》评析[D]. 厦门: 厦门大学, 2008.

[21] 刘书秀, 刘劲松. 美国"能源独立"现状、政策演变与经验分析[J]. 煤炭经济研究, 2018, 38(2): 40-46.

[22] 王能全. 特朗普能源政策开始发威, 中国应对之策何在[J]. 新能源经贸观察, 2018, (8): 22-25.

[23] 于宏源, 张潇然, 汪万发. 拜登政府的全球气候变化领导政策与中国应对[J]. 国际展望, 2021, 13(2): 27-44, 153-154.

[24] 周琪, 付随鑫. 特朗普政府的能源政策及其可能影响[J]. 国际石油经济, 2017, 25(10): 19-26.

[25] 汤匀, 陈伟. 拜登气候与能源政策主张对我国影响分析及对策建议[J]. 世界科技研究与发展, 2021, 43(5): 605-615.

[26] 岳嘉, 赵迪斐, 潘颖, 等. 美国页岩气革命对我国页岩气发展的启示[J]. 能源技术与管理, 2019, 44(5): 24-26.

[27] 王能全. 碳达峰: 美国的现状与启示[J]. 科学大观园, 2021, (10): 36-39.

[28] 高静. 美国新能源政策分析及我国的应对策略[J]. 世界经济与政治论坛, 2009, (6): 58-61.

[29] 郝新东. 中美能源消费结构问题研究[D]. 武汉: 武汉大学, 2013.

[30] Olajire A A. CO_2 capture and separation technologies for end-of-pipe applications -A review[J]. Energy, 2010, 35(6): 2610-2628.

[31] Williams J H, Jones R A, Haley B, et al. Carbon neutral Pathways for the United States[J]. AGU Advances, 2021, 2(1): 1-25.

[32] Natter A. Biden Promises 100% Clean Energy, Net-Zero Emissions by 2050[J]. Environment Reporter, 2019, (6): 1-2.

[33] 贾智彬, 孙德强, 张映红, 等. 美国能源战略发展史对中国能源战略发展的启示[J]. 中外能源, 2016, 21(2): 1-7.

[34] 邹才能, 潘松圻, 赵群. 论中国"能源独立"战略的内涵、挑战及意义[J]. 石油勘探与开发, 2020, 47(2): 416-426.

[35] Kerstine Appunn, Freja Eriksen, Julian Wettengel. Germany's greenhouse gas emissions and energy transition targets. Clean Energy Wire[EB/OL]. https://www.cleanenergywire.org/factsheets/ germanys-greenhouse-gas-emissions-and-climate-targets. (2022-6-1).

[36] 李佳慧. 德国能源结构如何清洁转型[J]. 环境经济, 2015, (11): 34.

[37] 相震. 德国节能减排低碳经验及启示[J]. 三峡环境与生态, 2011, 33(2): 17-19, 23.

[38] 崔波. 中国低碳经济的国际合作与竞争[D]. 北京: 中共中央党校, 2013.

[39] 孙傅, 何霄嘉. 国际气候变化适应政策发展动态及其对中国的启示[J]. 中国人口·资源与环境, 2014, 24(5): 1-9.

[40] 何霄嘉, 许伟宁. 德国应对气候变化管理机构框架初探[J]. 全球科技经济瞭望, 2017, 32(4): 56-64.

[41] 刘世锦, 周宏春. 建立碳市场的国外经验与启示[J]. 中国发展观察, 2011, (7): 55-58.

[42] 陈海嵩. 德国能源问题及能源政策探析[J]. 德国研究, 2009, 24(1): 9-16, 78.

[43] 付琳, 周泽宇, 杨秀. 适应气候变化政策机制的国际经验与启示[J]. 气候变化研究进展, 2020, 16(5): 641-651.

[44] 过庚吉, 董新华, 韩志荣, 等. 联邦德国的能源价格政策[J]. 中国物价, 1989, (1): 55-58.

[45] 彼得·德罗戈, 可持续结构变革与城市能源转型[R]. 德国伯恩和埃施波恩: 德国国际合作机构, 2020.

[46] 秦容军. 能源革命驱动要素及新一轮能源革命方向研究[J]. 煤炭经济研究, 2018, 38(6): 6-10.

[47] 蔡浩, 李海静, 刘静. 从国际比较看碳达峰对中国经济的启示[J]. 新金融, 2021, (5): 23-29.

[48] 生态环境部对外合作与交流中心. 碳达峰与碳中和国际经验研究[M]. 北京: 中国环境出版社, 2021.

[49] 中国尽早实现二氧化碳排放峰值的实施路径研究课题组. 中国碳排放: 尽早达峰[M]. 北京: 中国经济出版社, 2017.

[50] 董岩. 应对气候变化立法目的论初探[J]. 理论学刊, 2015, (12): 95-101.

[51] 袁源. 英国斥巨资塑造国际新角色[N]. 国际金融报, 2020-11-23.

[52] 张亮. 全球各地区和国家碳达峰、碳中和实现路径及其对标准的需求分析[J]. 电器工业, 2021, (8): 64-67.

[53] 朱琳. 碳中和大势下的农业减排: 英国推进农业"净零排放"的启示[J]. 可持续发展经济导刊, 2021, (5): 29-31.

[54] 胡杉宇. 英国"脱欧"后的气候变化政策[D]. 北京: 北京大学, 2021.

[55] 汪惠青. 金融支持碳达峰、碳中和的国际经验[J]. 中国外汇, 2021, (9): 20-22.

[56] 生态环境部对外合作与交流中心. 碳达峰与碳中和国际经验研究[M]. 北京: 中国环境出版社, 2021.

[57] 陆小成. 日本低碳技术创新的经验与启示[J]. 企业管理, 2021, (6): 15-19.

[58] 张德元. 欧盟、日本碳减排路径对我国具有重要借鉴意义[J]. 中国经贸导刊, 2021, (15): 50-51.

[59] 赛迪智库. 日本《面向 2050 碳中和绿色增长战略》的要点及启示[EB/OL]. 2021-03-10[2022-04-12]. https://max. book118. com/html/2021/0505/8114061045003100. shtm.

[60] 鲁成钢, 莫菲菲, 陈坤. 主要国家碳达峰、碳中和比较分析[J]. 环境保护, 2021, 49(Z2): 89-93.

[61] 钱新. 日本大力发展 LNG[J]. 石油知识, 2014, (1): 56-58.

[62] 魏晓蓉, 师迎祥. 日本产业结构转换的运行机理及其对我国产业结构优化升级的启示[J]. 甘肃社会科学, 2009, (4): 65-68.

[63] 中研顾问. "碳中和"专题系列研究报告|碳中和对标与启示(日本篇)[EB／OL]. (2021-08-17)[2022-04-12]. https://huanbao. bjx. com. cn/news/20210817/1170469. shtml.

[64] 杨慧. 日本碳排放交易体系的构建及对我国的启示[J]. 农村经济与科技, 2018, 29(4): 18-19.

[65] 孙睿. Tapio 脱钩指数测算方法的改进及其应用[J]. 技术经济与管理研究, 2014, (8): 7-11.

[66] Tapio P. Towards a theory of decoupling: Degrees of decoupling in the EU and the case of road traffic in final and between 1970 and 2001[J]. Journal of Transport Policy, 2005, (12): 137-151.

[67] 刘振亚. 全球能源互联网[M]. 北京: 中国电力出版社, 2015.

[68] 孙旭东, 张蕾欣, 张博. 碳中和背景下我国煤炭行业的发展与转型研究[J]. 中国矿业, 2021, 30(2): 1-6.

[69] 任世华. 我国煤炭业态未来发展趋势分析[J]. 煤炭经济研究, 2016, 36(4): 57-60.

[70] 任世华, 李维明, 李博康. 新冠肺炎疫情对煤炭行业后续影响研判及对策建议[J]. 煤炭经济研究, 2020, 40(4): 31-34.

[71] 康红普. 能源革命驱动力与煤炭内生发展对策研究[R]. 北京: 煤炭科学研究总院, 2018.

[72] 国际能源署(IEA). 2020 年可再生能源报告: 分析和预测至 2025 年[R]. 巴黎: 国际能源署, 2020.

[73] 李佳佳. 全国碳市场因故推迟启动, CCER 等配套市场已悄然升温[EB/OL]. 财联社. (2021-6-30)[2022-04-12]. https://www.cls.cn/detail/780584.

[74] 樊金璐, 吴立新, 任世华. 碳减排约束下的燃煤发电与天然气发电成本比较研究[J]. 中国煤炭, 2016, 42(12): 14-17, 23.

[75] 高雨萌. 国外氢冶金发展现状及未来前景[J]. 冶金管理, 2020, 406(20): 5-15.

[76] 孟翔宇, 顾阿伦, 邬新国, 等. 中国氢能产业高质量发展前景[J]. 科技导报, 2020, 38(14): 77-93.

[77] 东方财富网. 氢能炼钢: 技术、经验与前景[EB/OL]. (2021-3-19)[2022-04-12]. https://baijiahao.baidu.com/s?id=1694622201380541177&wfr=spider&for=pc.

[78] 谢克昌. "十四五" 期间现代煤化工发展还存在制约因素[J]. 中国石油企业, 2020, (9): 11-12.

[79] 中国煤炭工业协会. 煤炭工业 "十四五" 现代煤化工发展指导意见[R]. 北京: 中国煤炭工业协会, 2021.

[80] 中国石油经济技术研究院. 世界与中国能源展望(2020 版)[R]. 北京: 中国石油经济技术研究院, 2020.

[81] 国际能源署. 世界能源展望(2020)[R]. 巴黎: 国际能源署, 2020.

[82] 张希良. 2060 年碳中和目标下的低碳能源转型情景分析[R]. 北京: 清华大学能源环境经济研究所, 2020.

[83] 周孝信. 2030 年我国电力系统发展情景和储能需求分析[R]. 秦皇岛: 中国电科院战略研究中心, 2021.

[84] 国家发展和改革委员会能源研究所, 2020 年中国可再生能源展望报告[R]. 北京: 国家发展和改革委员会能源研究所, 2020.

[85] 唐珏, 储满生, 李峰, 等. 我国氢冶金发展现状及未来趋势[J]. 河北冶金, 2020, (8): 1-6, 51.

[86] Vollset S E, Goren E, Yuan C W, et al. Fertility, mortality, migration, and population scenarios for 195 countries and territories from 2017 to 2100: A forecasting analysis for the Global Burden of Disease Study[J]. The Lancet, 2020, 396(10258): 1285-1306.

[87] 黄维和, 韩景宽, 王玉生, 等. 我国能源安全战略与对策探讨[J]. 中国工程科学, 2021, 23(1): 112-117.

[88] 杨宇, 于宏源, 鲁刚, 等. 世界能源百年变局与国家能源安全[J]. 自然资源学报, 2020, 35(11): 2803-2820.

[89] 李欣智. 市场支持和试验示范加快促进光伏产业升级[N]. 中国电力报, 2017-09-27(2).

[90] 田立波, 刘帆, 陈忠良. 中国煤炭资源绿色开采技术进程与现状[J]. 能源技术与管理, 2010, (4): 140-142.

[91] 谢和平, 钱鸣高, 彭苏萍, 等. 煤炭科学产能及发展战略初探[J]. 中国工程科学, 2011, 13(6): 44-50.

[92] 谢和平, 王金华, 申宝宏, 等. 煤炭开采新理念——科学开采与科学产能[J]. 煤炭学报, 2012, 37(7): 1069-1079.

[93] 吴刚, 谢和平, 刘虹. 煤炭生产的制约瓶颈及变革的方向[J]. 西南民族大学学报(人文社科版), 2017, 38(3): 164-167.

[94] 赵志强, 高洋, 汪昕, 等. 我国煤炭资源开采回采率问题研究[J]. 煤矿现代化, 2011, (1): 5-7.

[95] 时光, 任慧君, 乔立瑾, 等. 黄河流域煤炭高质量发展研究[J]. 煤炭经济研究, 2020, 40(8): 36-44.

[96] 王双明. 对我国煤炭主体能源地位与绿色开采的思考[J]. 中国煤炭, 2020, 46(2): 11-16.

[97] 徐水师, 彭苏萍, 程爱国. 中国煤炭科学产能与资源保障程度分析[J]. 中国煤炭地质, 2011, 23(8): 1-4, 8.

[98] Xu J P, Zhu M Y, Zhao S W, et al. Leader-follower game-theoretic method towards carbon-economy trade-off in a key construction project group[J]. Journal of Environmental Management, 2019, (233): 499-512.

[99] Xie Y C, Hou Z M, Liu H J, et al. The sustainability assessment of CO_2 capture, utilization and storage (CCUS) and the conversion of cropland to forestland program (CCFP) in the Water–Energy–Food (WEF) framework towards China's carbon neutrality by 2060[J]. Environmental Earth Sciences, 2021, 80(14): 1-17.

[100] 于胜民, 朱松丽, 张俊龙. 中国井工煤矿开采过程的二氧化碳逃逸排放因子研究[J]. 中国能源, 2018, 40(5): 10-16, 33.

[101] 任世华, 焦小森, 谢亚辰. 碳达峰碳中和目标下, 煤炭行业发展若干思考[J]. 中国能源, 2021, 43(11): 13-19.

[102] 朱宇婷. "柔性""健康"将成为煤炭行业发展主题词[N]. 中国电力报, 2019-12-28(5).

[103] 王峰江, 刘鹏, 李荣春, 等. "双碳"目标下先进发电技术研究进展及展望[J]. 热力发电, 2022, 51(1): 52-59.

[104] 高莎莎, 王延斌. 煤层碳封存的物理化学反应及选址启示[J]. 煤炭技术, 2016, 35(2): 12-15.

[105] 王刚, 杨曙光, 李瑞明, 等. 新疆煤层气开发、煤炭地下气化与碳封存滚动开发模式探讨[J]. 中国煤层气, 2019, 16(5): 42-46.

[106] 谢和平, 刘涛, 吴一凡, 等. CO_2 的能源化利用技术进展与展望[J]. 工程科学与技术, 2022, 54(1): 145-156.

[107] 张贤, 李凯, 马乔, 等. 碳中和目标下 CCUS 技术发展定位与展望[J]. 中国人口·资源与环境, 2021, 31(9): 29-33.

[108] 鲁博文, 张立麒, 徐勇庆, 等. 碳捕集、利用与封存(CCUS)技术助力碳中和实现[J]. 工业安全与环保, 2021, 47(S1): 30-34.

[109] 刘建新, 刘玉国, 周德文, 等. 二氧化碳井况下碳纤维复合材料的耐老化性能研究[J]. 化学研究与应用, 2021, 33(12): 2433-2440.

[110] 吴兴亮, 吕凌辉, 马清祥, 等. 甲烷二氧化碳重整镍基催化剂的研究进展[J]. 洁净煤技术, 2021, 27(3): 129-137.

[111] 田惠文, 张欣欣, 毕如田, 等. 煤炭开采导致的农田生态系统固碳损失评估[J]. 煤炭学报, 2020, 45(4): 1499-1509.

[112] 王双明, 申艳军, 孙强, 等. 西部生态脆弱区煤炭减损开采地质保障科学问题及技术展望[J]. 采矿与岩层控制工程学报, 2020, 2(4): 5-19.

[113] 陈欢欢. 煤炭事故缘何频发科研缺位是根源[N]. 科学时报, 2010-12-20.

[114] 武晓娟. 煤炭应实现科学消费-专访中国工程院院士钱鸣高[N]. 中国能源报, 2015-11-16(3).

[115] 谢和平. 中国能源发展趋势与能源科技展望[J]. 中国煤炭, 1998, (5): 7-14.

[116] 钱鸣高. 煤炭的科学开采[J]. 煤炭学报, 2010, 35(4): 529-534.

[117] 钱鸣高, 许家林, 王家臣. 再论煤炭的科学开采[J]. 煤炭学报, 2018, 43(1): 1-13.

[118] 谢和平, 王金华, 王国法, 等. 煤炭革命新理念与煤炭科技发展构想[J]. 煤炭学报. 2018, 43(5): 1187-1197.

[119] 王金华, 谢和平, 刘见中, 等. 煤炭近零生态环境影响开发利用理论和技术构想[J]. 煤炭学报, 2018, 43(5): 1198-1209.

[120] 王家臣, 刘峰, 王蕾. 煤炭科学开采与开采科学[J]. 煤炭学报, 2016, 41(11): 2651-2660.

[121] 王伟. 煤炭行业要自我革命——访中国工程院院士谢和平[J]. 能源评论, 2018, (8): 50-53.

[122] 谢和平, 高峰, 鞠杨, 等. 深部开采的定量界定与分析[J]. 煤炭学报, 2015, 40(1): 1-10.

[123] 谢和平, 周宏伟, 薛东杰, 等. 煤炭深部开采与极限开采深度的研究与思考[J]. 煤炭学报, 2012, 37(4): 535-542.

[124] 谢和平, 鞠杨, 高明忠, 等. 煤炭深部原位流态化开采的理论与技术体系[J]. 煤炭学报, 2018, 43(5): 1210-1219.

[125] 谢和平, 高峰, 鞠杨, 等. 深地煤炭资源流态化开采理论与技术构想[J]. 煤炭学报, 2017, 42(3): 547-556.

[126] Xie H P, Ju Y, Gao F, et al. Groundbreaking theoretical and technical conceptualization of fluidized mining of deep underground solid mineral resources[J]. Tunnelling and Underground Space Technology, 2017, 67: 68-70.

[127] Xie H P, Ju Y, Ren S H, et al. Theoretical and technological exploration of deep in situ fluidized coal mining[J]. Frontiers in Energy, 2019, 13(4): 603-611.

[128] 谢和平, 周宏伟, 鞠杨, 等. 一种适用于深部煤炭资源的流态化迴行开采结构及方法: CN111287748A[P]. 2020-06-16.

[129] 周福宝, 刘应科, 蒋名军, 等. 一种流态化煤气同采系统及其同采方法: CN110656937B [P]. 2020-08-04.

[130] 谢和平, 高明忠, 高峰, 等. 关停矿井转型升级战略构想与关键技术[J]. 煤炭学报, 2017, 42(6): 1355-1365.

[131] 李佳洺, 余建辉, 张文忠. 中国采煤沉陷区空间格局与治理模式[J]. 自然资源学报, 2019, 34(4): 867-880.

[132] 谢和平, 侯正猛, 高峰, 等. 煤矿井下抽水蓄能发电新技术: 原理、现状及展望[J]. 煤炭学报, 2015, 40(5): 965-972.

[133] 李庭, 顾大钊, 李井峰, 等. 基于废弃煤矿采空区的矿井水抽水蓄能调峰系统构建[J]. 煤炭科学技术, 2018, 46(9): 93-98.

[134] 谢和平, 高明忠, 刘见中, 等. 煤矿地下空间容量估算及开发利用研究[J], 煤炭学报, 2018, 43(6): 1487-1503.

[135] 祝捷, 张敏, 姜耀东, 等. 煤吸附解吸 CO_2 变形特征的试验研究[J]. 煤炭学报, 2015, (5): 1081-1086.

[136] 吴迪, 刘雪莹, 孙可明, 等. 残留煤层封存 CO_2 试验研究[J]. 硅酸盐通报, 2016, 35(7): 2230-2233, 2240.

[137] 李鑫. 煤炭开发环节碳排放测算及低碳路径研究[J]. 煤炭经济研究, 2021, 41(7): 39-44.

[138] Dai J P, Xie Y C, Xu J P, et al. Environmentally friendly equilibrium strategy for coal distribution center site selection[J]. Journal of Cleaner Production, 2020, (246): 119017.

[139] 王双明, 孙强, 乔军伟, 等. 论煤炭绿色开采的地质保障[J]. 煤炭学报, 2020, 45(1): 8-15.

[140] 自然资源部. 绿色地质勘查工作规范[S/OL]. (2021-01-05)[2022-04-12]. http: //gi. mmr. gov. cn/202101/t20210107 2597382. html.

[141] 潘树仁, 潘海洋, 谢志清, 等. 新时代背景下煤炭绿色勘查技术体系研究[J]. 中国煤炭地质, 2018, 30(6): 10-13.

[142] 王佟, 孙杰, 江涛, 等. 煤炭生态地质勘查基本构架与科学问题[J]. 煤炭学报, 2020, 45(1): 276-284.

[143] 董书宁, 刘再斌, 程建远, 等. 煤炭智能开采地质保障技术及展望[J]. 煤田地质与勘探, 2021, 49(1): 21-31.

[144] 程建远, 朱梦博, 王云宏, 等. 煤炭智能精准开采工作面地质模型梯级构建及其关键技术[J]. 煤炭学报, 2019, 44(8): 2285-2295.

[145] 李鹏, 罗玉钦, 田有, 等. 深部地质资源地球物理探测技术研究发展[J]. 地球物理学进展, 2021, 36(5): 2011-2033.

[146] 胡社荣, 彭纪超, 黄灿, 等. 千米以上深矿井开采研究现状与进展[J]. 中国矿业, 2011, 20(7): 105-110.

[147] 桑孝伟. 深部煤炭储层参数反演预测[D]. 北京: 中国地质大学(北京), 2010.

[148] 袁亮, 张通, 赵毅鑫, 等. 煤与共伴生资源精准协调开采——以鄂尔多斯盆地煤与伴生特种稀有金属精准协调开采为例[J]. 中国矿业大学学报, 2017, 46(3): 449-459.

[149] 王国法, 刘峰, 庞义辉, 等. 煤矿智能化——煤炭工业高质量发展的核心技术支撑[J]. 煤炭学报, 2019, 44(2): 349-357.

[150] 王国法, 赵路正, 庞义辉, 等. 煤炭智能柔性开发供给体系模型与技术架构[J]. 煤炭科学技术, 2021, 49(12): 1-10.

[151] 应急管理部信息研究院. 世界煤炭工业发展研究(2020)[M]. 北京: 应急管理出版社, 2021.

[152] 刘峰, 郭林峰, 赵路正. 双碳背景下煤炭安全区间与绿色低碳技术路径[J]. 煤炭学报, 2022, 47(1): 1-15.

[153] 袁亮. 我国煤炭资源高效回收及节能战略研究[J]. 中国矿业大学学报(社会科学版), 2018, (1): 3-12.

[154] 葛世荣, 刘洪涛, 刘金龙, 等. 我国煤矿生产能耗现状分析及节能思路[J]. 中国矿业大学学报, 2018, 47(1): 9-14.

[155] 刘建功. 煤矿低温热源利用技术研究与应用[J]. 煤炭科学技术, 2013, 41(4): 124-128.

[156] 李洁. 塔山循环经济园区产业链构建及启示[J]. 中国煤炭, 2021, 47(2): 83-88.

[157] 申宝宏, 刘见中, 雷毅. 我国煤矿区煤层气开发利用技术现状及展望. 煤炭科学技术, 2015, 43(2): 1-4.

[158] 赵路正. 提高煤矿区煤层气利用率的科技方向研究[J]. 煤炭经济研究, 2019, 39(11): 48-52.

[159] 张洪涛, 文冬光, 李义连, 等. 中国CO_2地质埋存条件分析及有关建议[J]. 地质通报, 2005, (12): 1107-1110.

[160] 叶建平, 张兵, 韩学婷, 等. 深煤层井组 CO_2 注入提高采收率关键参数模拟和试验[J]. 煤炭学报, 2016, 41(1): 149-155.

[161] Gale J J, Freund P. Coal-bed methane enhancement with CO_2 sequestration worldwide potential[J]. Environmental Geosciences, 2001, 8(3): 210-217.

[162] Mavor M J, Gunter W D, Robinson J R. Alberta multiwell micro-pilot testing for CBM properties, enhanced methane recovery and CO_2 storage potential[C] //SPE Annual Technical Conference and Exhibition. Houston, 2004.

[163] 叶建平, 冯三利, 范志强, 等. 沁水盆地南部注二氧化碳提高煤层气采收率微型先导性试验研究[J]. 石油学报, 2007, (4): 77-80.

[164] 周军平, 田时锋, 鲜学福, 等. 不可采煤层 CO_2 封存断层活化机制分析[J]. 地下空间与工程学报, 2019, 15(5): 1362-1369.

[165] 何学秋, 田向辉, 宋大钊. 煤层 CO_2 安全封存研究进展与展望[J]. 煤炭科学技术, 2022, 50(1): 212-219.

[166] 王双明, 申艳军, 孙强, 等. "双碳"目标下煤炭开采扰动空间 CO_2 地下封存途径与技术难题探索[J]. 煤炭学报, 2022, 47(1): 45-60.

[167] 陈硕翼, 朱卫东, 张丽, 等. 先进超超临界发电技术发展现状与趋势[J]. 科技中国, 2018, (9): 14-17.

[168] 李昱喆. 煤热解混合发电系统热力性能的研究[D]. 北京: 中国科学院过程工程研究所, 2015.

[169] 潘尔生, 田雪沁, 徐彤, 等. 火电灵活性改造的现状、关键问题与发展前景[J]. 电力建设, 2020, 41(9): 58-68.

[170] 王鹏飞, 王航, 崔龙鹏, 等. 新一代煤气化技术展望[J]. 炼油技术与工程, 2014, 44(8): 1-5.

[171] 李金来. 煤的综合利用方法及系统[P]. 中国: CN101792680A, 2009-09-14.

[172] 毕继诚. 一种由煤催化气化制甲烷的方法和装置[P]. 中国: CN102021037B, 2009-09-14.

[173] 李金来. 一种由煤催化气化制甲烷的方法[P]. 中国: CN102465047A, 2010-11-02.

[174] 潘秀莲, 焦峰, 李娜, 等. 合成气转化的OX-ZEO新技术平台[C]//中国化学会·第十九届全国催化学术会议摘要集. 2019: 136.

[175] 中国日报网. 煤经合成气直接制低碳烯烃技术成功完成工业试验[EB/OL]. (2019-09-19) [2022-04-12]. https: //baijiahao. baidu. comls? id=1645085299898335800 & wfr = spider & for = pc.

[176] 孙旭东, 张博, 彭苏萍. 我国洁净煤技术 2035 发展趋势与战略对策研究[J]. 中国工程科学, 2020, 22(3): 132-140.

[177] 闫云飞, 高伟, 杨仲卿, 等. 煤基新材料——煤基石墨烯的制备及石墨烯在导热领域应用研究进展[J]. 煤炭学报, 2020, 45(1): 443-454.

[178] 高金玲, 沈昌乐, 曲红杰. 碳纳米管在电极材料方面的应用[J]. 化工科技市场, 2008, 31(3): 30-31.

[179] 张天开, 王琪, 张永发. 煤基碳纳米管制备技术和生长机理研究进展[J]. 洁净煤技术, 2020, 26(1): 139-150.

[180] 张得栋, 李磊, 杨玮婧, 等. 煤基炭材料在锂离子电池中的应用[J]. 化工科技, 2020, 28(5): 81-84.

[181] 谢和平, 高峰, 鞠杨, 等. 深地科学领域的若干颠覆性技术构想和研究方向[J]. 工程科学与技术, 2017, 49(1): 1-8.

[182] 葛世荣. 深部煤炭化学开采技术[J]. 中国矿业大学学报, 2017, 46(4): 679-691.

[183] 秦勇, 申建, 史锐. 中国煤系气大产业建设战略价值与战略选择[J]. 煤炭学报, 2022, 47(1): 371-387.

[184] 生态环境部. 2021年中国二氧化碳捕集利用与封存(CCUS)年度报告[R]. 北京: 生态环境部, 2021.

[185] 张力为, 甘满光, 王燕, 等. 二氧化碳捕集利用-可再生能源发电调峰耦合技术[J]. 热力发电, 2021, 50(1): 24-32.

[186] 张金生. 太阳能塔式聚光集热系统与燃煤发电耦合设计[J]. 中国电力, 2020, 53(2): 150-155.

[187] 任世华, 曲洋. 煤炭与新能源深度耦合利用发展路径研究[J]. 中国能源, 2020, 42(5): 20-23.

[188] Li C, Zhai R R, Yang Y P, et al. Annual performance analysis and optimization of a solar tower aided coal-fired power plant[J]. Applied Energy, 2019, 237: 440-456.

[189] Turchi C S, Ma Z W, Dyreby J. Supercritical carbon dioxide power cycle configurations for use in concentrating solar power systems[C]//Proceedings of ASME Turbo Expo 2012: Turbine Technical Conference and Exposition, Copenhagen, Denmark. 2013: 967-973.

[190] 张茂龙. 塔式太阳能—燃煤双源耦合发电系统分析[D]. 北京: 华北电力大学, 2017.

[191] 彭烁, 周贤, 王保民. 光煤互补发电系统研究综述[J]. 中国电力, 2017, 50(9): 52-58.

[192] Wang R L, Sun J, Hong H, et al. Comprehensive evaluation for different modes of solar-aided coal-fired power generation system under common framework regarding both coal-savability and efficiency-promotability[J]. Energy, 2018, 143: 151-167.

[193] Zhang N, Hou H J, Yu G, et al. Simulated performance analysis of a solar aided power generation plant in fuel saving operation mode[J]. Energy, 2019, 166: 918-928.

[194] 李晋, 蔡闻佳, 王灿, 等. 碳中和愿景下中国电力部门的生物质能源技术部署战略研究[J]. 中国环境管理, 2021, 13(1): 59-64.

[195] 杨卧龙, 倪煜, 雷鸿. 燃煤电站生物质直接耦合燃烧发电技术研究综述[J]. 热力发电, 2021, 50(2): 18-25.

[196] Agbor E, Zhang X, Kumar A. A review of biomass co-firing in North America[J]. Renewable and Sustainable Energy Reviews, 2014, 40: 930-943.

[197] 陈秀芳, 阎寒冰, 柳逢春. 燃煤耦合生物质发电在火电机组技术改造中的应用前景[J]. 化学工程与装备, 2019, (7): 255-257.

[198] 李少华, 刘冰, 彭红文, 等. 燃煤机组耦合生物质直燃发电技术研究[J]. 电力勘测设计, 2021, (6): 26-31, 36.

[199] 何培红, 沈冶, 胡志波, 等. 中国燃煤与生物质气化耦合发电技术的探索与实践[J]. 神华科技, 2019, 17(2): 22-26.

[200] Guo Q J, Cheng Y, Liu Y Z, et al. Coal chemical looping gasification for syngas generation using an iron-based oxygen carrier[J]. Industrial & Engineering Chemistry Research, 2014, 53（1）: 78-86.

[201] He F, Galnsky N, Li F X. Chemical looping gasification of solid fuels using bimetallic oxygen carrier particles-Feasibility assessment and process simulations[J]. Internation Journal of Hydrogen Energy, 2013, 38（19）: 7839-7854.

[202] 程丹琰, 雍其润, 龚本根, 等. 煤和生物质化学链气化中铜基载氧体与灰分的碳热反应研究[J]. 燃料化学学报, 2020, 48（1）: 18-27.

[203] 张玉洁, 王焦飞, 白永辉, 等. 共热解过程中煤与生物质相互作用的研究进展[J]. 化工进展, 2021, 40（7）: 3693-3702.

[204] 王跃. 煤和生物质共热解研究现状[J]. 广州化工, 2018, 46（19）: 17-19.

[205] 王明华. 氢能-煤基能源产业战略转型路径研究[J]. 现代化工, 2021, 41（7）: 1-4.

[206] 李建林, 李光辉, 马速良, 等. 碳中和目标下制氢关键技术进展及发展前景综述[J]. 热力发电, 2021, 50（6）: 1-8.

[207] 李宝山, 肖明松, 周志学, 等. 针对废弃矿井的可再生能源综合开发利用[J]. 太阳能, 2019, （5）: 13-16.

[208] Beck H, Schmidt M. Windenergiespeicherung Durch Nachnutzung Stillgelegter Bergwerke: Schriftenreihe des Energie-Forschungsszen-trums Niedersachsen, Band 7[M]. Gttingen: Cuvillier Verlag, 2011.

[209] Bertani R. Geothermal power generation in the world 2010-2014 update report[J]. Geothermics, 2016, （60）: 31-43.

[210] 朱家玲, 李太禄, 付文成, 等. 中低温地热发电循环效率的分析与研究[C]//中国地质学会. 地热能开发利用与低碳经济研讨会—第十三届中国科协年会第十四分会场论文摘要集, 2011.

[211] 王锐, 李阳, 吕成远, 等. 鄂尔多斯盆地深部咸水层 CO_2 驱水与埋存潜力评价方法研究[J]. 非常规油气, 2021, 8（5）: 50-55.

[212] 刘廷, 马鑫, 刁玉杰, 等. 国内外 CO_2 地质封存潜力评价方法研究现状[J]. 中国地质调查, 2021, 8（4）: 101-108.

[213] 韩飞, 张朋泽, 闫惊宇, 等. 二氧化碳催化加氢及其研究进展[J]. 化学教育（中英文）, 2021, 42（18）: 39-44.

[214] 张杰, 郭伟, 张博, 等. 空气中直接捕集 CO_2 技术研究进展[J]. 洁净煤技术, 2021, 27（2）: 57-68.

[215] Schimel D S. Terrestrial ecosystems and the carbon cycle[J]. Global Change Biology, 1995, 1（1）: 77-91.

[216] 杨博宇, 白中科. 碳中和背景下煤矿区土地生态系统碳源/汇研究进展及其减排对策[J]. 中国矿业, 2021, 30（5）: 1-9.

[217] 刘祥宏, 阎永军, 刘伟, 等. 碳中和战略下煤矿区生态碳汇体系构建及功能提升展望[J]. 环境科学, 2022, (4): 1-20.

[218] 周璞, 侯华丽, 张惠, 等. 碳中和背景下提升土壤碳汇能力的前景与实施建议[J]. 环境保护, 2021, 710(16): 63-67.

[219] 徐铭, 薛铸. 碳中和服务区植被碳汇能力提升技术与措施研究[J]. 交通节能与环保, 2021, 17(5): 10-13.

[220] 黄翌, 汪云甲, 刘泗斐, 等. 煤矿区主要碳汇要素受扰动影响价值计量与生态补偿测度 [J]. 林业经济, 2015, 37(4): 88-93.

[221] 郑晓霖, 左继林. 景德镇市彩叶树种资源及其在园林绿化中的应用[J]. 湖北林业科技, 2014, 43(1): 35-38, 42.

[222] 刁玉杰, 李旭峰, 金晓琳, 等. 深部咸水层二氧化碳地质储存勘查评价与工程控制技术 [M]. 北京: 地质出版社, 2019.

[223] 季然, 孙铭君. 林业碳汇项目风险及防范机制研究[J]. 中国林业经济, 2019, 159(6): 71-74.

[224] 李笑笑, 潘家坪. 森林碳汇计量方法的比较研究[J]. 中国林业经济, 2020, (4): 96-97.

[225] 季然, 宋烨. 我国碳汇市场发展的问题及建议[J]. 中国林业经济, 2020, (5): 81-83.